U0925208

基金项目

本教材是2013年四川省本科院校“法学专业综合改革试点”省级立项建设项目、2014年四川省卓越法律人才教育培养计划校外示范性实践教学基地项目的成果。

民事案例研究

MINSHIANLI YANJIU

张邦铺◎主编

曾新明　罗静◎副主编

中国政法大学出版社

2016 · 北京

图书在版编目（CIP）数据

民事案例研究/张邦铺主编. —北京：中国政法大学出版社，2016.8
ISBN 978-7-5620-6941-6

Ⅰ.①民… Ⅱ.①张… Ⅲ.①民法－案例－中国－高等职业教育－教材②民事诉讼法－案例－中国－高等职业教育－教材 Ⅳ.①D923.05②D925.105

中国版本图书馆CIP数据核字(2016)第185108号

出版者　中国政法大学出版社
地　址　北京市海淀区西土城路25号
邮寄地址　北京100088信箱8034分箱　邮编100088
网　址　http://www.cuplpress.com（网络实名：中国政法大学出版社）
电　话　010-58908586(编辑部)　58908334(邮购部)
编辑邮箱　zhengfadch@126.com
承　印　固安华明印业有限公司
开　本　880mm×1230mm　1/32
印　张　12.25
字　数　275千字
版　次　2016年8月第1版
印　次　2016年8月第1次印刷
定　价　46.00元

目录
CONTENTS

第一编

一、张学英依与其同居人所立遗嘱诉遗嘱人之妻蒋伦芳给付受遗赠的财产案

案情

原告（上诉人）：张学英
被告（被上诉人）：蒋伦芳

被告蒋伦芳与遗赠人黄永彬系夫妻关系，因婚后未生育，收养一子黄勇（现年31岁）。1990年7月，蒋伦芳继承父母遗产取得泸州市市中区顺城街67号房屋所有权。1995年，该房被拆迁，由拆迁单位将位于泸州市江阳区新马路6-2-8-2号的77.2平方米住房一套作为还房安置给蒋伦芳，并以其名义办理了房屋产权手续。1996年，黄永彬与原告张学英相识后便在外租房同居生活。2000年9月，黄永彬与蒋伦芳将继承所得的房产以8万元的价格卖与他人，并将其中的3万元赠与儿子黄勇。2001年初，黄永彬因患肝癌住院，期间一直由蒋伦芳及其家属护理。2001年4月20日，黄永彬立下书面遗嘱，将其所得的住

房公积金、住房补贴金、抚恤金，以及出售房屋的一半价款4万元及所用的手机一部赠与张学英，泸州市纳溪区公证处对该遗嘱出具了［2001］泸纳证字第148号公证书。同月22日，黄永彬去世。张学英即持遗嘱要求蒋伦芳交付遗赠财产，双方发生纠纷。

张学英向泸州市纳溪区人民法院提起诉讼，称：其与被告蒋伦芳之夫黄永彬是朋友关系。黄永彬在2001年4月18日立下遗嘱，将其6万元的财产遗赠给我，该遗赠并经公证。黄永彬因病死亡，遗嘱生效。但被告拒不给付遗嘱中给我的财产。请求法院判令被告给付其受遗赠的价值6万元的财产。

被告蒋伦芳答辩称：黄永彬所立遗嘱的内容侵犯其合法权益。抚恤金不属遗产范围，公积金和住房补贴属夫妻共同财产，遗赠人无权单独处分。售房款是不确定的财产。遗赠人黄永彬生前与原告长期非法同居，该遗赠违反社会公德，是无效行为。请求驳回原告的诉讼请求。

一审中，经蒋伦芳申请，泸州市纳溪区公证处于2001年5月17日作出［2001］泸纳撤字第2号《关于部分撤销公证书的决定书》，撤销了［2001］泸纳证字第148号公证书中的抚恤金和住房补贴金、公积金中属于蒋伦芳的部分，维持其余部分内容。

泸州市纳溪区人民法院审理认为：黄永彬所立的将财产赠与原告的遗嘱，虽是其真实意思表示且形式合法，但其对财产的处分违反了继承法和婚姻法的有关规定。根据《中华人民共和国民法通则》第7条的规定，民事行为不得违反公共秩序和社会公德，违反者其行为无效。根据《中华人民共和国婚姻法》第3条禁止有配偶者与他人同居，第4条夫妻应当互相忠实、互相尊重的法律规定，遗赠人黄永彬基于与原告张学英的非法同居关系而立下有悖于公共秩序、社会公德和违反法律的遗嘱，损害了被告蒋伦芳依法享有的财产继承权。该遗嘱属无效民事行为，原告张学英要求被告蒋伦芳给付受遗赠财产的主张不予支持。被告蒋伦芳要求确认该遗嘱无效的理由成立，予以支持。依据《中华人民共和国民法通则》第 7 条的规定，该院判决：

驳回张学英的诉讼请求。

张学英不服一审判决，向泸州市中级人民法院提起上诉。称：①黄永彬所立遗嘱是其真实意思表示，且符合继承法规定，属有效遗嘱。②遗嘱中涉及“抚恤金”和夫妻共有的“住房补贴金”“住房公积金”，根据《继承法》第 27 条第 4 项的规定，也只能将该部分认定无效，并将无效部分所涉及的财产按法定继承处理，遗嘱中所处分的个人财产应属有效遗嘱，依法应得到保护。③本案属于遗嘱继承案件，应适用继承法。请求二审法院依法撤销一审判决，改判上诉人的受遗赠权受法律保护。

被上诉人蒋伦芳答辩称：上诉人是基于与遗赠人长期非法同居关系，以侵犯被上诉人的婚姻家庭、财产等合法权益而获取非法遗赠。因此，对上诉人的所谓受遗赠权不予保护，既合法，也符合社会公理。请求二审法院判决驳回上诉，维持原判。

二审法院审理认为：遗赠人黄永彬的遗赠行为虽系其真实意思表示，但其内容和目的违反了法律规定和公序良俗，损害了社会公德，破坏了公共秩序，应属无效民事行为。上诉人张学英要求被上诉人蒋伦芳给付受遗赠财产的主张，不予支持，被上诉人蒋伦芳要求确认该遗嘱无效的理由成立，予以支持。原审判决认定事实清楚，适用法律正确，依法应予维持。据此，依照 1991 年《中华人民共和国民事诉讼法》第 153 条条第 1 款第 1 项之规定，该院于 2001 年 12 月 28 日判决：

驳回上诉，维持原判。

法理评析

该案一、二审判决的结果是一致的，均以遗嘱人遗嘱处分行为违反了法律规定和公序良俗，损害了社会公德，破坏了公共秩序为由，认定遗嘱无效，驳回了受遗赠人的诉讼请求。从社会效果上，由于受遗赠人张学英与遗赠人黄永彬之间存在非法同居关系，违反了社会主义婚姻家庭道德，因此，法院判决能顺应民意，得到社会的拥护。但笔者在仔细研读了一、二审判决书后，对判决结果犹存疑惑。该案争议的焦点是黄永彬所立遗嘱是否有效？因此，正确审理该案的关键就是要确认遗赠人所立遗嘱的效力。

（一）关于遗赠人所立遗嘱的效力问题

《中华人民共和国继承法》（以下简称《继承法》）第 16 条第 3 款规定："公民可以立遗嘱将个人财产赠给国家、集体或者法定继承人以外的人。"此规定体现了法律对于公民个人财产所有权的充分保护。

根据《继承法》的规定，有效的遗嘱必须具备法定的形式要件和实质要件。从有效遗嘱的实质要件来看，第一，遗嘱人在立遗嘱时必须具有遗嘱能力。无行为能力人或者限制行为能力人所立遗嘱无效。第二，遗嘱必须是遗嘱人的真实意思，受胁迫、欺骗所立的遗嘱无效。第三，遗嘱不得取消缺乏劳动能力又没有生活来源的继承人的继承权，要为他们保留必要的遗产份额。第四，遗嘱只能处分遗嘱人个人的财产。该案中，遗赠人黄永彬在所立遗嘱中，将其所得的住房补贴金、公积金、抚恤金和夫妻共同卖房所得的房价款的一半 4 万元等财产赠与原告，是其真实意思表示，并经过公证机关公证。但从其遗嘱处分的财产性质看，遗赠人黄永彬处分的财产内容已超出了其个人财产的范围，侵犯了蒋伦芳作为法定继承人应享有的合法财产权利。主要表现在以下几个方面：

（1）遗赠人黄永彬无权处分抚恤金。根据国家有关法律规定，抚恤金是职工死亡后，有关单位按照规定给予死者家属的抚恤金，这并非是对死者的经济补偿，而是对死者生前抚养、赡养的亲属的经济补偿，也是对残、死者家属的精神抚慰。按照规定抚恤金只能由受抚恤的对象本人直接享有，不能作为死者的遗产进行分割或处分。因此，黄永彬生前用遗嘱将其死亡后可能得到的抚恤金赠与法定继承人以外的张学英，侵犯了作为其配偶的蒋伦芳的合法权益，其对抚恤金的处分行为在法律上无效。

（2）住房补助金是国家实行住房制度改革后，职工所在单位对职工住房进行的补贴。住房公积金，是指国家机关、国有企业、城镇集体企业、外商投资企业、事业单位及其在职职工缴纳的长期住房储金。无论是住房补助金还是住房公积金，都属于职工个人所有。主要用于职工及其家庭购买、建造、翻建、大修住房。根据国务院《住房公积金管理条例》的有关规定，职工死亡后，职工的继承人、受遗赠人可以提取职工住房公积金账户内的储蓄余额。黄永彬遗嘱处分的住房补助金、公积金尽管是其个人所有的财产，但系与蒋伦芳婚姻关系存续期间所得财产，应属于夫妻共同财产。因此，遗赠人黄永彬未经共同财产共有人蒋伦芳的同意即擅自处分的行为，同样侵犯了蒋伦芳的合法权益，该处分行为在法律上仍然无效。

（3）黄永彬与蒋伦芳共同出卖的房屋，其房价款属于夫妻共同财产。尽管黄永彬在遗嘱中有权处分共有财产中属于自己的一部分，但由于该 8 万元的房价款在黄永彬生前已由夫妻双方将其中的 3 万元赠与儿子黄勇，所剩房价款已不足 8 万元。

因此，黄永彬在遗嘱中将房价款中的一半4万元作为自己个人所有的财产进行处理，违背了客观事实。即其以遗嘱处分的对出售房屋所得的房价款，已超出个人应得的范围，侵犯了共有人对共有财产享有的权利。

由此，遗赠人黄永彬所立遗嘱，由于遗嘱处分的财产部分超出了其个人财产的范围，其超出部分是无效的。

（二）关于公证遗嘱的效力

公证是公证机关对当事人要求公证的法律事实的真实性、合法性进行的审查。一切经过公证的行为都产生证据上的效力。在该案中，遗赠人所立的遗嘱经过了公证机关的公证，应该说，经过公证的遗嘱在内容上合法的话，其在法律上的效力是肯定的。然而，由于遗嘱人黄永彬在遗嘱中所处分的财产超出了其个人享有的份额，其超出部分显然违反了继承法的有关规定精神，因此该部分内容无效。对已经公证的生效遗嘱，与继承权益相关的人员有确凿证据证明公证遗嘱部分违法的，公证机关经过调查核实确实违法的，应当撤销对公证遗嘱中违法部分的公证证明。因此，作为法定继承人的蒋伦芳有权请求公证机关撤销公证遗嘱中违法部分的公证证明。泸州市纳溪区公证处于2001年5月17日作出［2001］泸纳撤字第02号《关于部分撤销公证书的决定书》，撤销了［2001］泸纳证字第148号公证书中的抚恤金和住房补贴金、公积金中属于蒋伦芳的部分，维持其余部分内容，该决定书的内容应是合法有效的。受遗赠人有权依据该公证书主张对遗嘱有效部分所处分的财产的受遗赠权。一、二审法院在判决中均否定了［2001］泸纳证字第148号公证书的效力，这是正确的，但由于在一审诉讼中，泸州市纳溪区公证处已作出［2001］泸纳撤字第02号《关于部分撤销公证书的决定书》，特别是在二审中，上诉人张学英又要求确认遗嘱部分有效，并主张有效部分的受遗赠权，因此，法院应该就该决定书的效力予以认定。

（三）对该案的反思

就该案当事人所争执的遗嘱的效力来看，客观地讲，该遗嘱应该是部分有效的遗嘱。但由于受遗赠人张学英与遗赠人黄永彬存在“婚外同居”这层特殊的关系，黄永彬在临终前立遗嘱将自己的财产赠与张学英。我们能否因此就否认遗嘱的全部效力，从而否认张学英的受遗赠权呢？这就涉及法律与道德的价值取向。对人民法院而言，值得思考的问题是在判案中能否用道德标准代替法律标准进行裁判。

笔者认为，法律与道德虽然同属于人们行为规范的范畴，有着密切的联系，但毕竟不是同一社会现象，两者之间有重要区别，特别是在适用范围上存在不同。道德所调整的社会关系的范围比法律调整的范围要广泛得多。道德规范不仅以触犯法律的行为作为其评判的范围，而且对许多法律不加干涉的行为也要评判其是非、善恶。法律不可能对社会生活的一切方面都作出规定和进行干预。因此，有人说“法律是道德的最低限度”。《继承法》第16条规定公民可以立遗嘱将个人财产赠给国家、集体或者法定继承人以外的人。据此，任何公民都有权依法处分个人所有的财产，同时也有权接受他人赠与的财产，处分或接受财产都是公民依法享有的权利。从现行立法看，还没有对受遗赠人的资格予以限制的规定。在婚姻家庭领域，我们倡导社会主义婚姻家庭道德，婚姻法规定了实行婚姻自由、一夫一妻、男女平等的婚姻制度。该法第4条规定：“夫妻应当互相忠实，互相尊重；家庭成员间应当敬老爱幼，互相帮助，维护平等、和睦、文明的婚姻家庭关系。”夫妻互相忠实，互相尊重的规定是法律对夫妻关系的道德要求，有利于建立、巩固平等的夫妻关系，维护婚姻的稳定，减少婚姻纠纷。《中华人民共和国民法通则》（以下简称《民法通则》）第7条规定："民事活动应当尊重社会公德，不得损害社会公共利益，扰乱社会经济秩序。"该条规定是对权利滥用的禁止，要求民事行为不得违反"公序良俗"。"公序良俗"作为社会的一般道德标准，要求人们的行为都应该符合社会道德规范的要求，当道德规范上升为国家意志时，它对人们的行为具有普遍约束力，因此违反法律的行为一定是违反道德的，但并非一切违反道德的行为都是违法的。道德是对人们行为的最高要求。黄永彬在与蒋伦芳婚姻关系存续期间，与张学英在外租房公开同居，违反了我国婚姻法确立的一夫一妻的婚姻制度，理应受到道德谴责，并依法受到法律制裁。但其对个人财产的遗赠处分权是依继承法的规定所取得的。黄永彬将个人财产遗赠给张学英的行为或许不符合道德要求，但并不能当然地认为是对财产处分权的滥用，从而认为遗嘱以合法形式变相剥夺了蒋伦芳的合法财产权，使张学英因与黄永彬之间的同居关系谋取了不正当利益，认定该遗赠行为属无效民事行为。笔者认为，人民法院审理案件应遵循"以事实为根据，以法律为准绳"的原则，严格依法办案，只忠实于法律，而不受其他任何社会舆论、民众力量的影响。在法律有明确规定时，只服从和适用法律，而不能用道德代替或超越法律之上进行判案。当然，在法律没有规定或规定不明确时，用是否违反"公序良俗"的道德标准来予以评判，对法律予以补充也是可以的。

据说本案是人民法院以违反《民法通则》所规定的公共秩序和社会公德（公序良俗）原则作为判案依据的首例，并被认为很好地体现了法官对自由裁量权的把握和运用，因而在社会舆论和法学界引起了很大反响，很可能在我国的司法实践中被作为重彩的一笔而凸显其重要意义。特别是在本案起诉至二审终结时适逢修正后的《婚姻法》于 2001 年 4 月 28 日开始施行之时，更显其特殊意义。

在本案中，对于黄永彬所立遗嘱中违反继承法明确规定的部分，即其无权处分的财产部分，应为无效是确定无疑的，也不发生任何争议。有争议的是对其有权处分的财产，其以遗嘱的方式遗赠给与其有同居关系的原告，该部分内容（或者说行为）是否无效。一、二审判决均认为这部分内容违反公共秩序、社会公德和违反法律，也是无效的，即适用《民法通则》第 7 条关于“民事活动应当尊重社会公德，不得损害社会公共利益，扰乱社会经济秩序”的规定，以《民法通则》的基本原则作为判案依据。此即被认为是在继承法对当事人行为有明确规定，而该行为又不符合《民法通则》对民事法律行为的一般规定，而由法官适用《民法通则》基本原则予以自由裁量之处。应当承认，民法基本原则的一个非常重要的功能，就是赋予法官在审理案件遇有法无明文规定的法律问题时有一定的自由裁量权。本案的问题是，根据本案实际情况是否存在应当适用民法基本原则作为处理案件的依据的自由裁量的条件。

首先，依照继承法的规定，遗嘱或者说立遗嘱行为被认定无效，是因其具有违法的否定性因素。然黄立彬所立遗嘱，无论是从其本人的行为能力、意思表示，还是从处分的财产权利归属（均以有权处分为限，下同）、遗嘱的形式，均符合继承法的明文规定；继承法对受遗赠人的主体资格也未作出任何限制。所以，从遗嘱人、受遗赠人两方面来看，均不发生违反继承法的问题。而且，遗嘱自由的原则仅受继承法明文规定的保留特留份制度的限制，遗嘱人有权将其财产遗赠给法定继承人以外的民事主体，即遗嘱人有权“剥夺”法定继承人的继承权。

其次，本案所争议问题属有特别法明文规定的问题。在法律适用上，如果争议问题在特别法明文规定范围内，则应按照特别法优于普通法的原则处理；如果争议问题在特别法中没有规定，则可适用普通法的规定处理；适用普通法的规定处理争议问题，首先应是适用其具体条文规定，只有在具体条文也无规定情况下，才发生适用其总则所规定的基本原则问题。这样一种法律适用方法本身就是对自由裁量权的限制，或者说是法官在行使自由裁量权时所要遵循的法律适用规则。

再次，即便本案存在适用《民法通则》的条件，是否存在适用其基本原则作为判案依据的问题。

因为，本案发生的问题实质上是确认遗赠人立遗赠行为的效力问题，属有关民事行为效力确认问题。

对此，《民法通则》第四章第一节有明文规定，且是具有“处理”功能的完整规定。而《民法通则》关于基本原则的规定，如第7条关于公序良俗原则的规定，并不包括问题的“处理”。在其第58条列举的无效民事行为情形之中，其第5项为“违反法律或者社会公共利益”。

按一致的意见，违反法律是指违法律、行政法规的禁止性规定，其体现的是“法无明确禁止的行为不为违法”的基本原则；违反社会公共利益是指行为违背受公权所保护的公共秩序方面的要求，往往涉及国家基本制度、根本利益和社会稳定，所谓“社会公共道德”一般并不包括在内，社会公共利益（公共秩序）与社会公共道德不是同一层面的概念。《民法通则》在将基本原则具体化时，并没有将公共道德之违反作为否定性评价的一个内容，显然是其不确定性因素极多的缘故。

最后，婚外同居行为确实为修正后的婚姻法所否定，但是否因有婚外同居行为而需要对行为人处分财产的权利或者说立遗嘱的行为进行限制，以此来惩罚行为人，婚姻法中没有这样的规定。婚姻法对婚外同居行为的惩罚体现在过错赔偿上，而且仅对婚姻关系中的有婚外同居行为一方而言。

总结起来，本案所涉及的有关遗嘱的形式、内容、要件等问题，在《继承法》中均有明文规定；《婚姻法》对婚外同居行为的处理和对行为人的惩罚也有明文规定；《民法通则》对无效民事行为也有明文规定；以上三法对遗嘱人将其所有的财产遗赠给与其同居的人没有禁止。因此，遗嘱人将其所有的财产以遗嘱形式遗赠给与其同居的原告的行为效力问题，似不属法无明文规定的或者遗漏的问题，在裁量上似应遵循特别法优于普通法和法无明文禁止的行为不为违法的规则来解决法律适用问题。并且在处理遗嘱问题上，基于尊重遗嘱人的意愿和其所享有的所有权权利，一方面是不问其动机和目的的，即认定遗嘱效力问题，应以无因性原则对待；另一方面，遗嘱自由仅在法律明文规定的范围内受限制，除明文规定的范围以外不应受限制，即便遗嘱行为可能与某些法律基本原则相违背也是如此，如遗嘱在法定继承人中定男不定女，或定女不定男，是不能以所谓违反男女平等原则来否定其效力的。

二、许某与吴某等监护权纠纷案

案情

原告（上诉人）：许某

被告（被上诉人）：吴某、章某

章某某系两被告之子，2000 年与许某举行结婚仪式，于 2002 年 7 月 24 日生育一子章兵。章某某于 2007 年 4 月 11 日在上海打工期间受伤，经医院抢救无效死亡。雇主于 2007 年 4 月

14 日一次性赔偿因章某某死亡的各项费用 32 万元。后许某与章某、吴某对赔偿费用达成协议，约定："……四、章兵的份额暂由吴某保管，视章兵的生活环境而定。……七、注：增加条款：1. 章兵抚养费 130 000 元。……如其母亲两年内没有改嫁，按年 1 万元支付存于吴某手的款项。赔付所得人：章兵：130 000 元（注：存单与密码由吴某保管）……2007 年 6 月 1 日。"现章兵随许某生活。2007 年 7 月 10 日，许某请求宿豫区人民法院确认其对章兵的法定监护权。2007 年 11 月 9 日，许某再次请求判令二被告交出章兵名下的财产（银行存单）并由原告行使监管权。

原告许某诉称：原告丈夫章某某在上海打工时因劳动事故而身亡，就其身后的财产分割，原、被告签署了协议书，但被告未按协议履行，不告诉章兵名下的存款数额，也不告诉存款的地点和密码，现请求法院判令二被告交出章兵名下的财产（银行存单）并由原告行使监管权。

二被告吴某、章某辩称：没有保管章兵的赔偿款。

宿豫区人民法院审理认为，未成年人之父母是未成年人当然的监护人。其监护人资格从未成年人出生时当然取得，不需任何程序和手续。本案中，许某是章兵的监护人，其与吴某、章某签订的协议中，对涉及章兵财产抚养费处分的条款并未侵犯章兵的权利，该条款合法有效，现许某主张变更该条款，由其自行行使财产的监管权证据不足，法律依据不充分，不予支持。依照 1991 年《中华人民共和国民事诉讼法》第 128 条和《中华人民共和国民法通则》第 16、18、57 条之规定，法院判决如下：驳回原告许某的诉讼请求。案件受理费减半收取 50 元，由原告许某负担。

宣判后，许某不服一审判决，向宿迁市中级人民法院提起上诉称：上诉人是在受欺骗的情况下做出“存单与密码由吴某保管”的约定，该约定并非上诉人的真实意思表示。被上诉人不告诉上诉人存款的密码，也不告诉存款的地点和数额，致使上诉人对章兵的财产没有监督和管理的权利，损害了上诉人监护权的行使。请求二审撤销一审判决，依法改判被上诉人交出章兵名下的存款单由上诉人监管。

吴某、章某答辩称：一审判决正确，请求维持。

二审中另查明：章兵的130 000元赔偿款（抚养费）原以章兵的名义存入银行，现已被吴某改存在其名下。

宿迁市中级人民法院经审理认为，上诉人作为章兵的母亲，依据法律规定，是章兵的法定监护人。作为法定监护人，上诉人当然享有对未成年子女章兵的财产进行管理的权利。虽然上诉人与被上诉人吴某以协议的方式约定章兵的财产暂由吴某保管，但此种约定的法律性质属于上诉人暂时将对章兵财产的管理权委托给吴某。上诉人作为委托人，有权随时终止委托关系而无须征得吴某的同意。况且，协议也只是约定章兵的财产暂由吴某保管，视章兵的生活环境而定。现章兵随上诉人生活，而吴某并不配合上诉人对章兵的财产进行管理（擅自将章兵的存单改存为自己的名字），根据章兵日常生活、学习的需要，章兵的财产由吴某保管对章兵的健康成长并无益处。鉴于章兵的130 000元赔偿款现已改存在吴某的名下，吴某应直接将该款交由上诉人进行管理。综上，上诉人要求对章兵的财产进行管理的上诉理由成立，予以支持。一审判决不当，应予纠正。依照1991年《中华人民共和国民事诉讼法》第153条第1款第2项、《中华人民共和国民法通则》第16第1款、第18条第1款之规定，判决如下：

（1）撤销宿迁市宿豫区人民法院［2007］宿豫民一初字第

2322号民事判决；

(2) 吴某于本判决生效后10日内将属于章兵所有的13万元赔偿款交由许某管理。

一审案件受理费50元、二审案件受理费100元，合计150元，由被上诉人吴某负担。

法理评析

未成年人的父亲死亡后，对未成年人应得的财产如何管理和使用是孩子祖父母与孩子母亲非常关心的问题。依当地的风俗，孩子祖父母往往以孩子母亲将来改嫁后会损害孩子的财产为由对孩子母亲应有的监护权进行不适当的限制，这种做法是不合法的行为。

本案主要涉及以下几个问题：

(一) 关于对未成年人的财产进行管理的法律性质问题

《民法通则》第16条第1款规定："未成年人的父母是未成年人的监护人。"第18条第1款规定："监护人应当履行监护职责，保护被监护人人身、财产及其他合法权益，除为被监护人的利益外，不得处理被监护人的财产。"第2款规定："监护人依法履行监护的权利，受法律保护。"由此可以看出，依我国现行法律规定，对未成年人财产的管理、保护属于父母的监护权利范畴（也是职责）。父母的监护权利来源于法律的直接规定，未成年人的其他近亲属并不直接享有该项权利。

(二) 关于双方协议的性质、效力问题

根据《民法通则》的规定，监护人有法定监护人和指定监护人两种。但实务中出现的委托监护情况若不违反法律的禁止性规定，也应受到法律的保护。对此，《最高人民法院关于贯彻执行〈中华人民共和国民法通则〉若干问题的意见（试行）》

(以下简称《意见》)第22条规定:“监护人可以将监护职责部分或全部委托给他人。”吴某与许某在协议第4条约定:“章兵的份额暂由吴某保管,视章兵的生活环境而定。”此种约定的性质即为委托监护。此约定并不违反法律的禁止性规定,吴某可以依约对章兵的财产进行管理。但需要注意的是,委托监护本质上属于委托合同的范畴,因此,法定监护人作为委托人有权终止委托关系而无须征得被委托人的同意,故吴某虽然是章兵的祖母,但其以协议已对章兵的财产管理做出约定不得变更的抗辩理由显然不能成立。

另外,从协议约定的本意来看,许某也只是暂时委托吴某对章兵的财产进行管理。吴某对章兵财产的保管,视章兵的生活环境而定。现章兵随许某生活,而吴某并不配合许某对章兵的财产进行管理(擅自将章兵的存单改存为自己的名字),致使许某对章兵的财产失去了有效的监督。根据章兵日常生活、学习的需要,章兵的财产由许某管理使用更有利于章兵的健康成长。

至于协议第7条“如其母亲两年内没有改嫁,按年1万元支付存于吴某手的款项”的约定体现了当地对妇女改嫁进行不适当限制的民俗习惯。依当地的风俗,夫死亡后,如妻改嫁,则其对未成年子女应继承的遗产的管理会受到未成年子女的祖父母等近亲属的限制甚至是剥夺,这种限制与未成年子女的母亲是否改嫁密切相关。此种风俗是对许某婚姻自由的干涉,违反婚姻法有关婚姻自由的规定,非善良风俗,属于无效条款。

(三)关于监护权的监督问题

吴某之所以要求按协议的约定对章兵的财产进行管理,在一定程度上是担心许某改嫁后会不适当地处分章兵的财产。那么,如何对许某监护权的行使进行监督呢?

《民法通则》第18条第3款规定："监护人不履行监护职责或者侵害被监护人的合法权益的，应当承担责任；给被监护人造成财产损失的，应当赔偿损失。人民法院可以根据有关人员或单位的申请，撤销监护人的资格。"依此款规定，许某作为章兵的监护人，若不履行监护职责（如故意不尽抚养章兵的义务）或者侵害章兵的合法权益，吴某作为章兵的祖母可依法定程序申请人民法院撤销许某的监护人资格。但不履行监护职责或者侵害被监护人的合法权益必须要有确凿的证据证明才能予以认定，而不能靠当地的风俗来进行假设。

需要注意的是，在现行法律没有规定专门机构对未成年人的财产进行监督、保护的情况下，若许某与吴某双方达成协议约定对章兵的财产进行共同管理，则该协议的性质即不属于委托监护。此种情况应视为许某自愿将监护权的行使置于吴某的监督之下，是吴某对许某行使监护权进行的事前性监督，只要该协议不违反法律的禁止性规定，则协议的效力就应予确认，非因章兵利益的必须，许某不得擅自违反该约定。

三、褚树立等诉合伙事务执行人陈凯应依其出具的欠条给付合伙企业解散后尚未清算分割的合伙财产自己应得的财产案

案情

原告（被上诉人）：褚树立、李泽英

被告（上诉人）：陈凯

由陈凯、李泽英等人牵头，与其他人合伙组建的河北省文安县吴石槽友联人造板厂（下称"友联板厂"），于1993年12月4日登记注册成立。全体合伙人合计出资79.5万元，其中陈

凯出资5万元、李泽英出资1.5万元，褚树立在董洪茹名下出资8万元。1995年1月23日，合伙人会议选举陈凯、李泽英、褚树立等人为友联板厂董事会董事。董事会研究决定，聘任陈凯为友联板厂厂长，李泽英、王连义为副厂长。1997年2月2日，友联板厂合伙人会议决定，终止合伙，解散企业，委托陈凯等人负责处理清算和变卖财产事务。在该次合伙人会议决议上签名的有16名合伙人（此时共有19名合伙人），其中有陈凯、李泽英和董洪茹。褚树立称自己知道召开这次合伙人会议和会议决议，但未参加会议和在决议上签名。1997年2月17日，友联板厂登记注销。1997年2月21日，经变卖友联板厂财产得款54.7万元，由财务人员保管。1997年3月11日，应原告褚树立、李泽英的要求，被告陈凯给2人分别写下褚树立应得红利款31 284元，李泽英应得红利款12 669元，3月25日还清的欠条。但褚树立、李泽英对友联板厂的财产在1997年3月11日尚未清算分割完毕之事实，不持异议。陈凯述称其于1997年3月11日给褚树立、李泽英写的"红利欠条"未被合伙人会议认可。1997年5月3日，合伙人会议通过了友联板厂清算结果和剩余合伙财产分割方案，有13名合伙人在该次合伙人会议决议上签名。褚树立、李泽英未参加该次合伙人会议，也未在会议决议上签名。根据1997年5月3日合伙人会议决议的剩余合伙财产分割方案，董洪茹名下（包括褚树立）应分得18 496元现金、价值4928元的实物、8212元债权，合计31 636元；李泽英分得6936元现金、价值1850元的实物、3080元债权，合计11 866元。褚树立、李泽英对其应分得的财产未取回。

原告褚树立、李泽英向文安县人民法院起诉称：陈凯于1997年3月11日向2人出具"红利欠条"的款项，届期未付。请求陈凯分别向二原告给付"红利欠条"所列的款项和迟延付款的利息。

被告陈凯答辩称：1997 年 3 月 11 日写的“红利欠条”，并非本人的真实意愿。而且，二原告应分得的“红利”不全是现金，还包括部分实物和债权。

文安县人民法院经审理认为：被告陈凯作为友联板厂的厂长，给合伙人褚树立、李泽英出具的“红利欠条”，是其真实意思表示，具有法律效力。被告陈凯应依据该“红利欠条”向原告褚树立、李泽英偿付债务和支付自 1997 年 3 月 26 日起的迟延付款违约金。依照《中华人民共和国民法通则》第 108 条的规定，该院于 1998 年 4 月 15 日作出如下判决：

被告陈凯于本判决生效之日起 10 日内向原告褚树立给付 31 284 元红利款和 6006 元违约金，向原告李泽英给付 12 669 元红利款和 2437 元违约金。

被告陈凯不服一审判决，以其无权决定向原告褚树立、李泽英给付尚未分割的合伙财产，“红利欠条”不具有法律效力；其个人没有侵占原告应得财产，因而不是本案被告为理由，上诉于廊坊市中级人民法院，请求撤销一审判决。

褚树立、李泽英答辩称：陈凯作为友联板厂厂长，其出具的“红利欠条”是其真实意思表示，因此具有法律效力。

廊坊市中级人民法院经审理认为：原告褚树立、李泽英作为友联板厂的合伙人，有依据企业章程的有关规定取得合伙经营盈余的权利。被告陈凯依照合伙人会议的授权，经手出卖友联板厂财产取得的价款，应按照“红利欠条”向原告褚树立、李泽英给付其 2 人应得的款项。

因此，陈凯的上诉理由不能成立。一审判决认定事实清楚，适用法律并无不当。依照 1991 年《中华人民共和国民事诉讼法》第 153 条第 1 款第 1 项的规定，该院于 1998 年 6 月 18 日作出如下判决：

驳回上诉，维持原判。

该判决发生法律效力后，陈凯以“红利欠条”是合伙人会议作出合伙财产分割决定之前出具的，也未被全体合伙人认可，因而不具有法律效力；其个人没有侵占褚树立、李泽英应得财产，因而不是本案被告为理由，向廊坊市中级人民法院申请再审，请求撤销原一、二审判决，驳回褚树立、李泽英的诉讼请求。

褚树立、李泽英答辩称：陈凯处理和把持着合伙财产，而且其已经同意向褚、李二人给付应得的合伙盈余，并出具了“红利欠条”。因此，陈凯应按照“红利欠条”付款。

廊坊市中级人民法院经再审认为：合伙企业财产为全体合伙人共有。在合伙关系存续期间，任何合伙人不得先于其他合伙人请求分割合伙财产，即使是与自己出资额或应得财产相当的那部分财产也不得提前分割。相应，任何合伙人，即使是合伙事务执行人，在未经全体合伙人同意或授权的情况下，也无权处分合伙财产。本案中，友联板厂合伙人在 1997 年 2 月 2 日和 5 月 3 日依照少数服从多数，且不损害少数合伙人利益的议事规则产生的决议，其效力及于全体合伙人，即该合伙人会议决议对未参加会议的褚树立、李泽英亦具有法律约束力。上述两次合伙人会议决议证明，合伙人会议并未授权陈凯分割合伙财产。褚树立、李泽英的陈述证明，1997 年 3 月 11 日之前，合伙财产已经变卖，但尚未清算分割。因此，陈凯于 1997 年 3 月 11 日写给褚树立、李泽英的“红利欠条”，即使是陈凯自愿作出的意思表示，也不能产生褚树立、李泽英可以从尚未分割的合伙财产中分取财产的法律效力。合伙人会议决议证明，陈凯自 1997 年 2 月 2 日主持变卖、管理合伙财产的行为，是合伙人会议委托其执行合伙事务的行为，并非陈凯个人侵占合伙财产的行为。综上所述，褚树立、李泽英依据“红利欠条”向陈凯主张权利的诉讼请求，不应予以支持。原审判决关于“红利欠条”是陈凯真实意思表示，即具有法律效力；褚树立、李泽英可以依据该“红利欠条”向陈凯主张权利的认定，与《中华人民共和国民法通则》第32、34条的规定不符，属适用法律错误。依照《中华人民共和国民法通则》第32、34条，1991年《中华人民共和国民事诉讼法》第153条第1款第2项，《最高人民法院关于适用〈中华人民共和国民事诉讼法〉若干问题的意见》第201条的规定，该院于2000年3月8日作出如下再审判决；

(1) 撤销原一、二审民事判决。

(2) 驳回褚树立、李泽英的诉讼请求。

法理评析

本案需要解决的，主要不是原告是否有权分割合伙盈余的问题，而是以何为依据分取合伙盈余的问题，即是否应以“红利欠条”分取。正确认识这一问题的关键，是要搞清楚合伙财产的法律性质以及合伙事务执行人与其他合伙人之间的权利义务关系。

合伙财产由合伙人出资和合伙经营收益两部分构成。《民法通则》第32条第1款规定：“合伙人投入的财产，由合伙人统一管理和使用。”《合伙企业法》第19条第2款规定：“合伙企业的财产由全体合伙人依照本法共同管理和使用。”由于我国法律没有直接规定合伙出资是全体合伙人的共有财产，审判实践中常有人忽视合伙出资共有关系的法律性质。

我国法律规定，资金、实物、技术等均可以作为合伙出资。以资金出资，可以是现金，也可以是可流通的有价证券；以实物出资，可以是动产或不动产的所有权，也可以是除所有权以外的财产权；以技术出资，可以是技术知识的内容，也可是技术性的劳务，还可以是知识产权和商业秘密所有权或使用权、收益权等他项财产权。由此可知，合伙出资的财产构成内容复杂。但从所有权角度上分析，现代物权理论认为，所有权以外的财产权与所有权是可以相互分离，独立存在的。合伙人如果以财产所有权，例如以向合伙组织投入现金、机械设备，转让有价证券、不动产、专利权、商标权、商业秘密所有权等方式出资的——则该项出资可以直接构成合伙人共有财产；合伙人如果以某项财产除所有权以外的财产权——例如以某项不动产或知识产权的使用权、收益权出资——由于出资合伙人仍是该项财产法律意义上的所有人，所以该项财产本体（原物）则不能成为合伙人共有财产。但是，由于合伙人以他项财产权出资时，必须将作为使用权、收益权等财产载体的财产原物，交由全体合伙人共同占有、使用或收取收益，才能形成出资合伙人的出资，这与准共有的法律特征相符。

因此，合伙人以所有权以外的财产权出资的，该出资属于合伙准共有财产。

将合伙财产区分为合伙共有和合伙准共有的意义在于，合伙共有财产必须直接承担合伙债务和参加合伙财产分割，合伙准共有财产原物则不直接承担合伙债务和参与合伙财产分割。由于合伙准共有财产原物负载的出资，在全体合伙人共同占有、使用和取得收益的过程中，已经渐化为经营成果，而成为合伙共有财产。出资合伙人在退伙结算或散伙清算时，则可以先行取回出资财产原物，然后再根据合伙合同或按该财产原物负载的出资额比例与其他合伙人一起分割合伙共有财产；或是当合伙共有财产不足以清偿合伙债务时，再以出资财产原物或其他自有财产承担无限连带责任。实务中常发生合伙共有财产足以清偿合伙债务，却先用合伙准共有财产原物清偿或将合伙准共有财产原物与合伙共有财产一并清算分割的现象。这一做法损害了合伙准共有财产出资合伙人的合法权益，也与合伙合同的约定相悖。审判实践中，一般可以根据合伙合同认定某项合伙财产是合伙共有还是合伙准共有。如果合伙合同明确约定合伙人是以所有权以外的财产权出资的，即可以确认该项出资为合伙准共有财产；如果合伙合同没有约定合伙人是以所有权以外的财产权出资或约定不明确，又没有其他证据证明全体合伙人认可以他项财产权出资的，则视该项出资为合伙共有财产。需要指出，货币是一种特殊的动产，其所有权依占有确定，即视货币占有人为所有人。合伙人以货币出资，一经投入，即为全体合伙人占有。所以，合伙人投入合伙组织的货币或无记名有价证券，属于合伙共有财产。

合伙共有和合伙准共有财产共同的法律特征，一是它们都基于合伙关系和出资行为产生；二是合伙关系存续期间，不确定合伙人的应有份额，不得请求分割或任意处分；三是全体合伙人对全部合伙财产平等地享有权利，承担义务，负连带责任。这与财产共同共有关系的法律特征相符。因此，合伙共有财产属全体合伙人共同共有，合伙准共有财产属全体合伙人准共同共有。合伙准共同共有在共有性质上与合伙共同共有没有本质区别。除法律特别规定外，准用共同共有的法律规定。

合伙财产共同共有关系，决定全体合伙人内部各合伙人的权利义务平等地及于全部合伙财产。该法律性质体现在合伙财产的处分上，是指在合伙关系存续期间，分割或处分合伙财产须经全体合伙人同意，任何合伙人不得请求分割或任意转移、处分合伙财产，即使是合伙潜存于全部合伙财产内部的应得部分，非经其他合伙人同意也不得分割或任意取回。因此，经全体合伙人同意是处分合伙财产的前提要件，除法律特别规定外，通常将多数合伙人的相同意见或合伙人大会的决定视为全体合伙人同意，而且其效力及于全体合伙人。本案原告虽然没有参加 1997 年 5 月 3 日的合伙人会议，但该次合伙人会议决定的合伙财产分割方案对原告和其他合伙人具有相同的法律效力。原告可以依据该合伙人会议决定的分割方案请求给付自己应得的剩余合伙财产。

合伙财产共同共有关系，决定全体合伙人内部各合伙人在执行合伙事务上享有同等权利。根据法律规定，执行合伙事务的方式，可以是由全体合伙人共同执行，也可以是由合伙合同约定或全体合伙人决定，委托一名或数名合伙人执行。被委托执行合伙事务的一名或数名合伙人与其他合伙人之间是一种代理关系。因此，合伙事务执行人必须在其他合伙人授权范围内根据全体合伙人的决定执行合伙事务。合伙事务执行人如果超越其他合伙人授权范围或违背全体合伙人的决定，擅自处理诸如分割合伙财产之类的重大合伙事务，其结果对其他合伙人不产生法律效力。如果因此损害了其他合伙人的利益，行为人则承担赔偿责任，但合伙人不得以此对抗全体合伙人外部的善意第三人。本案中的“红利欠条”是在合伙企业解散清算过程中，由被告陈凯参考匡算结果向原告给付大体相当于原告应得剩余合伙财产数额金钱做出的承诺，是原告主张权利的证据。但是，在 1997 年 5 月 3 日合伙人会议作出合伙财产最终分割决定之前，合伙人会议只是委托被告主持清算事务，并未授权被告分割合伙财产。因此，被告在 1997 年 3 月 11 日擅自向原告承诺先于其他合伙人从尚未分割的合伙财产中分取财产而写下的“红利欠条”，没有法律效力。原告依据“红利欠条”提出分取合伙财产的诉讼请求，不应获得法律支持。

四、罗某申请宣告呈持续性植物状态的罗某1为无民事行为能力人案

案情

申请人：罗某。
被申请人：罗某1（系罗某之子）。
委托代理人：梁启华（系罗某1母亲）。

申请人罗某与被申请人罗某1系父子关系。申请人罗某陈述，2002年10月25日，被申请人罗某1在江苏省盱眙县某地段因发生交通事故，造成颅脑重度损伤。经诊断，目前呈持续性植物状态，完全不能辨认自己的行为。被申请人在抢救、治疗及出院后一直由其妻林红尽主要扶养、照顾义务。经法院法医鉴定认为，被鉴定人罗某1目前认知能力丧失，无意识活动，参照有关规定，目前无民事行为能力。

2003年3月13日，罗某1的父亲向法院提出申请，要求宣告其子为无民事行为能力人。

江苏省盱眙县人民法院经审理认为，被申请人罗某1经鉴定目前认知能力丧失，无意识活动，参照有关规定，目前无民事行为能力。依照1991年《中华人民共和国民事诉讼法》第172条第2款，《中华人民共和国民法通则》第13条第1款、第17条第1款第1项的规定，该院于2003年7月10日做出如下判决：

（1）宣告罗某1为无民事行为能力人。

（2）指定林红为罗某1的监护人。

关于植物人（持续性植物状态）等因患病而丧失意识活动

和行为能力的公民，如何在法律上为其行为能力定性，我国立法中没有明确具体的规定。但在近几年来的司法实践中，要求对这类人的民事行为能力状况用法律程序予以宣告，向法院提出申请的案件不断出现。对此类人应否宣告以及宣告的法律依据的问题，因立法的空白，使得该类案件的处理较有难度，争议也较大。

在上述案件的审理过程中，能否对被申请人宣告为无民事行为能力人，主要有五种观点。第一种观点认为，《民法通则》仅规定了宣告精神病人为无民事行为能力或限制民事行为能力人的情形。对因其他疾病（精神病以外）而完全丧失民事行为能力的自然人能否宣告为无民事行为能力人，立法上没有明确的规定，这并不是《民法通则》的立法疏漏，也不能随意扩大理解这类精神病人的范围。因此，“植物人”患者并不符合宣告为无民事行为能力人的条件。第二种观点认为，植物人患者属于正在治疗中的病人，如果治疗一直未终结，就不能宣告为无民事行为能力人。第三种观点认为，根据《民法通则》关于未满10周岁的未成年人是当然的无民事行为能力人的立法规定，植物人完全不能辨认自己的行为，这种现象在相对时间内是客观存在的，只要在医学上有明确的诊断，就当然地属于无民事行为能力人，其近亲属可直接代为行使相关权利和代理其他民事活动，无须通过宣告无民事行为能力的程序取得监护权。因此，对自然人由于其他疾病而完全丧失民事行为能力的成年人，通过特别程序宣告其为无民事行为能力不是必经程序。第四种观点认为，植物人丧失了意识活动，与精神病人应属于同种范畴，对此类人的民事行为能力，应当适用《民法通则》的规定予以宣告。第五种观点认为，不能机械地理解和适用《民法通则》的规定。虽然现行法律对植物人的行为能力宣告无明确规定，但是，根据无民事行为能力人的本质特征以及《民法通则》的立法本意，只要这类人在医学上有了明确的诊断，申请人提出申请的，就应当对被申请人做出无民事行为能力的宣告。

笔者认为，只要申请人提出申请，并且被申请人符合无民事行为能力人的特征，就应当做出无民事行为能力人的宣告判决。

（一）无民事行为能力人的本质特征在于“不能辨别自己的行为”

行为能力是有权利能力者独立实施法律行为的资格。行为能力以权利能力为基础，以意思能力为前提。因此，自然人的行为能力状况决定于其意思能力状况。关于无民事行为能力人，我国立法仅有两类规定，一类是不满10周岁的未成年人，另一类为成年精神病人。《民法通则》第13条第1款规定：“不能辨别自己行为的精神病人是无民事行为能力人，由他的法定代理人代理民事活动”。《意见》第5条规定：“精神病人（包括痴呆症人）如果没有判断能力和自我保护能力，不知其行为后果的，可以认定为不能辨认自己行为的人。对于比较复杂的事物或者比较重大的行为缺乏判断能力和自我保护能力，并且不能预见其行为后果的，可以认定为不能完全辨认自己行为的人。”根据上述立法规定，精神病人与痴呆症人之所以被认定为无民事行为能力人，在于这两类人具有无民事行为能力的本质特征，即“不能辨认自己的行为”，具体包括没有预见能力、判断能力和自我保护能力。因此，认定无民事行为能力也应以此为标准。

（二）植物人与精神病人有本质区别

植物人在医学上是否也属于不能辨别自己行为的精神病人或痴呆症人，是一个涉及医学理论的问题。从神经医学的角度来看，“精神病”是指由于大脑功能紊乱而发生的感觉、记忆、行为等方面表现异常的症状。痴呆症是指意识清醒的人出现全面认知障碍的一种临床综合征。植物人即“持续性植物状态”是指患者由于脑机能受损，无任何意识活动，缺乏知觉、思维、情感以及无有目的运动的症状。根据上述概念和病理本质的分析，植物人与精神病人、痴呆症人在医学上并不能混同。因此，将此类人列为精神病人一类而确认其无民事行为能力，缺乏科学依据。

（三）植物人符合我国无民事行为能力人的本质特征与立法本意

“植物人”等患者既然无意识活动，就无所谓对自己行为的辨别能力，因此，此类人当然符合无民事行为能力人的本质特征。反观《民法通则》关于无民事行为能力人的立法，从逻辑分析的角度看，“不能辨别自己行为的精神病人是无民事行为能力人”这一条款中的“无民事行为能力人”与“精神病人”两个概念在外延上应当属于包含与被包含的关系，而并非等同关系。具体而言，“精神病人”仅是除未满10周岁的未成年人之外的无民事行为能力人的一种，并非全部。在外延上，该项条文此时仅对属于无民事行为能力人的某一种情况即精神病人做出限定，而对法定症状以外的民事主体，如本案中的植物人却未明确。笔者认为，此类人在逻辑上并不当然被排除在上述条款的适用范围之外。随着社会生活的发展，该条文在立法技术上已显示出了不周延。因此，将植物人等因疾病丧失认识能力、辨别能力的患者宣告为无民事行为能力人，符合《民法通则》的立法本意。

最后，从各国设立无民事行为能力人宣告制度的立法目的看，无论是对民事主体行为能力的宣告还是撤销，均为切实保护个人之利益，防止行为能力欠缺之主体的权益被置于不平等状态。虽然植物人患者的大脑不再具有任何意识，但其心脏与肺是健全的，随着现代临床医学上出现了许多先进的医疗设备，诸如人工呼吸器、心脏活动的检查与监控仪器，以及脑部供氧器材等，大大加强了自然人延长生命的能力。对此类人做出无民事行为能力的宣告，对维护这一类群体的权益实属必要。

综上分析，第一种观点忽视了《民法通则》的立法本意，属机械理解法律条文；第二种观点不能及时、有效地保护被申请人的合法权益；第三种观点将植物人视为当然的无民事行为能力人没有法律依据，因为，我国立法上仅规定不满10周岁的未成年人为当然的无民事行为能力人，除此之外的无民事行为能力人必须要经过法律宣告程序；第四种观点混淆了精神病人与植物人的病理概念，因此也是不能成立的。

本案是适用《民事诉讼法》规定的特别程序即“认定公民无行为能力特别程序”的一个实例，但其主要贡献在于对《民法通则》第13条第1款所做的解释。判决书中适用了《民法通则》第13条第1款，即“不能辨认自己行为的精神病人是无民事行为能力人，由他的法定代理人代理民事活动”。但是，该款只规定了“精神病人”而没有提及其他人，法院是如何将“植物人”纳入本款适用范围的呢？

本案成功地运用了法律解释方法中一项最基本的解释方法——语法解释法（或字面解释法）——成功地解决了这个法律解释上的难题。仔细阅读第13条第1款后可以从语法上得出，该语句并不是一个等同式判断，而是一个列举式判断。该款所规定的“精神病人”只是“无民事行为能力人”的一种表现形式。也就是说，“无民事行为能力人”是一般状态，而作为主语的“精神病人”是“无民事行为能力人”的一种。即使普通人也知道幼童当不了家，昏迷不醒的成年人肯定签不了合同……这种通常的解释得到了第 12 条第 1 款的印证。该款规定："不满 10 周岁的未成年人是无民事行为能力人，由他的法定代理人代理民事活动。"

本案紧紧抓住了第 13 条第 1 款中"不能辨认自己的行为"的表述，从而也证明了精神病人是不能辨认自己行为的人中的一种，这也有力地支持了这种解释结论。当然，此处也可能存在另一种文字理解，即此处以"不能辨认自己行为"为限制的精神病人主要是为了排除间歇性精神病人的，因为此类精神病人在病情未发作时为有民事行为能力的自然人。

在解释和适用《民法通则》的过程中，也会有一种看法，认为《民法通则》在立法技术上存在疏漏，似乎应当有一个这样的条文，即：不能辨认自己行为的人为无民事行为能力人。如果有这一条，对于解决本案来说固然大有帮助，但也很难说不会出现因范围较宽而需要解释的其他问题。其实，不论面对何种法律条款，司法者总要在"解释和适用法律"的基本使命的支配下，本着对立法应有的一种审慎和尊重态度，完成自己的使命。法律解释和适用者有义务使所解释和适用的法律真正实施，而不是去批评、"挑刺"。"有效为佳""法律体系应当假定为是彼此和谐的"等法律解释格言都体现了这种要求。在本案中，为使本案得到合理解决，裁判者必须为《民法通则》看似不严密的规定找一条出路，为体现在具体的当事人身上的正义找一条出路，而不是简单、不适当地指责立法中存在的问题。这条出路就在于《民法通则》对"无民事行为能力人"这一概念的承认和接受上。民事行为能力是民法的基础理论，每一个法律工作者都知道这个道理，立法机关也不例外。也就是说，司法者应当假定立法者在制定第 12、13 条时，是以"无民事行为能力人"的概念已为广大人民群众普遍接受为前提的，所以

《民法通则》只把当时已经明显表现出的、成型的情况作了列举。这也是为什么《民法通则》并没有规定“除不满 10 岁的未成年人或者精神病人外，其他人都不是无民事行为能力人的缘故”。

这就是本案例中最有价值的内容。它不仅从现行法律规定中解释出了一项新的规则，而且十分巧妙地运用了现有的法律解释方法，对法律方法理论也有一定贡献。

五、航盛公司诉高明区政府及其对外贸易经济合作局拖欠码头建设费超过诉讼时效后重新达成还款协议认定有效案

案情

原告：广东省航盛工程有限公司

被告：佛山市高明区对外贸易经济合作局、佛山市高明区人民政府

1993 年 5 月 15 日，广东省航务工程公司（下称“省航务公司”）与高明市（现高明区，下同）人民政府口岸办公室（下称“高明口岸办”）签订了一份码头建设工程合同，约定：由省航务公司承建高明口岸办发包的高明客运口岸码头工程；工程备料款和进度款支付方式为：高明口岸办在合同签订后 5 天内，按总造价的 25%预付备料款；高明口岸办在收到省航务公司月度进度报表时，如无异议应在 7 天内支付工程进度款，同时按比例扣回预付备料款，直至工程进度达 90%时停止付款，其余 10%工程款待工程竣工验收后 1 个月内结算付清；高明口岸办不按期拨付工程款的，从超过 7 天次日起，按拖欠数额，按照银行有关延期付款的规定支付逾期付款违约金。1994 年 12 月 15 日，省航务公司完成了码头建设工程后，与高明港客运口岸建设指挥部（下

称“高明港指挥部”）进行了工程竣工验收，确定工程决算造价为4 675 239.87元。1996年1月18日，广东省航务工程总公司（下称“省航务总公司”）与高明港指挥部进行结算，共同确认码头工程结算价为4 452 958.60元、钢引桥222 281.27元。

1996年7月10日，省航务总公司致函高明港指挥部，要求支付工程余款860 378.67元。同年10月31日，高明港指挥部致函省航务总公司确认尚欠工程余款860 378.67元，承诺在12月30日前付清。由于高明港指挥部没有履行承诺，1997年5月27日，省航务总公司再次向高明港指挥部催款，仅收到工程款100 000元。2001年5月30日，省航务总公司致函高明港指挥部，要求支付所欠工程款760 378.67元。2001年5月31日，高明港指挥部确认尚欠工程款余款736 378.67元，计划在2002年底付清。2002年1月15日，原告航盛公司再次致函高明口岸办，要求支付所欠工程款760 375.67元。高明港指挥部再次确认尚欠工程款余款736 378.67元，并计划在2002年底付清。

另查明，省航务公司于1994年2月1日变更为省航务总公司。省航务总公司于2000年12月1日变更为广东省交通集团航务工程有限公司，后又于2001年12月25日变更为广东省航盛工程有限公司（下称“航盛公司”）即原告。

经国务院批准，高明县于1994年4月撤县设市，又于2002年12月撤销高明市，设立高明区，由佛山市管辖。

高明港指挥部于1992年12月29日由高明县人民政府批准设立，1996年8月2日被撤销。2001年11月22日，根据《中共高明市委、高明市人民政府关于印发〈高明市当政机构改革方案〉的通知》，高明区口岸办不再保留，其职能并入被告佛山市高明区对外贸易经济合作局（下称“高明区外经局”）。2002年4月15日，高明口岸办与被告高明区外经局办理了各类资产、负债的移交、接受手续。

原告航盛公司向广州海事法院起诉称，省航务总公司于1994年12月15日完成前述工程，经验收合格并交付使用。1996年1月18日，与高明港指挥部进行了结算。2001年1月15日和5月31日，高明港指挥部两次确认尚欠原告工程款736 378.67元，但一直没有支付。高明口岸办撤销后，其职能并入被告高明区外经局，被告高明区外经局应承担高明口岸办的付款义务。高明港指挥部，是合同的实际履行者，也应向原告支付工程款及其违约金。高明港指挥部是被告佛山市高明区人民政府（下称“高明区政府”）设立的不具有独立法人资格的机构，被告高明区政府应对高明港指挥部拖欠上述工程款本金和违约金承担连带清偿责任。

被告高明区外经局辩称，原告起诉的是高明口岸办，而向原告确认欠款以及承诺还款的是高明港指挥部。被告高明区外经局对高明港指挥部的确认不予认可。原告未能证明其曾向高明口岸办请求支付上述工程款，原告的请求已经超过诉讼时效。

被告高明区政府辩称，高明港指挥部成立于1992年12月29日，是一个带有协调性质的非常设机构，没有必要的财产或经费，不能够独立承担民事责任，也不是本案工程合同的主体。工程完毕之后，高明港指挥部已被撤销。至于高明港指挥部的几次确认欠款及承诺还款是原高明口岸办工作人员所为，不具有法律效力，高明港指挥部代为结算、在催款函上盖章的行为不能改变本案合同主体。由于被告高明区政府不是本案合同的主体，本案与被告高明区政府没有法律上的利害关系。

广州海事法院经审理认为，本案为一宗码头建设工程合同纠纷。原告与高明口岸办之间签订的码头建设工程合同，没有违反法律规定，合法有效。

虽然签订合同双方是原告和高明口岸办，但高明港指挥部一直以建设单位的名义与原告进行工程竣工验收和工程款结算，且多次确认欠付的工程款，并做出了付款承诺。高明港指挥部的上述行为表明，其以本案合同一方当事人的身份履行该合同，原告也予以确认，应认定高明港指挥部也是本案合同的当事人。

高明港指挥部是高明县人民政府设立的没有法人资格的非常设机构，其做出的民事行为所产生的法律责任应由设立该机构的被告高明区政府承担。高明港指挥部撤销后，其公章应及时予以收回、销毁。由于被告高明区政府管理不善，导致高明港指挥部撤销后，该指挥部的公章仍然继续使用。被告高明区政府应对高明港指挥部公章继续使用导致的后果承担责任。因此，被告高明区政府应向原告支付工程款余款736 378.67元及其逾期付款违约金。

高明港指挥部于2001年5月31日和2002年1月15日在原告的催款函上的确认行为应视为原告与高明区政府之间达成新的债权债务关系，该债权债务关系的履行期限为2002年12月31日，因此，本案的诉讼时效应从2003年1月1日重新起算。本案为码头建设工程合同纠纷，根据《中华人民共和国民法通则》第135条的规定，其诉讼时效期间为2年。原告于2004年3月17日向法院起诉被告高明区政府，没有超过诉讼时效。

由于高明口岸办因机构改革职能合并而不存在，其法律责任应由承担其职能的被告高明区外经局承受。原告航盛公司对被告高明区外经局诉讼请求的诉讼时效，因其未能举证证明存在构成诉讼时效中断的法定事由，因此，原告对被告高明区外经局的诉讼时效已过，丧失了胜诉权，其诉讼请求应予驳回。

依照《中华人民共和国民法通则》第135条的规定，广州海事法院作如下判决：

(1) 被告高明区政府支付原告航盛公司工程款 736 378.67 元及其逾期付款违约金（该违约金按照每日 2.1‰的标准，从 1996 年 10 月 31 日起计算至本判决确定的支付之日止），于判决生效之日起 10 日内履行完毕。

(2) 驳回原告航盛公司的其他诉讼请求。

案件受理费 16 343 元，由被告高明区政府负担。

法理评析

本案焦点是，被告高明区政府是否应当承担本案的民事责任和原告航盛公司对被告高明区政府的诉讼请求是否超过诉讼时效期间问题。

（一）关于被告高明区政府的民事责任问题

首先，要明确高明港指挥部的性质。本案中，高明港指挥部是原高明县人民政府为了加快当地港口建设步伐而设立的非常设机构，港口建设任务完成后便予以撤销。根据《民法通则》第 50 条第 1 款的规定，有独立经费的机关从成立之日起，具有法人资格。被告高明区政府辩称，高明港指挥部是没有独立经费的带有协调性质的机构。因此，应认定高明港指挥部不具有机关法人资格。由于高明港指挥部不具有机关法人资格，其从事的民事行为所产生的法律后果应当由设立该机构的政府承担。其次，要确认被告高明区政府是不是本案的合同主体。在本案合同的履行中，高明港指挥部一直以建设单位的名义就本案码头建设工程与原告航盛公司进行竣工验收、工程款结算，并多次对拖欠原告的工程款余款进行确认。从原告航盛公司与高明港指挥部就所涉工程的验收和工程款结算，以及多次向高明港指挥部催款的行为表明，原告航盛公司接受了高明港指挥部履行合同主要义务的行为。虽然高明港指挥部没有以一方当事人的名义在合同中签字，但是其已实际履行了合同的主要义务，且对方也接受，法院认定被告高明区政府是合同的主体之一有充分的事实依据。最后，被告高明区政府对高明港指挥部被撤销后其公章仍继续使用是否承担责任。本案中，高明港指挥部于 1992 年 12 月 29 日设立，1996 年 8 月 2 日撤销。但是，高明港指挥部被撤销后，其公章没有及时收回、销毁而继续使用。原告航盛公司作为善意的第三人，在没有接到被告高明区政府关于撤销高明港指挥部的通知的前提下，原告航盛公司有足够的理由相信高明港指挥部仍然存在。导致高明港指挥部被撤销后公章仍然继续使用的原因是被告高明区政府管理不善造成的。法院认定被告高明区政府承担高明港指挥部被撤销后其公章仍继续使用的法律后果是正确的。

（二）关于原告航盛公司诉讼请求是否超过诉讼时效期间问题

本案所涉码头建设工程款于 1996 年 1 月 18 日结算，按照合同约定，建设单位应于结算后付清工程款。根据《民法通则》第 135 条的规定，本案诉讼时效期间至 1998 年 1 月 18 日届满。在诉讼时效期间内，高明港指挥部于 1996 年 10 月 31 日致函原告航盛公司，确认尚欠的工程款。根据《民法通则》第 140 条的规定，原告航盛公司对被告高明区政府请求权的诉讼时效中断，至 1998 年 10 月 31 日届满。在上述诉讼时效期间内，由于没有再次出现诉讼时效中断的事由，因此，应当认为，原告对被告高明港指挥部的请求权已经超过诉讼时效期间。但是，超过诉讼时效期间以后，高明港指挥部在原告航盛公司催款的情况下分别于 2001 年 5 月 31 日和 2002 年 1 月 15 日两次确认所欠原告航盛公司的工程款，并且承诺于 2002 年年底付清。原告航盛公司的催款和高明港指挥部的确认、承诺付款的行为，可以认定为双方就原债务达成了还款协议。根据《最高人民法院关于超过诉讼时效期间当事人达成的还款协议是否应当受法律保护问题的批复》的意见："超过诉讼时效期间，当事人双方就原债务达成的还款协议，属于新的债权、债务关系。根据《民法通则》第90条规定的精神，该还款协议应受法律保护。"因此，原告航盛公司对被告高明区政府的请求权因达成还款协议而受到法律的保护。由于上述最后一次确认还款的日期为2002年年底，因此，新形成的债权债务关系的诉讼时效期间从2003年1月1日起算，至2005年1月1日届满。而原告航盛公司向法院提出诉讼的日期为2004年3月17日。因此，广州海事法院认定原告航盛公司对被告高明区政府请求权的诉讼时效没有超过是正确的。

六、淮海城市信用社诉何某某在超过诉讼时效后向其履行部分债务要求继续偿还尚余借款案

案情

原告（被上诉人）：淮海信用社
被告（上诉人）：何某某

1996年6月7日，被告何某某与原告淮海信用社签订了一份借款合同。合同约定：何某某借淮海信用社55万元，利率为月息11.4‰，期限为3个月。到期何某某没有偿还借款本息。1999年6月23日，何某某之妻冯某某交给淮海信用社"老人头"牌皮鞋540双。同年9月14日，淮海信用社委托永城市价格事务所对皮鞋评估价为64 800元。淮海信用社经向何某某索要余下欠款本息不成，遂起诉至永城市人民法院。原告诉称：1996年6月7日，被告在我社贷款55万元，利率为月息11.4‰，期限为3个月。到期后经催要，被告于1999年6月23日交付"老人头"牌皮鞋540双，计款64 800元，至今尚欠本

息768 362元未还。请求法院判令何某某偿还下欠本息。

被告何某某答辩称：其借原告款于1996年9月底到期，现已过诉讼时效期间。原告所诉于法无据，应予驳回。

永城市人民法院经审理认为：被告何某某欠淮海信用社款有借据为凭，被告应按约偿还借款。

被告提出已超过诉讼时效，此笔款经原告催要，被告于1999年6月还履行了部分义务，应视为时效中断，故对被告的理由不予支持。根据《中华人民共和国民法通则》第90、108条之规定，该院于2000年10月10日作出如下判决：

被告何某某于判决生效后10日内偿还原告淮海信用社贷款55万元及利息（按法定利率），皮鞋款64 800元冲抵本息。

一审判决后，何某某不服，向商丘市中级人民法院提起上诉，称：本案的诉讼时效应为2年，即从1996年9月7日至1998年9月7日。在此期间内被上诉人淮海信用社从未主张过权利，淮海信用社起诉时已超诉讼时效。上诉人于1999年5、6月份以桑塔纳2000型轿车及“老人头”皮鞋等冲抵贷款，不是引起本案诉讼时效中断的法定事由。要求撤销一审判决。

被上诉人淮海信用社答辩称：该笔贷款到期后，被上诉人多次派人催要，后上诉人于1999年5、6月份以汽车、皮鞋等冲抵贷款，此时诉讼时效中断，故本案未超过诉讼时效。

二审查明的事实与原判认定的部分事实一致。另查明：上诉人何某某于1999年5、6月以桑塔纳2000型轿车、“老人头”牌皮鞋、嘉贡酒抵偿部分贷款本息。没有证据证明被上诉人在借款到期后，1999年5、6月份以前向上诉人主张过权利。

商丘市中级人民法院经审理认为：上诉人何某某于1996年6月7日向被上诉人淮海信用社贷款55万元，双方签订了借款合同，属有效合同，双方应严格履行。上诉人未按约定偿还贷款，但逾期被上诉人在诉讼时效期间2年内未向上诉人主张权利，该笔贷款已超过诉讼时效，不再受法律保护。上诉人于1999年5、6月份以轿车、皮鞋、酒等物品抵偿部分贷款本息，不应视为诉讼时效中断。上诉人超过诉讼时效已履行的，上诉人无权要求返还。上诉人称本案已超过诉讼时效的理由成立，应予支持。被上诉人辩称未超过诉讼时效，因其未提供有效证据，其答辩理由不成立，不予采纳。原审法院认定部分事实不清，判决上诉人偿还贷款55万元及利息不当。依照1991年《中华人民共和国民事诉讼法》第153条第1款第3项之规定，该院于2001年4月2日作出判决如下：

（1）撤销永城市人民法院一审民事判决。

（2）驳回被上诉人永城市淮海信用社的诉讼请求。

法理评析

这是一起因借款人未按约定偿还贷款本息而引起的纠纷。本案的主要问题，一是该笔借款是否已超过诉讼时效；二是借款人于1999年履行部分债务，是否是引起本案诉讼时效中断的法定事由。

（一）本案的诉讼时效期间

何某某于1996年6月7日向淮海信用社贷款55万元，期限3个月，即1996年9月7日到期。根据最高人民法院法复［1993］1号《关于企业或个人欠国家银行贷款逾期两年未还应当适用民法通则规定的诉讼时效问题的批复》规定，国家各专业银行及其金融机构与借款的企业或公民之间的借贷关系是平等主体之间的债权债务关系，其向人民法院请求保护其追偿贷款权利的，应适用《民法通则》关于诉讼时效的规定。《民法通则》第135条规定：向人民法院请求保护民事权利的诉讼时效期间为2年。据此，本案的诉讼时效期间应为2年。该案是因借款合同关系产生的债，有履行期限，诉讼时效期间应从期限届满之日即1996年9月8日起计算，到1998年9月7日止。

（二）原告起诉已超过诉讼时效

该笔贷款逾期后，淮海信用社称多次派人催要，但其未举出有效证据加以证明，应视为其在诉讼时效期间内未主张权利，即至1998年9月7日时诉讼时效已归于消灭。诉讼时效期间届满后，淮海信用社便丧失了请求人民法院保护其债权的权利，即其所享有的债权不再受法律保护，其债权由原来受法律保护的法定之债，变为不再受法律保护的自然之债。

（三）借款人何某某于1999年5、6月份部分履行债务，不是引起本案诉讼时效中断的法定事由

《民法通则》第140条规定：诉讼时效因提起诉讼、当事人一方提出要求或同意履行义务而中断。诉讼时效的中断是指在诉讼时效进行中，因某种法定事由发生而阻碍时效的进行，致使以前经过的时效期间统归无效，待中断的事由消除后，时效重新计算。据此，本案的诉讼时效中断应发生于1996年9月8日到1998年9月7日的任何时候，在此期间淮海信用社未主张权利，即不存在诉讼时效中断的问题。超过诉讼时效期间债务人履行或已部分履行债务，均不属于引起诉讼时效中断的事由，因为此时债务已处于自然债务关系中。尽管法律并不禁止债务人在超过诉讼时效后自愿履行债务，但这只是债务人放弃时效利益，自愿承担义务的问题。不能因为债务人在超过诉讼时效后放弃时效利益，而认为原诉讼时效期间仍在进行之中，从而将债务人放弃诉讼时效利益的行为作为诉讼时效中断的事由。借款人何某某于1999年5、6月份以轿车等物抵偿部分贷款本息，应视为部分履行，因不是在诉讼时效进行过程中履行的，

故不是引起诉讼时效中断的法定事由。

（四）债务人对超过诉讼时效后的履行，无权要求返还

《民法通则》第138条规定："超过诉讼时效期间，当事人自愿履行的，不受诉讼时效限制。"《意见》第171条规定："过了诉讼时效期间，义务人履行义务后，又以超过诉讼时效为由反悔的，不予支持。"超过诉讼时效，权利人、义务人之间的原有的债权、债务关系没有因此消灭，只是由法定之债变为自然之债，双方之间不存在法律强制性的债权、债务关系，只存在一种客观事实。对于这种自然之债，义务人可以不履行，权利人也不能请求人民法院强制义务人履行。但是义务人自愿履行的，权利人有权接受。本案何某某在超过诉讼时效期间履行的部分，无权要求返还；对淮海信用社要求何某某履行未履行的部分债务，法院不予支持。

借款人何某某在超过诉讼时效后履行部分债务，一审法院认定本案诉讼时效中断，是因错误地理解了诉讼时效中断发生的时间，从而认为淮海信用社起诉未超过诉讼时效，判决何某某偿还淮海信用社贷款55万元及利息，显属不当。根据前引最高人民法院法复［1993］1号批复之规定，确已超过诉讼时效期间，并没有诉讼时效中断、中止、延长诉讼时效期间情况的，人民法院应当判决驳回其诉讼请求。据此，二审法院撤销一审判决，驳回淮海信用社的诉讼请求。

七、雨发公司诉栖霞山拆船厂购销合同不存在表见代理返还多付货款案

案情

原告（上诉人）：雨发公司

被告（被上诉人）：拆船厂

1997年6月10日，雨发公司持银行本票20万元至拆船厂联系购买钢材事宜，案外人李跃成跟同雨发公司法定代表人一同前往。当日，雨发公司法定代表人与拆船厂供销科长商定购销标的物为螺纹钢。为此，拆船厂出具一张20万元收条后，又应雨发公司的要求出具了一张标题为“供货”的字据。该字据注明：“所供10号~12号螺纹钢每吨单价为2450元、规范定尺4m~4.5m每吨单价为2400元，上力费每吨8元。”此后，雨发公司于1997年6月10日、11日、12日3天共计提取10号~12号螺纹钢12.66吨，4m~4.5m规范定尺30.07吨。雨发公司提取上述货物时均有李跃成同行，其中11日所提螺纹钢由李跃成签收，雨发公司对李跃成签收螺纹钢亦表示认可。在此期间，李跃成曾单独一人于11日、12日至拆船厂要求提取圆钢，拆船厂共计让李跃成提取圆钢40吨。后雨发公司要求拆船厂继续提供螺纹钢时，拆船厂告知货款已用完，所供货物为螺纹钢和李跃成所提的圆钢。同年9月3日，雨发公司向拆船厂发出书面催货单一份，同时声明李跃成只是介绍人，并非雨发公司人员。但此后拆船厂既未供货又未还款，雨发公司遂于1997年10月6日向南京市栖霞区人民法院起诉，称其3次共向拆船厂提货42.73吨，每吨2450元。此后再提货时被告知已全部提完。现要求拆船厂退还货款95 311.5元及支付违约金，承担诉讼费用。

被告拆船厂答辩称：原告从我厂提走的货物共计82.73吨，总计货款200 216.34元，我厂已将货全部发给原告，不发生退货款问题。

诉讼中，双方对拆船厂当时是否知道李跃成只是业务介绍人说法不一。拆船厂亦未能提供雨发公司授权李跃成提取圆钢或圆钢已被雨发公司实际占有的证据。李跃成至今下落不明。

南京市栖霞区人民法院经审理认为：在雨发公司带20万元银行本票到拆船厂联系购买钢材时，拆船厂虽向其出具了供货证明一份，但供货证明不能视为是双方的书面合同，双方之间仍系口头购销关系。因雨发公司未及时言明李跃成的身份，使拆船厂产生误解。雨发公司认可李跃成1997年6月11日的提货行为，实质是对李跃成代理权的追认，故李跃成提货的法律后果应由雨发公司承担。雨发公司要求拆船厂退还货款、承担违约金的诉讼请求缺乏证据，不予支持。依照1993年《中华人民共和国经济合同法》(现已失效) 第29条的规定，该院于1998年3月4日判决：

驳回雨发公司的诉讼请求。

宣判后，雨发公司不服，向南京市中级人民法院提起上诉称：拆船厂所出具的供货证明的性质为供货承诺，其没有授权李跃成提取圆钢，李跃成提取圆钢所产生的民事责任不应由上诉人承担。请求二审法院依法改判。

南京市中级人民法院经审理认为：雨发公司与拆船厂之间虽未签订书面合同，但双方对购销标的物为螺纹钢，以及价格等合同主要条款并无异议，该购销关系应属成立，双方均应按约履行。本案争议焦点为李跃成提取合同约定以外的圆钢应由谁负责。首先，因双方约定的购销标的物为螺纹钢，并不包含圆钢，故任何一方的合同经办人或代理人在未另获授权时，都只能在合同约定的范围内经办合同业务。其次，在双方业务交往中，因无证据证明雨发公司向拆船厂明示李跃成不是雨发公司人员，拆船厂虽有足够的理由认为李跃成是雨发公司的代理人，但因双方已约定明确的交易范围，雨发公司只应在约定范围内对李跃成提取螺纹钢的行为负责。雨发公司未说明李跃成身份的责任不能延伸到李跃成提取合同约定外的任何货物。拆船厂作为合同一方当事人，本身也负有对李跃成是否有权超出约定范围提取圆钢的注意义务，其未尽该注意义务，应属过错行为。在雨发公司未事后追认的情况下，李跃成提取圆钢行为所产生的法律责任依法应由李跃成自行承担。故拆船厂以李跃成提取圆钢的事实抗辩雨发公司的权利主张，应属不能成立，不应予以支持。原审法院以雨发公司认可李跃成提取螺纹钢行为是对其代理权的追认为由，判决驳回雨发公司的诉讼请求应属不当，应予纠正。依照《中华人民共和国民法通则》第 66 条第 1 款，《中华人民共和国民事诉讼法》第 153 条第 1 款第 3 项之规定，该院于 1998 年 6 月 1 日判决：

（1）撤销原判决。

（2）拆船厂于判决生效后 10 日内退还雨发公司货款 96 473.16 元及利息（自 1997 年 10 月 6 日至判决给付日止，按银行同期贷款利率计息）。

终审判决后，拆船厂不服，向南京市中级人民法院申请再审，认为授权不明的委托法律责任应由委托人自负。该院经复查认为其二审判决并无不当，于 1998 年 10 月 26 日通知拆船厂，驳回其再审申请。

法理评析

本案的争议焦点在于李跃成提取圆钢的行为，是否应由雨发公司作为被代理人承担责任。对此，无论是在二审审理期间，还是在再审复查中，都有两种意见。第一种意见认为，对李跃成的行为如何定性是本案的关键，参照新《合同法》第 49 条的规定，李跃成的行为构成表见代理。即其行为本属无权代理，但因本人与无权代理人之间的关系，具有授予代理权的外观即所谓外表授权，致相对人相信其有代理权而与其为法律行为，法律使之发生与有权代理同样的法律效果。故拆船厂主张的李跃成提取圆钢的行为构成表见代理，应确定其行为有效，由雨发公司对此承担法律责任的理由成立。另一种意见认为，本案从双方均认可的供货字据来看，合同的标的物为螺纹钢是确定的，因此分析李跃成的行为是否构成表见代理，只能就合同确定的标的物范围来谈。本案中雨发公司对李跃成提取螺纹钢以外的行为并未在事后予以追认，故李跃成单独提取圆钢的行为并不构成表见代理。

二审判决和再审复查结论采纳的均是第二种意见，笔者也同意第二种意见。后文中，笔者将结合表见代理的构成做一分析。表见代理是指无权代理人的代理行为，因善意相对人有正当理由相信行为人有代理权，对本人即名义上或实际上的被代理人仍然产生代理效力的一种代理制度。在新《合同法》出台之前，我国民法上尚未正式确立表见代理制度，但《民法通则》和有关的司法解释已经有若干属于表见代理制度内容的规定，审判人员在司法实践中也已经在自觉或不自觉地运用表见代理的规则处理问题。表见代理制度的立法本意是为了保护善意无过失的第三人，维护交易的安全与秩序。但是表见代理毕竟是一种在特定情形下视为有效的无权代理，因此我们在适用时应当充分研究其法律构成，防止滥用。在理论界和司法实践部门普遍认为构成表见代理至少具备以下几项要件，并且它们缺一不可：

（一）代理人无代理权

表见代理从实质上仍属无权代理。若代理人有完全的、明确的代理权，则被代理人应当直接承担有权代理的法律后果，就不存在适用表见代理的必要了。在本案中，前提问题就是雨发公司是否明确授权给李跃成提取圆钢。在研究案件的处理意见时，有的同志认为，在洽谈业务和提取货物时，雨发公司业务员与李跃成同行，且其提取螺纹钢的行为得到了雨发公司的认可，据此可以认定雨发公司在事实上授权李跃成从事与拆船厂的购销钢材事宜。笔者认为这样的理解与法律规定的精神不符。在实践中，公司业务员带本公司以外的人员联系洽谈业务和提取货物的情况是屡见不鲜的，有的是基于该人员熟悉特定货物的价格行情，有的是基于该人员长于货物质量的品鉴，原因不一而足。就本案而言，在双方交易的过程中，雨发公司没有授权李跃成代理交易的意思表示，同时也没有出具过任何正式、明确的授权文书，因此，我们有理由确认，雨发公司未对李跃成授权，李跃成属无代理权。

（二）存在使相对人确信无权代理人有代理权的客观状况，这是构成表见代理的客观要件

在审判实践中，无权代理人持有被代理人出具的证明文件（例如盖章的空白合同、介绍信等）一般被认为属于上述的“客观状况”。但在本案中，李跃成无论是在双方洽谈业务还是在提取货物时，均未向拆船厂出具雨发公司的授权证明，同时雨发公司未向拆船厂作出李跃成系本公司人员的意思表示，李跃成只是陪同雨发公司业务员一同前往拆船厂联系业务，并一道帮助提货，不存在使相对人拆船厂确信其有代理权的客观状况。

（三）无权代理人与相对人实施的民事行为应当符合法律行为的一般有效要件和代理行为的表面特征

这就要求：①当事人具有相应的民事行为能力；②无权代理人以被代理人名义作意思表示；③民事行为应当合法有效；④民事行为在表面上符合有权代理的要求。本案中李跃成的行为至少不符合上述第2、4项的要求。首先，李单独到拆船厂提取圆钢时既未出具雨发公司的授权证明，同时又是以自己的名义进行提货，李跃成提取圆钢的行为没有以雨发公司的名义作

意思表示。其次，李跃成提取圆钢的行为在表面上并不符合有权代理的要求。《民法通则》规定，代理人必须在代理范围内从事民事法律行为。本案中拆船厂与雨发公司购销合同的标的物为螺纹钢，而李跃成于6月11日、12日提取的是圆钢，即使李跃成在双方洽谈业务时与雨发公司业务员一同到场，使拆船厂有可能确信李有代理权，但因李跃成提取圆钢的行为已超出了双方购销合同约定的标的物范围，故其提取圆钢的行为不能在表面上符合有权代理的要求。

（四）相对人须有善意且无过失，是构成表见代理的极为重要的主观构成要件

表见代理的立法本意是保护完全善意的相对人；若相对人存在明显的恶意或过失，基于民事交易须公平、公正的民法基本原则，法律不会也不应保护恶意或有过失的相对人的利益，新《合同法》对此也作了规定。在本案中，双方购销合同的标的物已求未尽注意之义务，是有过失的。

综上所述，本案中李跃成在拆船厂提取圆钢的行为因缺乏确信其有代理权的客观状况，表面上符合有权代理的特征、相对人善意且无过失的要件，而不能构成表见代理法律关系。李跃成提取圆钢的法律责任应由其本人承担，二审法院作出的终审判决和再审复查结论是正确的。

八、朱建昌诉请买房人褚雅芬给付购房款、褚雅芬以其已将购房款交付同为原告代理人的中介公司为由拒绝给付案

案情

原告（被上诉人）：朱建昌

被告（上诉人）：褚雅芬

原告朱建昌诉称，被告褚雅芬经无锡市洋洋房产经纪有限公司（以下简称“洋洋公司”）中介依约向朱建昌购买其坐落于东苑花园6号楼B单元101室房屋，朱建昌交付房屋后，褚雅芬仅支付部分房款，尚欠140 000元至今未付，故朱建昌要求褚雅芬立即给付上述房款140 000元。

被告褚雅芬辩称，褚雅芬经洋洋公司中介向原告朱建昌购买东苑花园6号楼B单元101室房屋属实，褚雅芬已经依约将所有购房款交付朱建昌的代理人洋洋公司，据此褚雅芬的付款义务已经履行完毕，故要求驳回朱建昌的诉讼请求。

无锡市锡山区人民法院经审理查明：2004年6月10日，原告朱建昌与被告褚雅芬经洋洋公司中介签订房屋买卖协议，约定朱建昌将其合法拥有的、坐落在东苑花园6号楼B单元101室、建筑面积为132.44平方米的房屋卖给褚雅芬，总房价为260 000元。签订合同时褚雅芬即付定金20 000元，余款在2004年7月10日前付清。朱建昌负责更名，费用由褚雅芬承担（更名费3000元），更名后褚雅芬付清余款240 000元。该合同同时明确，洋洋公司暂借给褚雅芬140 000元，等8月30日再由褚雅芬归还洋洋公司。更名后产权资料暂由洋洋公司保管，中介费5000元由褚雅芬在更名后付清，朱建昌必须在8月30日前更好名，如不好更名，再办产权过户，有关费用均由褚雅芬承担，朱建昌净得260 000元。上述协议签订后，朱建昌依约向褚雅芬交付了坐落于东苑花园6号楼B单元101室的房屋，并办理了更名手续。朱建昌承认通过洋洋公司转交收到房款120 000元。

另查明，褚雅芬向法院提供了洋洋公司分别于2004年6月10日、7月20日、8月6日、8月31日向其出具的收条4张，载明洋洋公司收到褚雅芬购房定金20 000元及购房款240 000

元，合计 260 000 元，并称房款全清，如有后遗症洋洋公司负一切责任。

再查明，褚雅芬提供证人丁亚娟、许朝萍到庭作证。丁亚娟证实：丁亚娟原系洋洋公司业务员，其在洋洋公司工作期间介绍朱建昌就其房屋买卖事宜与褚雅芬协商，双方就房屋买卖事宜谈妥后，由洋洋公司老板乔光华出任中介，双方签订了协议。当时讲好先付 20 000 元定金，该款应朱建昌要求由乔光华转交给了朱建昌。以后付款是按合同约定付的，每次付款都是乔光华让其提前通知褚雅芬，乔光华收款后再交付朱建昌。褚雅芬已将购房款全部付清，房屋钥匙也由洋洋公司转交给了褚雅芬。后朱建昌也向乔光华催要过房款，乔光华是否向朱建昌出具过欠条，由于其已离开，不清楚。证人许朝萍证实：许朝萍原系洋洋公司业务员，与丁亚娟系同事，其知道丁亚娟具体经办朱建昌与褚雅芬房屋买卖事宜。洋洋公司业务习惯是由买主将购房款交给乔光华，再由乔光华转交给卖主。朱建昌在洋洋公司收到褚雅芬房款 120 000 元的收条（2004 年 6 月 10 日收条：今收到洋洋房产定金贰万元〈东北塘东苑花园 26 号 101 室〉；2004 年 8 月 6 日收条：收洋洋公司房款壹拾万元整。）在其处，可向法庭提供。朱建昌也向乔光华催讨过房款。

以上事实，有洋洋公司产权房买卖协议，无锡市通利房地产开发有限公司商品房预售合同，洋洋公司收条 4 张，证人丁亚娟、许朝萍证言，朱建昌收条 2 张及庭审笔录在卷佐证。

无锡市锡山区人民法院认为，原告朱建昌与被告褚雅芬经洋洋公司中介签订房屋买卖协议属实，该协议合法有效。由于朱建昌已依约将房屋交付褚雅芬，并已办理了更名手续，虽然褚雅芬提供证据证明其已将所有购房款 26 万元交付中介方洋洋公司。但洋洋公司仅系房屋买卖协议的中介方即居间人，而非房屋买卖协议的直接权利义务人，协议亦未为洋洋公司明确设定权利义务，根据合同相对性原则，非法定或意定，任何当事人不能擅自改变合同履行的主体，褚雅芬将应付房款交付洋洋公司的行为来代替其法定的付款义务，显然缺乏法律依据，本院不予采信。尽管褚雅芬提供证人丁亚娟证实，定金 20 000 元是朱建昌要求由乔光华转交，以后褚雅芬付款实际也是由乔光华转交，朱建昌曾向乔光华主张过房款；证人许朝萍亦证实，其与丁亚娟系同事，朱建昌与许朝萍买卖房屋事宜确由丁亚娟经办，洋洋公司的业务习惯是由买主将购房款交给乔光华，再由乔光华转交给卖主，其持有朱建昌在洋洋公司收到褚雅芬房款 120 000 元的收条，朱建昌也向乔光华催讨过房款。但褚雅芬仍不能据此必然证明将房款交付洋洋公司即视为其履行了协议约定的付款义务。由此，因朱建昌仅承认收到房款 120 000 万元，对褚雅芬将房款直接交付洋洋公司的行为，并未予以追认。所以朱建昌承认收到的 120 000 元，法律上亦可认定为对褚雅芬将房款交付洋洋公司行为的部分追认，未追认部分，即使客观存在，也不能对朱建昌产生法律上的约束力，褚雅芬不能据此认为洋洋公司的代收款行为构成表见代理，由朱建昌承受因此产生的法律后果。据此，依照《中华人民共和国合同法》第 64、159、161、424 条，《中华人民共和国民法通则》第 66 条第 1 款之规定，判决如下：

被告褚雅芬应于本判决生效后立即给付原告朱建昌购房款 140 000 万元。

案件受理费 4310 元、财产保全费 1270 元、其他诉讼费用 1120 元、邮资费 60 元，合计 6760 元，由被告褚雅芬负担。

上诉人褚雅芬不服原审判决，向无锡市中级人民法院提起上诉称，其通过洋洋公司购买朱建昌所有的讼争房屋，其已依约付清了房款，取得了房屋，其与朱建昌间的房屋买卖行为已经履行完毕；朱建昌均是从洋洋公司处收到房款，据此可认为洋洋公司的行为名为居间实为代理；朱建昌在一审诉讼时隐瞒重要证据——“说明”。该份“说明”证明了其已付清购房款，朱建昌已实际从洋洋公司取得240 000万元购房款的事实。请求二审法院查明事实后依法改判。

被上诉人朱建昌答辩称，诸雅芬向其购房，理应向其直接交付购房款；其从未要求褚雅芬将购房款直接交付给洋洋公司，即使诸雅芬已向洋洋公司支付了260 000元购房款，也不能免除褚雅芬向其支付剩余房款的义务；“说明”中的20 000元余款应认定为押金，无法证明褚雅芬付清购房款和朱建昌已实际取得购房款的事实。原审认定事实清楚，适用法律正确，请求二审法院依法维持。

二审审理查明，2004年7月20日，朱建昌与褚雅芬签订“说明”一份，言明：朱建昌承诺由其负责叫物业公司维修好（房屋存在的质量问题），维修好后即由褚雅芬付清余款20 000万元，与中介无关。

在二审审理期间，经褚雅芬的申请，无锡市中级人民法院对因涉及房产诈骗而被公安部门羁押于无锡市第一看守所的洋洋公司经理乔光华进行了讯问。乔光华陈述：其是因房产诈骗被逮捕的，但与朱建昌、褚雅芬间的房屋买卖无关。朱建昌、褚雅芬曾与其于2004年6月10日在洋洋公司签订买卖协议，后褚雅芬即通过洋洋公司付给朱建昌20 000元定金，并由褚雅芬向洋洋公司借款140 000元作为支付给朱建昌的房款，另外100 000元由褚雅芬把钱交到洋洋公司再支付给朱建昌。褚雅芬已于2004年8月31日付清了所有房款，朱建昌未收到的140 000元三方曾约定等房屋产权证办给褚雅芬后再由洋洋公司支付给朱建昌，且其还应朱建昌的要求出具给了朱建昌一张140 000元的欠条，该欠条目前应被朱建昌所持有。尚余的140 000元房款应由朱建昌向洋洋公司（乔光华）催要，而不应该向褚雅芬催讨。

以上事实，有朱建昌与褚雅芬签订的说明、乔光华的陈述及当事人的陈述等在卷佐证。

无锡市中级人民法院认为，合同订立后，当事人应当按照合同的约定，遵循诚实信用的原则，根据合同的性质、目的和交易习惯全面履行自己的义务。朱建昌、褚雅芬与洋洋公司签订的产权房买卖协议是当事人真实意思的表示，且不违反法律的禁止性规定，应认定为合法有效。该买卖协议明确约定：在签订本合同时，褚雅芬即付定金20 000元，余款在2004年7月10日前交清，具体为朱建昌负责更名，费用由褚雅芬承担，更名后褚雅芬付清余款240 000元，洋洋公司暂借给褚雅芬140 000元，等2004年8月30日再由褚雅芬还给洋洋公司。朱建昌在审理过程中认可双方在2004年7月10日左右已办好购房合同的更名手续。2004年7月20日，在褚雅芬交纳80 000元房款后，朱建昌与褚雅芬又签订“说明”一份，明确了褚雅芬尚欠朱建昌购房款20 000元。该“说明”证明了朱建昌认可褚雅芬在2004年7月20日已交付房款240 000元，即定金20 000元，向洋洋公司借款140 000元交纳的房款，褚雅芬于7月20日向洋洋公司交纳的80 000元房款。且三方在签订买卖协议后的交易过程中，朱雅芬所付的房款均由洋洋公司向褚雅芬出具收条，朱建昌对收到的房款也都向洋洋公司出具了收条。据此，足以认定朱建昌对褚雅芬交款到洋洋公司即视为向其本人交款的事实。褚雅芬在2004年7月20日以后向洋洋公司的付款行为除尚欠朱建昌的20 000元房款外，其余140 000元应认定为归还洋洋公司的借款。根据三方签订的产权房买卖协议和当事人的实际交付款行为，也可认定洋洋公司与朱建昌、褚雅芬间不仅是居间合同关系，而且还存在着代理双方进行收付款的行为。三方签订的产权房买卖协议，洋洋公司向褚雅芬出具的4张收条，朱建昌向洋洋公司出具的2张收条，朱建昌与褚雅芬间签订的说明，洋洋公司乔光华、丁亚娟和许朝萍的证言及当事人的陈述构成了完整的证据锁链，足以证明褚雅芬已付清了260 000元房款。朱建昌认可褚雅芬向洋洋公司付款，洋洋公司代理朱建昌收款的行为，及尚余140 000元房款应由洋洋公司与朱建昌结算的事实。故朱建昌要求褚雅芬给付140 000元房款的诉讼请求，没有事实和法律依据，应予驳回。上诉人褚雅芬的上诉理由，本院予以采纳。但褚雅芬在一审期间怠于提供相应的证据导致一审判决有误，褚雅芬应对二审诉讼费用的支出承担一半责任。综上，依照《中华人民共和国合同法》第60条，《最高人民法院关于民事诉讼证据的若干规定》第46条及1991年《中华人民共和国民事诉讼法》第153条的规定，判决如下：

(1) 撤销无锡市锡山区人民法院［2004］锡法民初字第1553号民事判决；

(2) 驳回朱建昌要求褚雅芬给付140 000元房款的诉讼请求。

一审诉讼费6760元，由朱建昌负担；二审案件受理费4310元，由朱建昌负担2155元，褚雅芬负担2155元。

法理评析

随着房地产市场的不断发展，房产中介市场也在日益壮大。由于个体对房地产交易的信息不能及时、完全掌握，房地产交易的内容和涉及的权利关系又极为复杂，因而人们对房产中介组织产生强烈的需求，现今通过房产中介咨询、买卖、租赁房产已经成为非常普遍的现象。但是另一方面，我国针对房地产中介服务方面的立法正处于建立框架阶段，体系尚待完善。规制中介行为的法律法规相当匮乏，管理制度不健全，管辖措施不到位。由此极易造成房地产中介组织在运作过程中为达到营利目的而做出各种千奇百怪的不规范行为。在立法尚未完善，纠纷发生，特别是类似本案由于中介的原因引发房屋买卖双方的纷争，法院不能拒绝裁判，因而如何准确地认定中介组织的行为性质是本案审理的关键所在。本案中介组织的行为具有典型性，准确的判案对此类案件今后的审理具有重要的借鉴意义。

如何认定本案房产中介公司的行为性质，确定中介公司的法律地位，是本案争议及裁判的焦点。

一种意见认为，洋洋公司仅为房屋买卖的中介方即居间人，而非买卖合同当事人。只有买卖合同双方当事人才有收付款的权利义务，褚雅芬向洋洋公司支付不等于向朱建昌支付合同项下的价款。

笔者认为，从本案交易过程和交易方式来看，洋洋公司与朱建昌构成代理关系，褚雅芬向洋洋公司交付的法律后果归于朱建昌。

在评价房产中介行为时普遍存在一种认识上的误区，把房产中介服务狭隘地理解为房产买卖、租赁居间活动。实践中，房产中介服务显然不仅仅局限于房产中介为房产交易的买卖双方提供报告订约机会，还会涉及提供房地产咨询、估价服务、代理相关民事法律行为等多方面的服务内容。因此针对具体案件应作具体、深入的分析，避免陷入凡房产中介主体参与的民事行为均认定为居间行为的教条主义倾向，避免将中介组织与居间活动画上绝对的等号。

以本案为例，由买卖合同当事人与中介三方签订的协议虽名为“房屋买卖协议”，但涉及房屋买卖合同关系、居间合同关系、借款合同关系等多重法律关系。在协议实际订立、履行过程中，中介洋洋公司与房屋买卖双方之间发生了协议约定的若干种法律关系的相应行为：一是为双方订立合同提供媒介服务体现居间合同关系。其表现为在协议订立之初，卖方欲通过洋洋公司出售自己的房屋，而买方通过洋洋公司得知此信息。双方在中介洋洋公司的撮合下与洋洋公司共同签订合同。二是卖方积极履行更名义务，买方积极筹钱支付款项等履行房屋买卖合同的行为。对于上述协议体现的法律关系，一、二审均予以了清晰的考虑。

本案特别值得注意的是在合同约定之外中介方转交定金及房款的行为。不以主体论的观念会引导审判人员对当事人行为做出深刻的分析判断。在分析转交行为及相关证据时，二审作了更为细致的思考。深入分析与之有关的证据后，笔者认为，本案已有证据能够证明中介公司与原告之间存在代理关系。

代理是代理人于代理权限内以本人（被代理人）名义向第三人（相对人）为意思表示或受领意思表示，而该意思表示直接对本人生效的民事法律行为。一般而言，其构成要件为：代理标的须为民事法律行为；须为本人计算，即亲自履行，给予与自己事务的同一注意；须有三方当事人；代理权的存在。对照本案，前三者不难理解，而代理权是否存在这一事实至关重要。

代理权是代理人以被代理人名义进行意思表示或接受意思表示并使其效果直接归属于被代理人的一种权限。代理效果归于本人的关键所在就是代理权的存在。按照代理权产生根据的不同，代理可分为意定代理、法定代理和指定代理。在生活中，最普遍存在的是意定代理。分析代理权的授予则愈显重要。具体分析三方当事人特别是朱建昌的行为，笔者认为洋洋公司有代理权，卖方授予了中介方接受定金和房款的代理权。

本案买卖合同的履行由中介方从中收转购房款，其原因无论是“应朱建昌要求”，还是中介方“业务惯例”，也不管这种方式的履行是经过怎样的磋商，从各种证据表明在房屋买卖合同的正式签订和履行之前，卖方朱建昌已经有对中介方收转行为的授权。我们可以紧密结合以下几个事实进行分析：

（一）房屋买卖协议约定在签订合同时，褚雅芬即付定金 20 000 元

正如原告和一审法院的意见，根据合同相对性原则，合同约定的定金理应由买方褚雅芬付给卖方朱建昌。而本案实际情况是，2004 年 6 月 10 日在三方均在场的情况下，由褚雅芬将 20 000 元定金交付给洋洋公司，再由洋洋公司转交给朱建昌。除定金的支付外，房款的支付也采取褚雅芬交付给洋洋公司，洋洋公司向朱建昌交付的形式。定金与房款的这一交易过程，说明必有一方对洋洋公司进行了授权，授权洋洋公司代理其接受对方合同义务的履行，并向对方履行合同义务。

（二）朱建昌于 2004 年 7 月 20 日出具的“说明”

褚雅芬于 7 月 20 日支付 80 000 元给洋洋公司，当时洋洋公司并未将此 80 000 元即刻交给朱建昌，而是在 8 月 6 日褚雅芬再次支付 130 000 元时才转付 100 000 元。而朱建昌在 7 月 20 日出具“说明”承认“余款贰万元”，说明其不仅对洋洋公司转交的 20 000 元定金以及褚雅芬借洋洋公司支付的 140 000 元予以承认，还对当日褚雅芬支付给洋洋公司的、洋洋公司尚未转交的 80 000 元也予以认可。亦即认可 7 月 20 日买方褚雅芬支付给洋洋公司的房款行为的效力等同于支付给本人的效力。中间方

从一方收款，向另一方转交的行为，不能断然肯定中间方究竟是哪一方当事人的代理人。而这一证据的存在可以确认洋洋公司是以原告朱建昌代理人的身份，而非被告褚雅芬代理人的身份实施收转房款的行为。

（三）朱建昌向洋洋公司催款

如果朱建昌不认可洋洋公司是其代理人，理应直接向褚雅芬索要余款，而不会向与合同无关的没有相应权利义务的第三人催讨款项。所以，朱建昌向洋洋公司催款进一步证明其与洋洋公司之间代理关系的存在。

综上，综合分析本案全部证据，可知褚雅芬和洋洋公司在合同签订交付定金时均已知道朱建昌对洋洋公司的授权。如果没有朱建昌的授权，在朱建昌在场的情况下，褚雅芬不可能将合同价款支付给不是合同当事人的其他无干系之人，洋洋公司也不可能掺和进与己毫无干系的合同双方当事人中间。而且朱建昌对洋洋公司向褚雅芬收款、再转交的行为有一贯稳定的接受的意思表示，从而巩固了代理关系在整个合同履行过程中的存在。

从代理的概念看，代理是“以本人名义”。洋洋公司对接受的房款以自己名义出具收条，是否影响其作为原告朱建昌代理人的法律地位呢？

一般而言，代理人于代理权限内所为的意思表示（或接受意思表示）须以“本人名义为之”，学说上称为显名原则，其目的在于保护相对人，使其能知悉本人究竟为何人。为缓和显名原则，世界绝大多数国家也承认所谓“隐名代理”，即代理人虽未以本人的名义为法律行为，而实际上有代理的意思，且为相对人所明知或可得知，亦发生代理的效果，因为在此种情况下显名原则的目的亦能实现。我国学说亦将代理作狭义、广义之分，狭义代理仅指显名代理，广义代理还包括隐名代理。在代理类型中依是否以本人名义为标准划分为显名代理（也称直接代理）和隐名代理（也称间接代理）。《合同法》“委托合同”一章也有类似规定。《合同法》第 402 条规定：“受托人以自己的名义，在委托人的授权范围内与第三人订立的合同，第三人在订立合同时知道受托人与委托人之间的代理关系的，该合同直接约束委托人和第三人，但有确切证据证明该合同只约束受托人和第三人的除外。”在立法上间接承认了隐名代理。

因此，本案中洋洋公司接受褚雅芬房款，以自己名义出具收条，不影响作为朱建昌代理人地位的成立。

案件的审理是往返穿梭于证据与事实认定之间的。就本案而言，中介组织行为性质的准确认定，需要对证据做深入、细致的分析，一旦完整的证据锁链形成，就应对事实作出客观的认定。本案从分析证据入手，能够证明代理关系的存在，而代理关系的认定加之代理人向第三人出具的收条等证据，又证明了付清房款的事实。因此，二审基于本案的完整证据链：三方签订的产权房买卖协议，洋洋公司向褚雅芬出具的 4 张收条，朱建昌向洋洋公司出具的 2 张收条，朱建昌与褚雅芬间签订的说明，洋洋公司乔光华、丁亚娟和许朝萍的证言及当事人的陈述等，认定了被告付清房款事实。

综上，本案二审关注当事人在协议履行过程中的真实意思表示，不仅仅停留在对中介主体的简单静态的认识，而是全面、完整、细致地分析证据，对能证明本案重要法律关系的证据链予以认可，作出重新认定，改判是正确的。

第二编

一、肖玉宝诉萧玉田、彭国珍排除妨害纠纷案

案情

原告：肖玉宝

被告：萧玉田、彭国珍

原告肖玉宝诉称：原告房屋与被告萧玉田、彭国珍房屋相邻。近年来，原告东屋南墙墙体有坍塌现象，因不明真相，原告一直认为是房屋年久失修所致。2010 年 7 月 25 日，原告在修剪从被告家院内长出并延伸至原告屋顶上的树枝时，被被告阻止。因原、被告之间以前一直有矛盾，平常原告从来不到被告院子里，所以看不到树木生长的情况。在这次争吵中，原告从被告言语中方知自家房屋墙体坍塌是被告所栽树木树干生长挤压所致。原告当即要求被告排除妨碍，遭被告拒绝，后公安部门出警处理亦未果。被告的行为严重损害了原告的合法权益，给原告房屋带来了安全隐患。现起诉要求被告排除妨碍，铲除挤塌原告房屋墙体的树木，并将墙体恢复原状；诉讼费用由被

告承担。

被告萧玉田、彭国珍辩称：原告诉所称的树木是自然野生的，不是被告栽种的，与被告没有关系。被告没有妨碍原告，原告无权主张由被告排除妨碍，请求法院驳回原告的诉讼请求。

法院经审理查明：原告肖玉宝与被告萧玉田系隔院墙毗邻而居的同胞兄弟（两兄弟所居住使用的房屋原系父母所建坐南朝北连体砖瓦房，萧玉田住东边第1间，肖玉宝住第2、3两间，肖玉宝两间房屋中的东屋与萧玉田房屋相邻），但兄弟之间曾因房屋分割发生纠纷而致关系不睦。被告萧玉田、彭国珍后利用肖玉宝东屋部分后檐墙在两家之间砌起院墙，从此双方互不往来。近年来，原告发现自己居住使用的东屋南墙墙体有坍塌现象，以为系房屋年久失修所致，故未予查探。2010年7月25日，原告在修剪从被告院中长出并延伸至原告房屋屋顶部位的泡桐树树枝时，被被告阻止。在双方争吵中原告方知房屋墙体坍塌是因该泡桐树树干长粗后挤压所致。原告当场要求被告排除妨碍，被告予以拒绝，后公安部门出警处理亦未果。原告遂于2010年8月3日向淮安市清浦区人民法院提起诉讼，要求被告排除妨碍，铲除挤塌原告房屋墙体的树木，并将墙体恢复原状。

案件审理期间，经法院现场勘验，发现本案所涉树木生长在萧玉田、彭国珍利用肖玉宝东屋部分后檐墙砌起的院子内西北角，位于原告东屋后檐墙外侧墙根与被告萧玉田、彭国珍家院子西北角交接处。树根及树干对原告东屋后檐墙墙体及被告房屋后檐墙墙体均形成了挤压，并造成双方房屋墙体均有坍塌、倾斜现象，而树的枝丫遮盖于原、被告屋顶。该树中下部树干成人字形夹生于墙根，并被墙体形成半包围状况。从目测情况分析，应是野生树木，人为栽种的可能性不大。由于萧玉田、彭国珍所砌院墙的阻挡，肖玉宝在自家院内及外面无法看到树木初期生长及树木长大后的树干具体情况，只能看到树冠部位延伸出来的部分枝丫；而对萧玉田、彭国珍而言，该树木虽在院子内的西北角，但由于院子很小，且树木生长位置紧挨其主屋通向院内的后门口，因此树木初期生长及树木长大后的树干具体情况应是一目了然。

淮安市清浦区人民法院经审理认为：不动产的相邻各方，应当按照有利于生产、方便生活、团结互助的精神，正确处理相邻关系。给相邻方造成妨碍或损失的，权利人有权要求侵害人停止侵害，排除妨碍，赔偿损失或恢复原状。本案中，构成妨碍的树木处于被告居住的房屋院内和视线所及范围，其有控制或处理该树的管理条件。被告作为原告的相邻人负有保证生长在自己管理范围内树木不对邻居构成妨碍的义务。被告未尽到管理职责，放任该树木生长，以致树干长粗后挤压原告房屋，造成墙体发生坍塌、倾斜，被告对此负有一定的责任，已构成了对原告权利的妨碍，应当停止侵害并排除妨碍。故对原告要求被告排除树木妨碍，并将墙体恢复原状的诉讼请求予以支持。考虑到该树木不排除自然生长的可能，故法院酌情确定对被告排除树木妨碍及将墙体恢复原状的费用由原、被告各半分担。

据此，淮安市清浦区人民法院依照《中华人民共和国民法通则》第83、134条，2007年《中华人民共和国民事诉讼法》第128条之规定，于2010年12月6日判决：

(1) 被告萧玉田、彭国珍于判决生效后1个月内铲除上述构成妨碍的树木，铲树过程中如需拆除原告肖玉宝受损房屋部分墙体和屋顶的，原告肖玉宝应当予以配合。被告萧玉田、彭国珍在铲除上述泡桐树后5日内，对因铲除该树造成的原告肖玉宝及被告自家受损房屋恢复原状。

(2) 原告肖玉宝与被告萧玉田、彭国珍对因铲除上述泡桐树、因铲树需要拆除房屋的费用及恢复房屋原状所产生的费用各半分担。

宣判后，肖玉宝、萧玉田、彭国珍不服一审判决，提起上诉。

淮安市中级人民法院二审审理后认为：构成妨碍的树木，经一审法院实地勘查及当事人提供的照片分析，应属自然生长，故上诉人肖玉宝称系萧玉田、彭国珍栽种，证据不足，应不予采信。由于该树的生长已危及双方人身财产安全，一审法院考虑到该树处于萧玉田、彭国珍居住的房屋院内和视线所及范围，其负有保证生长在自己管理范围内树木不对邻居构成妨碍的义务等因素，故酌情确定对排除树木妨碍及将墙体恢复原状的费用由双方各半分担并无不当。综上，一审法院所作判决正确，当事人上诉理由均不能成立，故不予支持。

据此，淮安市中级人民法院依照2007年《中华人民共和国民事诉讼法》第153条第1款第1项的规定，于2011年3月18日判决：

驳回上诉，维持原判。

本案是一起非常特殊的相邻关系排除妨碍纠纷，它的特殊性主要表现在原告所请求予以排除的妨碍是由相邻一方庭院内自然生长出来的野生树木造成的。这不仅与通常相邻关系排除妨碍纠纷中妨碍源是由人为因素造成的情形大相径庭，同时又囿于我国目前相关法律规定的缺失，从而在审判实践中引起了较多的争议。因此，正确处理本案纠纷不仅对审判实践中同类案件的裁决具有重要的指导意义，而且对将来这方面法律规定的后续精细化调整也具有较高的参考价值。

（一）关于本案纠纷适用法律条款的排除与选择

在《物权法》施行之前，审判实践中能够适用于处理相邻关系中排除树木妨碍纠纷的法律规定主要见之于《民法通则》第 83 条关于“不动产的相邻各方，应当按照有利生产、方便生活、团结互助、公平合理的精神，正确处理截水、排水、通行、通风、采光等方面的相邻关系。给相邻方造成妨碍或者损失的，应当停止侵害，排除妨碍，赔偿损失”的规定，以及《意见》第 103 条关于“相邻一方在自己使用的土地上挖水沟、水池、地窖等或者种植的竹木根枝伸延，危及另一方建筑物的安全和正常使用的，应当分别情况，责令其消除危险、恢复原状，赔偿损失”的规定。上述两条规定中，《民法通则》第 83 条属于处理相邻关系的原则性一般条款，并未明确提及排除树木妨碍纠纷的具体处理意见；而《意见》第 103 条虽是针对树木给邻人权利构成妨碍的具体处理规定。但从该条文设置的假定条件看，它的适用，是建立在相邻一方人工栽植的树木构成妨碍的基础上的。也就是说，相邻一方的种植行为是承担排除妨碍责任的前提。而在本案中，构成妨碍的树木是自然生长出来的野生树木，并非被告栽种，这一事实与该条规定的假定条件并不吻合，因此，该条规定对本案纠纷并不适用。

《物权法》施行之后，在相邻关系的规定方面以第 84 条对《民法通则》第 83 条的原则性规定进行了继承，并以第 85 条关于“法律、法规对处理相邻关系有规定的，依照其规定；法律、法规没有规定的，可以按照当地习惯”的规定对相邻关系的法律适用有所发展，但在相邻关系种类上仍未对排除树木妨碍纠纷作出具体的规定，更不论野生树木的妨碍排除问题。由于本案野生树木构成相邻妨碍的情形在当地亦十分罕见，故也排除当地习惯的补充适用。

《民法通则》第83条及《物权法》第84条作出正确处理相邻关系的原则性规定时，只是对相邻关系的常见种类进行了简单罗列，而对未予列举的其他类型相邻关系使用了“等方面”这一包容性较强的兜底性用语。这既是基于相邻关系具有内容多样性和复杂性特点而难以穷尽列举的考虑，同时也是为相邻关系新类型的发展预留了法律规制的空间。在这个空间里，并不排斥野生树木妨碍可能引起的相邻关系纠纷情形。因此，笔者认为，当我们面对无专门针对野生树木妨碍进行处理的具体规定时，应根据“有特别规定适用特别规定，无特别规定适用一般规定”的规则，对本案纠纷适用《民法通则》第83条或《物权法》第84条关于正确处理相邻关系的原则性规定。

（二）关于本案野生树木妨碍责任的认定与承担

相邻关系，是指相互毗邻的不动产所有人或使用人之间在行使所有权或使用权时，因相互给予便利或者接受限制所发生的权利义务关系。它是法律直接规定的，而不是当事人约定的，不同主体的不动产地理位置上的毗邻是引起相邻关系发生的法定条件。法律对于相邻关系制度的确立旨在协调不动产相邻人之间所产生的各种利益冲突，尽可能使相邻人之间保持和睦关系，从而有效维护不动产相邻各方利益的平衡和生活的良好秩序。《民法通则》第83条和《物权法》第84条关于正确处理相邻关系的规定，既是法院处理相邻关系纠纷所要适用的原则，同时也是相邻人之间正确处理相邻关系所要遵循的基本行为准则。对相邻人而言，在这个行为准则里，“有利生产、方便生活”的法律规定，使相邻人负有对自己行使权利需进行合理克制和对他人行使权利需进行合理忍让的义务；“团结互助”的法律规定，又使相邻人负有保持和睦关系和互相帮助的义务。由此可见，相邻关系的健康运行和维护是建立在相邻人之间为防免对方权利受损而须积极作为和合理注意的基础上的，它的精髓就是“克己”和“利人”。

本案中，构成妨碍的野生树木，处于被告居住的房屋院内和视线所及范围，被告具有控制或随时处置该树的条件。尽管它不是被告种植，但被告作为原告的相邻人，其因相邻法律关系的存在而负有维护相邻关系健康运行的积极作为和注意义务。应当从正确处理相邻关系的角度出发，遵循团结互助的法律规定，及时提醒原告进行处理或帮助原告防患于未然。然从本案案情看，被告既未及时提醒原告，又未尽到相邻互助防险的义务，听任该树木生长，以致树干长粗后挤压原告房屋，造成墙体发生坍塌、倾斜，被告多年消极放任的不作为行为违反了相邻人之间的团结互助的法律规定，是导致本案树木长大并最终构成妨碍的主要原因。因此，尽管本案构成妨碍的树木并非被告栽种，被告也没有实施具体的侵权作为行为，但因其未履行相邻法定注意和帮助义务，对原告权利受到妨碍负有一定的过错，故其应当承担相应的排除妨碍责任。

（三）本案排除树木妨碍费用的处理原则与尺度

公平合理既是我国民事法律所追求的价值目标，同时也是正确处理相邻关系的基本原则。它要求法院在处理相邻关系纠纷案件时，应在查清事实、分清是非的基础上，从实际情况出发，全面、客观地分析和评价双方当事人的对错程度与责任大小，平等对待双方当事人，并兼顾各方面的利益。使当事人所承担的责任与他的过错程度相适应，从而依法公平、合理地化解矛盾、解决纠纷，维护不动产相邻各方利益的平衡，使不动产相邻各方安定有序地幸福生活。本案中，构成妨碍的树木毕竟不是被告种植，其之所以构成妨碍，既有自然因素的存在，也有被告违反相邻义务不作为行为的放纵。因此，并不是被告的完全过错。如果判决由被告承担全部责任，也是不公平的。故法院在综合考虑双方当事人的过错程度及形成妨碍的原因力大小后，在已判决由被告承担实施排除妨碍、恢复原状行为的基础上按照公平合理的尺度对排除树木妨碍所产生的相关费用酌定由双方当事人各半分担的做法是正确的。

二、陈庆林、陈庆森、陈文庆诉陈丽满、陈丽芬物权确认纠纷案

案情

原告：陈庆林、陈庆森、陈文庆

被告：陈丽满、陈丽芬

福建省厦门市同安区人民法院经审理查明：厦门市同安区大同镇旧三秀街129号房屋（三层，建筑面积238.61m^2）是原、被告父母陈笃涵、张金霞购买翻建，后以陈笃涵名义办理了产权证，该房屋前落第一层为店面（建筑面积30.99m^2）。1996年，陈笃涵、张金霞对该房屋进行了分割：前落30.99m^2的店面由陈笃涵、张金霞自己留用，今后再作决定。房屋其余部分分别赠送给原、被告五兄弟姐妹即陈庆林、陈庆森、陈文庆、陈丽满、陈丽芬。1997年1月23日原、被告5人办理了同安区大同镇旧三秀街129号房屋产权证（同大字第4803号房屋所有权证）。所有权人为：陈庆林、陈庆森、陈文庆、陈丽芬、陈丽满5人共有，产权来源为赠与。1999年，因该房屋遇拆迁，原、被告5人与银福佳园公司于1999年8月1日签订了一份《厦门市城市房屋拆迁补偿安置协议书》，就该房屋进行产权调换。其中住宅产权调换建筑面积207.62m^2，安置地点："银城佳园"A号楼2012室、D号楼204室及2间杂物间；营业用房产权调换

建筑面积 30.99m^2，安置地点："银城佳园" A 号楼 17 号店面。协议书被拆迁人一栏中载明"营业用房共有人：陈庆林、陈庆森、陈文庆"。2003 年初，经有关部门实地测量，"银城佳园" A 号楼 17 号店面建筑面积为 104m^2（其中一层 48.95m^2、夹层 55.33m^2）。2003 年 2 月 18 日，原、被告 5 人向银福佳园公司补缴了"银城佳园" A 号楼 2012 室、D 号楼 204 室及 2 间杂物间及 A 号楼 17 号店面的面积差价共计 178 756 元，银福佳园公司开具了一份商品房销售专用发票，上面在购房人陈文庆后面注明 D204、陈丽芬后面注明 A2012。银福佳园公司还出具了一份证明材料给原告收执，上面载明 A17 店面共有人陈庆林、陈庆森、陈文庆及其面积；A2012 陈丽芬及其面积；D204 陈文庆及其面积。2003 年 8 月 25 日，厦门市国土资源与房产管理局作出厦地房证第同 01011082、01011083、01011084 号厦门市土地房屋权证，将"银城佳园" A 号楼 17 号店面、A 号楼 2012 室、D 号楼 204 室房屋及两间杂物间登记为原、被告五人共有。2005 年 2 月 25 日厦门市国土资源与房产管理局作出厦地房证第同 01015826 号厦门市土地房屋权证，确认 D 号楼 204 室房屋及杂物间产权人为陈文庆，房屋产权来源为受赠；A 号楼 2012 室房屋则在拆迁安置时由陈丽芬按当时市价除其个人占有份额以外的超出部分价款支付其他兄弟姐妹，原、被告五人还签订了一份协议书，约定 A 号楼 2012 室房屋"在拆迁安置时已由陈丽芬除个人占有份额以外的所有超出部分按当时市价付给众兄弟姐妹作为拆迁安置的补偿款。该房屋应属陈丽芬个人所有。日后房屋变更，交易所得款归陈丽芬个人所有。众兄弟姐妹不得有异议"。后陈丽芬又将该房屋转让给陈庆林，陈庆林于 2009 年 1 月 12 日办理了土地房屋权证（厦国土房证第 00654486 号）。2010 年 4 月 17 日，陈庆林与陈丽芬签订了一份《购房买卖声明》。内容为："截至2010年4月17日，银城佳园A号楼2012室买卖交易款已全部付清。之前买卖双方各执的收条、欠条一律作废，特此声明。" 2010年9月10日，陈庆森、陈丽满、陈丽芬作出一份《声明》："关于三秀路号旧房子拆迁安置的住房银城佳园D楼204室和A楼2012室。该拆迁房的住房部分已按住房面积207.64m^{2}的1/5分配，每人分得41.57m^2，陈文庆、陈丽芬已将自己的住房份额41.57m^{2}以外多出部分补偿给陈庆林、陈庆森、陈丽满获得了所有权。特此声明。（备注：银城佳园A楼2012室现已转让至陈庆林名下。）"现讼争的A号楼17号店面仍登记为原、被告五人共有，原告遂诉至法院。要求判令确认址于厦门市同安区大同街道三秀"银城佳园"A号楼17号店面属三原告共同所有并责令两被告协助将该店面过户三原告名下。

原告起诉后，被告陈丽满夫妻于2010年9月14日出具了一份声明。内容为：兹收到父亲陈笃涵、母亲张金霞赠送的人民币合计捌万元整。同时声明放弃秀路银城佳园A17号店面产权，并积极协助陈庆林、陈庆森、陈文庆办理相关的产权过户手续，将该产权过户到三兄弟名下。审理中，原告申请原、被告父母陈笃涵、张金霞作为证人出庭作证，证人在庭上表示：旧三秀街129号房屋是我们在1978年间向他人购买翻建而来的产业，买价是3200元，此款是我们平时节约积攒下来加上国外亲人支持及部分借款凑来的，当时几个子女都还小。1996年我们对旧三秀街129号房屋进行了分割，一楼店面用来养老未分割，房屋其余部分赠送给原、被告五兄弟姐妹。1999年房屋遇拆迁，两个女儿即二被告已经出嫁，我们商量，将店面分成5份，给两个女儿一次付清每人的份额，一个人27 000元（当时市价4500元/m^2×6m^2）。两个女儿已经分得了各自所占的店面的份额，后来店面折迁补偿的店面比旧店面多了面积，有差价，是三个儿子即三原告付的差价，现在的店面应归三个儿子所有。三个儿子表态店面用来给我出租养老用。D204 是陈文庆所有，A2012 是陈丽芬所有。土管局出具的产权证是按旧产权办理，上面写了 5 个子女的名字，我们去同安国土资源与房产管理局表示过异议，国安国土资源与房产管理局说让我们自己协商处理。现在大女儿陈丽芬很固执，一直要参与分配，三个儿子才提起了诉讼。

原告陈庆林、陈庆森、陈文庆诉称：原、被告是同胞兄弟姐妹，同安区大同镇旧三秀街 129 号房屋（三层，建筑面积 238.61m^2）是原、被告父母基建，以原、被告父亲陈笃涵名义办理产权证，该房屋前落第一层为店面（建筑面积 30.99m^2）。1996 年 11 月 6 日，原、被告及父母共同签订一份分家合同。该合同约定：前落 30.99m^2 的店面由父母自己留用，租金收入归老人，今后由父母再作决定，该房屋其余部分由父母赠送给原、被告五兄弟姐妹。因旧三秀街 129 号房屋遇折迁，1999 年 8 月 1 日，原、被告与厦门市同安区银福佳园房地产开发有限公司（以下简称“银福佳同公司”）签订了《厦门市城市房屋折迁补偿安置协议书》，就旧三秀街 129 号房屋进行产权调换，其中住宅产权调换建筑面积 207.62m^2，安置地点：“银城佳园”A 号楼 2012 室、D 号楼 204 室及两间杂物间；营业用房产权调换建筑面积 30.99m^2，安置地点：银城佳园 A 号楼 17 号店面。协议书载明：“营业用房共有人：陈庆林、陈庆森、陈文庆。”为了将 30.99m^2 营业性用房赠与三原告安置“银城佳园”A 号楼 17 号店面，原告父母按旧店面 2/5 份额折价人民币（下同）54 000 元（当时市价 4500 元/m^2×12m^2）代三原告补偿给二被告，二被告从父母处取得店面补偿款后，于 2000 年 10 月 20 日出具声明给原告收执。二被告声明："对旧二秀街原店面 30 平方米，包括银城佳园 A 座 17 号新店面，我们全部放弃不参加分产业，店面由父母处理。"2003 年初，经有关部门实地测量，"银城佳园"A 号楼 17 号店面建筑面积为 $104m^2$（其中一层 $48.95m^2$、夹层 $55.33m^2$）。因原、被告五兄弟姐妹对安置房产进行了分割，2003 年 2 月 18 日，银福佳园公司出具了证明材料给原告收执，同时报送同安国土资源与房产管理局备案。2003 年 2 月 18 日，三原告补缴了该店面第一层差价 77 090.4 元，同时购买第二层并缴纳了夹层购房款 89 735 元。陈丽芬和陈文庆也各自补缴了 A2012 和 D204 套房的差价。2003 年 8 月间，同安国土资源与房产管理局在办理"银城佳园"A 号楼 17 号店面和套房权属登记手续时，将店面登记为原、被告五人共有，同时将 A2012 和 D204 安置房也登记为原、被告五人共有。2005 年初，原、被告协助将 D204 套房过户至实际产权人陈文庆名下。因陈丽芬将其拥有产权的 A2012 安置房转让给陈庆林，2009 年初，原、被告协助陈丽芬将 A2012 安置房直接过户至陈庆林名下，由陈庆林直接支付 A2012 购房款给陈丽芬。但二被告至今未协助原告将讼争的 A 号楼 17 号店面过户至实际产权人三原告名下，现请求判令：①确认址于厦门市同安区大同街道三秀"银城佳园"A 号楼 17 号店面属三原告共同所有；②责令两被告协助将该店面过户至三原告名下；③本案诉讼费由被告承担。

被告陈丽芬辩称：①被告陈丽芬所取得的银城佳园产权证明确登记为五个人，经房管局确认，原告如有异议应提起行政诉讼起诉房管局。②被告享有"银城佳园"A 号楼 17 号店面的所有权，请求法院予以驳回原告诉讼请求。

被告陈丽满未作书面答辩。

福建省厦门市同安区人民法院经审理认为，本案争议的焦点有二：第一，本案原告是否应当先提起行政诉讼，请求房管部门撤销具体行政行为。根据《中华人民共和国物权法》第33条规定："因物权的归属、内容发生争议的，利害关系人可以请求确认权利。"第28条规定："因人民法院、仲裁委员会的法律文书或者人民政府的征收决定等，导致物权设立、变更、转让或者消灭的，自法律文书或者人民政府的征收决定等生效时发生效力。"由于民事"合意"是物权变动的基础行为，基础行为和登记行为是两个独立的行为，不动产所有权纠纷主要就是要解决登记所有权人与实际所有权人之间的利益冲突。本案属于民事诉讼中的物权确认纠纷，故无需先提起行政诉讼。第二，被告陈丽芬对讼争"银城佳园"A号楼17号店面是否享有所有权。原告所主张的"银城佳园"A号楼17号店面虽登记为原、被告五人共同所有并取得了房屋产权证，但房屋产权证只是确定房屋所有权的依据之一，不是唯一依据。根据本案讼争房屋的来源、出资等相关情况可以作出如下判断：①"银城佳园"A号楼17号店面系旧三秀街129号房屋拆迁安置而来，该房屋原系原、被告父母陈笃涵、张金霞所有。1996年陈笃涵、张金霞对该房屋进行了分割，一楼店面用来养老未分割，房屋其余部分赠送给原、被告五兄弟姐妹。但由于同一栋房屋无法分层办理产权证，1997年该房屋产权证体现为陈庆林、陈庆森、陈文庆、陈丽芬、陈丽满五人共有，产权来源为赠与。1999年，房屋遇拆迁，由于旧三秀街129号房屋必须要作为一个整体进行拆迁安置，故拆迁安置协议也由原、被告五兄弟姐妹共同作为被拆迁人与拆迁人银福佳园公司签订，而不单独分别签订。为了区分安置房屋的实际所有人，银福佳园公司在签订《厦门市城市房屋拆迁补偿安置协议书》上特别标注："营业用房共有人：陈庆林、陈庆森、陈文庆"，在收取面积差价后开具的发票上亦在陈文庆后面注明D204、陈丽芬后面注明A2012。这说明在拆迁安置时，原、被告实际上已经对旧三秀街129号房屋重新安置的房屋、店面权属分别作了约定，且各自房屋的差价各自出资，安置店面的差价系三原告支付。因此，讼争店面应归三原告所有。②旧三秀街129号房屋是原、被告父母陈笃涵、张金霞在1978年间向他人购买翻建而来的产业，并于1996年分层赠给陈庆林、陈庆森、陈文庆、陈丽芬、陈丽满五兄弟姐妹。由于同一栋房屋无法分层办理产权证，此后拆迁安置协议亦由五人共同签订，造成讼争店面产权证体现为陈庆林、陈庆森、陈文庆、陈丽芬、陈丽满五人共有，出现这种情况并非原、被告主观原因造成，现要对重新安置的店面的权属进行确权，应充分尊重赠与人的真实意思表示。陈笃涵、张金霞作为原、被告的父母及赠与人，不论此前陈笃涵、张金霞是否已经支付二被告每人27 000元作为未分得店面的补偿。陈笃涵、张金霞均有权决定二被告是否享有讼争店面的所有权，陈笃涵、张金霞在庭上明确表示讼争店面应归三原告所有，可以认定讼争店面的产权应当属于三原告。故原告要求确认址于厦门市同安区大同街道三秀“银城佳园”A号楼17号店面属三原告共同所有、二被告协助将该店面过户至三原告名下的诉讼请求符合法律规定，予以支持。被告陈丽满经本院传票传唤，无正当理由拒不到庭参加诉讼，依法可以缺席判决。据此，根据《中华人民共和国民法通则》第4、71条，《中华人民共和国物权法》第28、33条，1991年《中华人民共和国民事诉讼法》第130条之规定，判决如下：

（1）址于厦门市同安区大同街道三秀“银城佳园”A号楼17号店面归原告陈庆林、陈庆森、陈文庆所有；

（2）被告陈丽芬、陈丽满于本判决生效之日起30日内协助原告陈庆林、陈庆森、陈文庆办理厦门市同安区大同街道三秀“银城佳园”A号楼17号店面的过户手续。

法理评析

房屋登记部门已对讼争房屋进行了权属登记并颁发了产权证，但当事人对房屋权属登记背后民事基础关系存在民事争议，从而对登记机关颁发的权属凭证记载的事实有异议，该如何处理？随着城市大开发的不断推进以及房地产市场的进一步活跃，这类案件近年来呈现多发的趋势，本案具有一定的典型性，本案在处理该类案件的思路具有一定的参考和借鉴价值。现就本案涉及的相关法律问题作如下分析：

（一）房屋权属登记行政行为与民事行为发生交叉的情形

房屋权属登记是房产管理机关应申请人的申请做出的行政行为，它明确了登记申请人对登记确认的内容所产生的权利，并可以在权利被他人侵犯时，以登记的行政行为与之相对抗，任何机关、团体及其他个人非经法定程序不得以任何理由撤销该行为。因房屋权属登记行为所产生的诉讼，按照诉讼产生的原因大致可以分为两类：第一类是由于登记机关拒绝登记或者错误登记而在行政相对人与登记机关之间产生的纠纷；第二类是由于当事人之间或第三人对被登记的房屋权属关系存在民事争议，一方当事人要求撤销或变更登记内容的案件。对于第一类，因为不涉及民事法律关系，属于典型的行政争议，通过行政诉讼就足以解决。而对于第二类，则产生民事行为与行政行为的交叉状态。这种交叉状态体现为，表面上是当事人对登记机关给予登记行为而颁发的权属凭证记载的事实或权利状态存有争议，而实质上是当事人对事实或权利状态背后的民事法律关系存在争议。

（二）房屋权属登记行政行为与民事行为交叉状态下诉讼路径之选择

随着市场经济的深入发展，房屋权属登记行政行为与民事行为交叉诉讼案件日益增多。对于当事人在遇到此类纠纷时，是先进行民事诉讼，还是先进行行政诉讼，业内人士持有不同的看法。实践中，对这种交叉状态的处理主要存在以下两种意见：

一种意见认为应当先进行行政诉讼、后进行民事诉讼。其理论依据在于民事诉讼无权审查行政行为的合法性，既然已经存在有权机关的登记权利证书，就可以认定存在争议的民事权利已被生效的行政行为所确认，只有通过行政诉讼对行政登记的合法性作出判断后，才能解决民事争议。一种意见认为应当先进行民事诉讼，并以民事争议的处理结果来确定权利归属。其理由在于这类纠纷大多是以民事法律关系作为行政行为的基础，在民事争议没有确定解决的情况下，行政诉讼不能确定行政行为的合法性，故应当以民事争议的处理结果来确定权利归属。笔者认为，物权的公示，是指物权在设立和变动时，必须将物权设立和变动的事实通过一定的公示方法向社会公开，从而使第三人知道物权的情况，以避免第二人遭受损害并保护交易安全。公示制度的内容包括物权的公示方法和公示效力。不动产登记是不动产物权的公示方法，且不动产物权只有经过登记才能发生法律效力。不动产登记产生的公示公信效力，是对社会公众产生的外部效力，即善意第三人有理由相信该登记而与登记的权利人进行交易，法律对善意第三人取得的权利亦予以保护，即善意取得制度。但是对于内部来说，登记机关的职能只局限在“登记”是—种公示行为，而非赋权行为，因为房屋权属登记作为一种依申请的行政行为，登记机关只能根据当事人提交的书面材料是否符合规定进行审查，无法对背后存在的民事争议进行实质审查。不动产物权登记的效力，仅是一种推定效力，即推定登记的物权人为该不动产的权利人，在该不动产物权不涉及善意第三人的情况下，当事人有相反证据证明其为真正的权利人时，可以推翻这种推定，从而维护事实上的权利人。梁慧星教授认为："登记机关的证据在法庭上的证明效力不是绝对的，法律上推定登记机关证据与公证机关证据的证明力，法律术语是推定的证明力。对这类证据，法院首先承认它，然后允许当事人以反证加以推翻。当事人不能以反证加以推翻时，就采纳它，根据它来确定事实。"由于在这类案件中，真正产生争议的原因在于当事人之间的民事纠纷。在民事争议没有确定解决的情况下，行政诉讼不能确定行政行为的合法性。根据《物权法》第33条规定："因物权的归属、内容发生争议的，利害关系人可以请求确认权利。"因此，应当先进行民事诉讼，以民事争议的处理结果来确定权利归属，且民事审判不必拘泥于既有登记的限制，而应当通过审查基础民事法律关系的效力而确定权利归属或事实状态。而根据《物权法》第28条规定："因人民法院、仲裁委员会的法律文书或者人民政府的征收决定等，导致物权设立、变更、转让或者消灭的，自法律文书或者人民政府的征收决定等生效时发生效力。"当民事确权的裁判文书一经作出，合法的权利人自然可以根据其内容直接申请登记机关变更登记，而没有必要另外提起行政诉讼。

（三）房屋权属登记背后民事基础法律关系的争议应由法院综合分析各方证据判断权利归属

由于房屋登记机构在进行登记时，未对（也无须对）房屋产权背后所依赖的民事基础关系有效进行缜密、全面的审查。若利害关系人因对背后的基础民事关系不服而提出异议，应向法院提起民事诉讼，由法院进行确权，只有这样，才能真正将当事人之间的纠纷厘清，使产权归属于真正的权利人。在审理基础民事关系时，应当综合分析各方提供的证据加以认定。具体到本案中，我们认为从以下几个事实可以认定讼争店面的产权属于三原告。首先，从讼争店面的来源及出资情况来看，讼争店面系旧三秀街 129 号房屋拆迁安置而来，该房屋原系原、被告父母陈笃涵、张金霞所有，1996 年陈笃涵、张金霞对该房屋进行了分割。但由于同一栋房屋无法分层办理产权证，1997 年该房屋产权证体现为陈庆林、陈庆森、陈文庆、陈丽芬、陈丽满五人共有，产权来源为赠与。1999 年房屋遇拆迁，旧三秀街 129 号房屋必须要作为一个整体进行拆迁安置，故拆迁安置协议也由原、被告五兄弟姐妹共同作为被拆迁人与拆迁人签订。为了区分安置房屋的实际所有人，拆迁公司在签订《厦门市城市房屋拆迁补偿安置协议书》上特别标注“营业用房共有人：陈庆林、陈庆森、陈文庆”，在收取面积差价后开具的发票上亦在陈文庆后面注明 D204、陈丽芬后面注明 A2012。这说明，在拆迁安置时，原、被告实际上已经对旧三秀街 129 号房屋重新安置的房屋、店面权属分别作了约定，且各自房屋的差价各自出资，安置店面的差价系三原告支付。其次，作为赠与人的父母的真实意思表示也是认定讼争店面权属的关键因素。旧三秀街 129 号房屋是原、被告父母陈笃涵、张金霞在 1978 年间向他人购买翻建而来的产业，并于 1996 年分层赠与陈庆林、陈庆森、陈文庆、陈丽芬、陈丽满五兄弟姐妹。由于同一栋房屋无法分层办理产权证，此后拆迁安置协议亦由五人共同签订，造成讼争店面产权证体现为陈庆林、陈庆森、陈文庆、陈丽芬、陈丽满五人共有。出现这种情况并非原、被告主观原因造成，现要对重新安置的店面的权属进行确权，应充分尊重赠与人的真实意思表示。陈笃涵、张金霞作为原、被告的父母及赠与人，有权决定二被告是否享有讼争店面的所有权，陈笃涵、张金霞在庭上明确表示讼争店面应归三原告所有，可以认定讼争店面的产权应当属于三原告。案件判决后，双方当事人均未提出上诉，并且根据判决的内容向登记机关已经办理了变更登记。

三、杨某诉安徽马鞍山农村商业银行股份有限公司抵押合同纠纷案

案情

原告：杨某

被告：安徽马鞍山农村商业银行股份有限公司

当涂县人民法院经审理查明：1999 年 3 月 16 日，杨某与原当涂县信用合作联合社签订抵押担保借款合同一份，合同约定：贷款金额 3 万元，贷款期限自 1999 年 3 月 16 日至 1999 年 12 月 10 日，贷款月利率 7.98‰，杨某以位于当涂县和合小区安居房 5 幢 407 室住房设置抵押担保。合同签订后，原当涂县信用合作联合社于次日按约发放了贷款，双方在当涂县房屋产权产籍监理所办理了抵押物登记。2005 年 12 月，马鞍山市及当涂县境内的农村信用合作社合并成立安徽马鞍山农村合作银行，原农村信用合作社的债权、债务由安徽马鞍山农村合作银行享有和负担。2009 年 7 月，经中国银监会批准，安徽马鞍山农村合作银行改制成立为安徽马鞍山农村商业银行股份有限公司，原债权、债务由安徽马鞍山农村商业银行股份有限公司享有和负担。借款期满后，原当涂县信用合作联合社及改制后的安徽马鞍山农村合作银行、安徽马鞍山农村商业银行股份有限公司均未向杨某主张债权及抵押权。至今，杨某亦未主动归还借款。

原告杨某诉称：1999年3月，其为他人以自己名义在原当涂县信用合作联合社贷款3万元，其以位于当涂县姑孰镇和合小区安居房5幢407室住房设置抵押担保，贷款期限为1999年3月16日至1999年12月10日。之后其及他人均未归还该笔贷款，近十年来，原当涂县信用合作联合社及改制后的安徽马鞍山农村合作银行、安徽马鞍山农村商业银行股份有限公司均未向其主张债权和抵押权。综上，安徽马鞍山农村商业银行股份有限公司的债权，依据法律规定，已超过诉讼时效，该债权不受法律保护。另根据《中华人民共和国物权法》第202条规定，抵押权人应在主债权诉讼时效期间行使抵押权，未行使的，人民法院不予保护。因此，安徽马鞍山农村商业银行股份有限公司的抵押权在债权诉讼时效届满后2年内未主张，抵押权已随之灭失。故诉求确认安徽马鞍山农村商业银行股份有限公司对其债权及房产抵押权灭失。

被告安徽马鞍山农村商业银行股份有限公司辩称：杨某诉称借款期限届满后，其未主张债权不属实；杨某要求确认债权及房产抵押权灭失，没有法律依据。即使主债权诉讼时效期间届满，也不能导致主债权和抵押权实体权利的灭失；原、被告双方签订了抵押合同，办理了抵押登记，抵押合同和抵押行为都是合法有效的。

当涂县人民法院认为：杨某与原当涂县信用合作联合社签订的抵押担保借款合同合法有效，杨某应当按约还本付息，原借款人及债权、债务的承继者安徽马鞍山农村商业银行股份有限公司则应当在诉讼时效期间内向杨某主张权利。杨某所借款3万元，还款期限为1999年12月10日，安徽马鞍山农村商业银行股份有限公司请求保护民事权利的诉讼时效期间应为1999年12月11日至2001年12月10日。安徽马鞍山农村商业银行股份有限公司至今未主张权利，业已超过诉讼时效，其主债权不受法律保护。因安徽马鞍山农村商业银行股份有限公司作为抵押权人未在主债权诉讼时效期间行使抵押权，故抵押权不仅不受人民法院保护，且已消灭。据此，依照《中华人民共和国民法通则》第135、137条，《中华人民共和国物权法》第202条，1991年《中华人民共和国民事诉讼法》第128条的规定，判决：被告安徽马鞍山农村商业银行股份有限公司对原告杨某的主债权3万元，不受法律保护；设置在该主债权上的抵押权消灭。

本案受理费80元，适用简易程序减半收取40元，由杨某负担。

一审宣判后，双方当事人均未上诉，一审判决已经发生法律效力。

法理评析

本案争议的主要焦点是抵押权的存续期限。对于抵押权的存续期限，观点不一，众说纷纭，主要有以下几种说法：

（1）依据抵押权和其所担保的债权的主从关系，抵押权因主债权存在而存在，随主债权消灭而消灭，因此，抵押权对于其所担保的债权而言是无期限的。只要债务人届期未履行或未完全履行债务，抵押权人就可请求行使抵押权且不受时间限制。

（2）抵押权有期间限制，抵押权人只能在诉讼时效期间内行使，超过诉讼时效不受法律保护。

（3）抵押权人未在主债权诉讼时效期间行使抵押权的，抵押权仍然存在，只是抵押权人丧失了对抵押人的胜诉权。此时，抵押权转变为类似自然债权的一种权利，成为丧失胜诉权的权利。若抵押人在抵押权行使期间届满后自愿履行义务后，又以超过抵押权行使期间为由反悔的，人民法院应不予支持。

（4）根据民法的意思自治原则，应以当事人约定的或登记机关登记的担保期间为准，无约定的则应在主债权的诉讼时效期间内行使抵押权。

《物权法》第202条规定："抵押权人应当在主债权诉讼时效期间行使抵押权；未行使的，人民法院不予保护。"本条虽并未明确规定抵押权的存续期间，而只是规定抵押权的行使期间，但其规定的行使期限实质就是抵押权的存续期限，而不是抵押权受到公权力保护的期限，即抵押权可以因时间的经过而消灭。理由如下：

抵押权对抵押财产具有权能上的限制，对抵押财产的使用和转让均发生影响，规定抵押权有存续期间，便于担保物的流转，并能充分发挥担保物的使用价值。如果允许抵押权人在任何时候都可行使抵押权，对于抵押人来说未免过于苛刻。因为抵押人在此情形下处于一种不利益的状态，其义务有一种不确定性。

抵押权存在而不行使，不仅不利于物的交易价值和担保秩序的稳定，反而可能会助长抵押权人滥用因物之担保而取得的优势地位，损害债务人的利益。若对抵押权人行使抵押权的期限不进行限制，抵押财产的归属长期处于不确定状态，不利于保护双方当事人的合法权益，也不利于抵押财产效能的发挥。确立抵押权期限制度，促使抵押权人积极地及时行使抵押权，迅速了结债权债务关系，也有利于社会经济秩序的稳定。而且，抵押权人长期怠于行使其权利，法律对之也无特别加以保护的必要，应使抵押权消灭。

应当注意，抵押权在物上的法定担保权，依据物权法定原则，抵押权的设立、变更和消灭均须由法律规定之，任何人包括当事人不得任意为之。因此，除非有法律明确规定的消灭事由发生，否则抵押权是永续存在的。抵押权即便在规定期限内不行使，也不能发生抵押权消灭的效力。

另，当事人约定或者登记部门要求登记的抵押权的存续期间不影响抵押权的存续。司法实践中经常存在担保合同当事人在合同中约定抵押权的期限、登记机关在登记时强制性地将抵押权登记为一定期限的情形。该期限的约定不能影响抵押权的存续。原因为：其一，依据物权法理论，物权法定原则要求当事人不能在《物权法》之外设定物权，也不能以《物权法》之外的方式消灭物权。由于抵押权属于担保物权，且《物权法》并没有规定抵押权可以因当事人的约定期间或登记时强制登记的期间而消灭，因此当事人约定的或者登记部门要求登记的抵押权的期间，对抵押权的存续应当不具有法律约束力。其二，在担保实践中，担保期间的设立不利于对债权的保护，而且加大了担保成本。

四、何绍灿诉程云夫物权保护纠纷案

案情

原告（上诉人）何绍灿

被告（被上诉人）：程云夫

浙江省诸暨市人民法院经审理查明：本案讼争房屋即诸暨市阮市镇何家山头村新中41号的集体土地使用权登记人为何全章的二层房屋。该房屋曾由何全章与其兄弟何全夫共有。1978年10月8日，何全章与何全夫就该房屋立具分家单一份，约定楼上归何全夫所有，楼下归何全章所有。本案被告程云夫系何全夫女婿，何全夫死后由其对该房屋楼上一层予以使用。2003年4月15日，原告何绍灿向何全章购买该房屋的第一层，双方立据买卖房屋契约（手写）一份，载明：何全章将该屋楼下（第一层）出售给原告居住。该契约书面约定房屋买卖价款为5000元，但实际支付金额为3000元。2006年1月，原告对该房屋第一层办理相关完税手续。2006年1月5日，原、被告就本案讼争房屋达成对调协议，即原告何绍灿将原何全章所属楼下前半间与被告程云夫楼上后半间对调。现整幢房屋前后从中间隔开，前半幢由被告程云夫使用。

2008年，原告何绍灿与何全章补签买卖房屋契约（打印）一份，该契约将2003年4月15日双方签订的契约中关于何全章将楼下出售给原告何绍灿的内容修改为：何全章将该屋出售给原告居住，而落款时间仍为2003年4月15日。原告于2008年1月至2009年1月间办理完该屋第二层买卖的相关契证及完税手续。现起诉要求被告立即腾退房产，并赔偿损失5000元。庭审中，原告变更诉讼请求为，撤销原、被告间的换房协议，要求被告腾退上述房产的上下楼的前半部分，并赔偿损失5000元。

诸暨市人民法院经审理认为，本案讼争房屋土地使用权虽登记于何全章名下，但楼上一层实为何全夫所有，楼下一层为何全章所有。何全夫死后，楼上一层由何全夫女婿即被告程云夫一家使用。2003年4月，原告何绍灿向何全章购买该房屋第一层，并办理相关手续。2006年1月，原告何绍灿将原何全章所属楼下前半间与被告程云夫楼上后半间对调，由此形成现在原告使用该房后半幢、被告使用前半幢的现状。2008年，原告何绍灿与何全章补签买卖房屋契约（打印）一份，将原契约的内容修改为何全章将该屋出售给原告居住，落款时间与2003年购买第一层的时间为同一日期。原告于此后办理该屋第二层买卖的相关契证及完税手续。

根据上述查明事实，本案诉争房屋第二层本非何全章所有。原告何绍灿于2003年4月向何全章购买的是第一层。2008年何绍灿与何全章虽补签契约一份，并载明何全章将该屋出售给原告居住，但该契约没有改变原手写契约的实质内容，何绍灿与何全章并未发生第二层的买卖关系。原告凭补签契约办理的房屋第二层买卖的相关契证及完税手续，存在瑕疵，并不能证明原告已取得第二层的所有权。综上，原告至今未取得讼争房屋第二层前半间的所有权，故要求被告腾退此房，无事实和法律依据。关于第一层前半间，从证据反映，此房是原告自愿与被告调换后被告所得，故原告要求被告腾退亦无事实和法律依据。另，原告要求被告赔偿损失5000元，证据不足，本院不予支持。庭审中，原告增加诉讼请求，请求撤销原、被告间的调房协议。本院认为，该诉讼请求未在本案举证期限届满前提出，本案中不予审理。据此判决：驳回原告何绍灿要求被告程云夫腾退房产，并赔偿损失5000元的诉讼请求。

上诉人何绍灿上诉称：一审程序违法；一审认定事实错误，一审法院主观臆断认定讼争房屋第二层本非何全章所有，上诉人认为何全章作为该房屋所在土地使用权登记人，理应是房屋的所有人，享有处分该房屋上下层的权利。而原告通过向何全章买卖取得该幢房屋的上下层，并且已经向房管所缴纳相关的契税，且上诉人对该房屋的受让属于善意取得。依据《物权法》规定：不动产物权的设立、变更、转让和消失，经依法登记，发生效力。从现有证据中，有足够理由证实上诉人购买的房屋共两层，合法有效；一审法院对上诉人提出撤销换房协议不予审理，违反《民事诉讼法》。请求二审法院撤销一审判决，发回重审或改判。

被上诉人程云夫答辩称：何全章在一审法院笔录中明确第

二层属于被上诉人程云夫家；调房协议系双方真实意思，应属有效。认为一审法院认定事实清楚，证据确实充分，程序合法。请求二审法院维持原判。

绍兴市中级人民法院认为，换房协议系双方真实意思表示且已实际履行，未违反法律强制性规定，并无可撤销或无效的情形，故上诉人要求撤销该协议缺乏事实与法律依据，不能支持。关于上诉人何绍灿是否取得本案讼争房屋所有权的争议，法院认为讼争房屋目前虽登记在上诉人何绍灿名下，但从权属变动的实际过程看，有充分依据证明被上诉人程云夫拥有该房屋一、二层前半部分所有权；从法律层面分析，当不动产登记物权与实际的不动产物权不相符时，实际不动产物权人有足够证据时，可以请求法院作出司法认定，以对不动产的登记做出相应的变动。综上所述，被上诉人程云夫经过换房，对现所居住房屋拥有财产所有权之事实清楚，上诉人何绍灿请求撤销换房协议、要求程云夫腾退房屋及赔偿损失的诉讼请求有悖客观事实。原审法院审理程序合法，所作判决认定事实清楚，适用法律正确，判决得当，应予维持。据此判决：驳回上诉，维持原判。

法理评析

审理本案的关键在于：对讼争的房屋所有权是否属于上诉人何绍灿做出正确认定，以回应何绍灿要求程云夫腾退房屋的诉请。而求解的先决问题是：当不动产登记簿所记载的产权人与其他证据证明的实际所有权人不相符合时，可否以其他证据否定不动产登记簿或产权证表明之产权关系？

原审法院经审理后查明：讼争房屋的财产权属来源，认定属被上诉人程云夫之财产，何绍灿至今未取得讼争房屋第二层前半间的所有权，故其要求腾退此房的诉请无事实和法律依据，判决予以驳回。

二审法院认为讼争房屋目前虽被登记在上诉人何绍灿名下，但从权属变动的实际过程看，有充分依据证明被上诉人程云夫拥有该房屋一、二层前半部分所有权，据此驳回上诉。

（一）从本案事实层面分析讼争房屋的财产权属来源、变动及现状

该房屋土地使用权目前登记于上诉人何绍灿名下；但从权属变动的实际过程来看，有充分依据证明被上诉人程云夫拥有涉讼房屋一、二层楼的前半部分所有权。其具体演变过程为：涉讼房屋原产权归属于何全章、何全夫兄弟所有，由分家单这一证据证明何全章、何全夫分别拥有一、二层楼产权之事实，原房屋产权名义上登记为何全章一人并不能否定何全章、何全夫共有之实际。后何绍灿通过向何全章购买继受取得该房屋的第一层，程云夫家庭则因何全夫去世而继承取得该房屋的第二层。此后，何绍灿与程云夫为方便解决房屋纠纷而协议调房，何绍灿所属楼下前半间与程云夫楼上后半间调换，即整幢楼房前半幢归程云夫，后半幢归何绍灿，有协议书与同村知情者的证人证言等充分的证据可以证明换房事实经过。上述房屋权属来源能够证明程云夫对现讼争的房屋前半部拥有财产所有权，其财产所有权与使用权均受法律保护。

（二）从法理层面分析《物权法》明确财产权属发生争议时，人民法院可以进行审理

一般来讲，不动产登记物权与实际的不动产物权是相一致的，但不能否认存在着登记的物权与实际权利不相符合的事实状态。《物权法》第 17 条规定，不动产权属证书是权利人享有该不动产物权的证明。物权登记的公信效力是物权公示制度的

法律效果。所谓公信效力是指，登记的不动产物权的权利人在法律上推定为真正的权利人，这种权利推定的重要意义在于“维护登记制度的公信力，保护善意第三人利益，以及将这种登记作为确定不动产归属的证据”。但这种效力只是法律上的“推定”，并非绝对不可推翻。所以在当事人有相反证据时，可以推翻这种推定，从而维护真正的权利人的权利。《物权法》具体规定，因物权的归属、内容发生争议的利害关系人可以请求确认权利，无权占有不动产或者动产的，权利人可以请求返还原物。在物权归属发生争议时，法律赋予真正权利人寻求公力救济与司法救济的请求权，人民法院有权对有争议的财产所有权作出司法认定。法院法律文书导致物权设立、变更、转让或者消灭的，自法律文书生效时发生效力，房地产管理登记部门应当据此对所涉物权登记作出相应的变动，故法院对双方财产争议的司法处理与房地产管理部门行使依法登记的职权并行不悖。

另外，何绍灿还提出了善意取得的主张，根据《物权法》第106条的规定，无权处分人将不动产转让给受让人的，如果受让人取得该不动产时是善意的，并以合理价格转让的，并且已经办理了不动产登记，则受让人取得该不动产，权利人亦不能追回其不动产物权。该条款即在于保护善意取得人的利益。但本案的双方系同村村民，且系邻居，曾经过协议换房，故何绍灿对程云夫继承并已长久使用该房屋上层应系知情，故其登记取得该房屋产权的行为不能构成善意取得。何绍灿这种通过其他手段取得的房屋过户登记并不能反映，也不能改变真实财产所有权归属程云夫的客观事实。

综合全案，程云夫经过换房、对现所居住房屋拥有财产所有权之事实清楚，上诉人何绍灿请求其腾退并赔偿损失的诉讼请求显然有悖客观事实，一、二审法院据此均未支持其诉讼请求。

五、北京万通鼎安国际物业服务公司天津公司诉李嘉熠物业服务合同纠纷案

案情

原告：北京万通鼎安国际物业服务公司天津分公司

被告：李嘉熠

天津市红桥区人民法院经审理查明：2007 年 3 月 28 日，北京万通鼎安国际物业服务公司天津分公司（以下简称“万通公司”）与开发商签订前期物业管理服务合同，为尚都家园小区提供前期物业管理服务。2008 年 12 月 8 日，李嘉熠与开发商签订商品房买卖合同，购买尚都家园某号住宅，当场签收了《业主公约》。2009 年 2 月 25 日交房入住时，李嘉熠与万通公司签订了《前期物业管理服务协议》。李嘉熠的房屋系连体别墅，在入住后李嘉熠在装修过程中封闭了天井和露台。该天井和露台均在其房屋四壁所包围的空间内，顶端未超出房屋外墙的高度，所用材质外观上基本与别墅外观协调一致。万通公司认为李嘉熠封闭天井和露台的行为违反了《业主公约》和双方签订的《前期物业管理服务协议》，要求李嘉熠整改，李嘉熠不予理会，万通公司遂起诉到法院。

原告万通公司诉称：万通公司为尚都家园提供前期物业管理服务，李嘉熠系尚都家园某单元业主。李嘉熠入住时签收了《业主公约》并签署了确认书，2009 年 2 月 25 日与万通公司签订了《前期物业管理服务协议》。但是，2009 年 3 月，被告在装修施工中擅自将其院内天井及露台封闭并在二层露台搭建房屋，破坏了房屋的整体结构和外观设计。2009 年 3 月 4 日，万通公司曾向李嘉熠发出整改通知，但李嘉熠并未采取任何措施。万

通公司认为李嘉熠的行为不仅违反了双方签订的协议和约定，同时也违反了建设部和天津市的相关规定，故请求人民法院判令李嘉熠限期拆除尚都家园某单元内搭建的建筑物或构筑物，恢复原状并承担诉讼费用。

被告李嘉熠辩称：①被告居住的不是单元房，是庭院别墅；被告装修时，没有破坏整体结构和外观设计；被告没有在二层露台搭建房屋，只是在二楼露台搭建玻璃罩，防雨雪。②被告在购买别墅时提出过该建筑有瑕疵，能否进行改造，开发商当时对被告做出过口头协议，许诺被告购房后可以适当改造，有证人可以证明。③《业主公约》和前期协议不合法，对被告没有约束力。④所有权在不影响相邻权和国家规定的其他权益之下可以对抗其他任何权益。⑤原告是非法人单位，不具有诉讼主体资格。

本案涉及的焦点为：①物业公司是否有权对业主封闭露台行为提起诉讼；②天井和露台的权属；③前期物业服务合同的效力；④被告封闭天井和露台的行为是否侵犯了业主的共同利益。

天津市红桥区人民法院认为：2007 年《民事诉讼法》第 49 条第 1 款规定：公民、法人和其他组织可以作为民事诉讼的当事人。《最高人民法院关于适用〈中华人民共和国民事诉讼法〉若干问题的意见》对其他组织的解释是：《民事诉讼法》第 49 条规定的其他组织是指合法成立、有一定的组织机构和财产，但又不具备法人资格的组织，包括法人依法设立并领取营业执照的分支机构。据此，原告可以作为民事诉讼的当事人提起诉讼，被告认为原告不具备主体资格的主张不成立。

原告依据与开发商签订的前期物业管理服务合同对尚都家园实施物业管理服务，并与被告签订前期物业管理服务协议，其服务对象是全体业主。物业服务企业在提供物业服务过程中为了维护小区全体业主的共同利益，有权依据协议对包括被告在内的业主提起违约之诉。判断被告是否违约，应当以其是否正当行使建筑物区分所有权为标准，即具体分析被告封闭天井和露台的行为是否违反了业主的共同利益、妨害了原告的管理服务。小区建筑物分为专有部分和共用部分，专有权人对专有部分独立享有支配权。本案被告封闭的天井和露台在空间上和功能上均具有独立性，在使用上具有排他性，且在商品房买卖合同注明的房屋面积之内，应当认定属于被告的专有部分，被告有权对天井和露台行使专有权，他人不得干涉。被告封闭天井和露台是为方便使用所购房屋而实施的添加设施的行为，系对专有空间的合理使用，原告未能举证证实被告该行为破坏建筑物结构安全、妨害相邻业主或全体业主的利益，故其主张被告违反约定、承担相应责任的诉请，不予支持。至于原告提出被告行为违反行政法的有关规定，应到行政主管机关投诉，不属法院主管。

据此，天津市红桥区人民法院依照《中华人民共和国合同法》第60条、2007年《中华人民共和国民事诉讼法》第64条、《最高人民法院关于审理物业服务纠纷案件具体应用法律若干问题的解释》第4条、《最高人民法院关于民事诉讼证据的若干规定》第2条的规定，判决：驳回原告北京万通鼎安国际物业服务有限公司天津分公司的诉讼请求。

法理评析

（一）物业公司的诉讼主体资格问题

在进入实体审判之前，必须解决原、被告双方争执的诉讼主体问题。对于原告万通公司是否有主体资格，有以下几种观点：一是支持物业公司享有诉权。理由是：物业公司作为小区的服务者和管理者，在对小区进行日常的维护和管理时，必须享有一定的制止权，以维护其他业主共同的权利，如果物业公司认定业主的行为属于私搭乱盖，妨碍了小区的管理秩序，实施妨害物业服务与管理的行为，就可以将业主起诉到法院。二是支持物业公司在业主公约的范围内享有一定的诉权。在一般的“业主公约”中，都有关于小区禁止私搭乱盖的约定。在部分业主违反公约，侵犯了小区的共同利益时，其他的业主共同地享有制止该业主侵权行为的诉权。但在现行的法律规则下，期待其他业主及时制止该行为，不具有现实意义，因此在《业主公约》有约定时，赋予小区的物业公司起诉权利，不违反相关的法律规定，体现了《物权法》关于小区自治的原则的规定。三是物业公司不享有起诉业主的权利。根据《民事诉讼法》规定，起诉必须具备的条件之一就是：原告是与本案有直接利害关系的公民、法人和其他组织。在业主进行私搭乱盖时，侵犯的是其他业主，特别是相邻业主的权利和利益，而没有损害物业公司的利益，物业公司是小区综合服务的提供者，其只需要根据现有的条件提供服务，如果诉讼，只能扮演诉讼代理人的角色。

笔者赞同第一种观点。首先，确定本案是违约之诉而不是侵权之诉。业主自行搭建、改建等行为在某些情况下兼具侵权性和违约性。前述观点把争论的焦点放在是否承认物业公司在这类行为中具有直接的利害关系，直接将原告的诉求归入了侵权之诉的范围内。但原告认为被告行为违反了双方签订的前期物业管理协议，并据此起诉被告。该协议规定使用物业时禁止在天井、庭院、平台、阳台、露台、屋顶以及道路或者其他场地搭建建造物、构筑物，对违反这一规定的行为，物业公司有权制止。业主不得从事服务合同约定的禁止行为既是对其他业主的义务，也是对物业公司的义务。物业服务合同的复杂性和特殊性之一在于物业公司的给付义务具有综合性和部分的公益性，比如提供秩序。保持良好的公共秩序，仅有物业公司而没有业主的配合是无法达到的。因此，在物业合同中，业主除了支付报酬外，还要履行一定的义务以保证物业公司综合性给付的实现。这种义务显然是对物业公司的合同义务。所以，业主违反物业服务合同违章搭建的行为构成对物业公司的违约。其次，本案原告起诉的另一个依据是《业主公约》。《业主公约》的签订主体是开发商和业主，表面上看来与物业公司并无直接的关系，但《业主公约》是业主之间的自治条约，物业公司在“业主公约”中扮演的是执行者的角色。从某种意义上说，物业公司是业主们请来协助执行公约的主体，物业公司和公约的联系通过物业服务合同来建立。前期物业合同也规定了：业主必须遵守公约，物业公司对业主违反公约的行为享有管理权。因此，物业公司在本案中是享有诉权的。

（二）天井和露台的权属问题

一般认为，露台和天井的权属应由该楼的全体业主享有共有共用权，因为占有露台和天井的实质是享有一种空间使用权。但在本案中，被告的房屋性质是连体别墅，其天井与露台在构造上具有相对独立性，能够明确区分；同时，只有被告的房屋与该天井和露台相连，客观上已经形成了只能由被告使用的事实，能够排除他人使用，即使被告不封闭天井、露台，小区其他业主也不可能通过其他房屋或小区公共区域到达该天井与露台，因此被告的露台和天井应该认定为专有。

（三）被告封闭天井和露台的行为是否侵犯了业主的共同利益

《物权法》规定了“所有权人对自己的不动产或者动产，依法享有占有、使用、收益和处分的权利”。本案中，业主作为建筑物区分所有权人，对其专有部分享有占有、使用、收益的权利。具体包括：①业主对专有部分，既可以自己使用，也可将其出售、出租或抵押；②业主有权拒绝他人对其专有部分的不合理要求；③要求其他业主行使专有权利时，不得影响自己对专有部分的权利。

同时，业主行使对专有部分的权利时也需要承担一定的义务：①不能随意改变专有部分的本来用途，如经营餐饮，销售货物等。②影响他人正常生活，休息的，即构成对专有部分的不当使用，其他所有权人和管理人可以违反公共利益为由，对其加以禁止。③维护建筑物及其环境的安全、卫生和美观，修缮、装潢建筑物时，不能危及整栋建筑物安全或影响其外观整洁等。《物业管理条例》规定了“业主需要装饰装修房屋的，应当事先告知物业服务企业。物业服务企业应当将房屋装饰装修中的禁止行为和注意事项告知业主”。至于禁止行为和注意事项的具体内容则多由地方的法规、规章来定。④应独立出资修理和保养其专有部分的义务。本案中，被告所购买的是连排别墅，在空间上享有更多的独立性，对在其专有建筑物范围内的天井和露台享有排他的专有使用权，其对于天井和露台的改良行为并未违反建筑物安全及外观的管理规定，属于合理使用，不应视为违反原、被告双方的前期合同。

一般来说，对于业主行使专有部分权利的行为是否违反其他业主的共同利益，应根据具体的时间和区域，依据社会的一般观念进行认定。本案中，经法院实际勘察，被告封闭露台和天井的行为没有改变建筑物外观和影响其他业主的正常生活秩序，应视为没有违反共同利益。

六、符宝銮、周秀雪诉王坤土地承包经营权纠纷案

案情

原告：符宝銮、周秀雪
被告：王坤

海南省琼海市人民法院经审理查明：1986年10月23日，经原琼海县（今琼海市，下同）人民政府批准，琼海县石壁区森林保护公司负责人符宝銮与原琼海县林业局签订《国有林区承包造林合同书》。合同约定，石壁金公岭的国有林区由原琼海市人民政府委托原琼海县林业局承包给琼海县石壁区森林保护公司经营。其四至为：东至晒日水利沟，西至210.0米高程，南至岭应老路，北至晒日沟坝。合同承包期限为30年，从1986年10月起至2016年止。因琼海县石壁区森林保护公司被注销，2007年8月28日，原告符宝銮、周秀雪与琼海市林业局在原《国有林区承包造林合同书》的基础上签订一份《石壁金公岭林地补充承包合同》。合同约定原告承包金公岭林地面积304亩；承包斯限在原承包造林合同书所约定的期限延长至如2037年10月止；合同承包金，在2016年之前为每年每亩45元，2016年后的承包金为每年每亩50元，于2016年10月前付清。承包地共有三处地块，其中第三处地块为：东至陈家庆地；南至大路；西至赵植燕所属槟榔地；北至符宝銮、陈开明所属橡胶地。2007年春节，被告与琼海五丰现代农业开发有限公司负责人陈家庆商定，由琼海五丰现代农业开发有限公司将其承包经营的嘉积镇加参农场在喻园岭（金公岭地段）的土地约30亩转包给被告承包经营。同年，被告在该土地上开发投产种植橡胶约500株。2007年秋季，原告发现被告种植上述500株橡胶的林地在

其承包地的范围内。原告逐向琼海市林业局反映，为此，琼海五丰现代农业开发有限公司与琼海市林业局就石壁金公岭地段的林地发生纠纷，2007年10月8日，经双方协商划定了四至界限。被告开发种植橡胶约500株的林地划归在原告向琼海市林业局承包的第三处地块内。2008年3月13日，原、被告经琼海市林业局石壁林业站主持调解，并到实地丈量，确定被告种植地面积约10亩，双方口头达成协议：原告同意将被告已种植橡胶约500株的林地转包给被告种植，转包期限30年，即至2037年10月止，承包金每年每亩70元，共21 000元，若被告2个月内付清则为20 000元。嗣后，被告并没有向原告给付承包金。2009年5月26日，原告提起诉讼，以被告侵占林地承包经营权为由要求被告腾出承包地，清除种植物。案经审理，被告不同意腾退，主张该林地已向其转包，只欠承包金而已。经本院进行法律释明后，原告同意变更主张土地承包金。

原告诉称：东至陈家庆地；南至大路；西至赵植燕槟榔地；北至符宝銮、陈开明橡胶所属林地属原告向琼海市林业局合法承包，现被告擅自占用该地种植橡胶约500株。被告侵占原告林地承包经营权，应腾出承包地，清除种植物。

被告辩称：东至陈家庆地；南至大路；西至赵植燕所属槟榔地；北至符宝銮、陈开明橡胶的林地属原告向琼海市林业局合法承包无异议。但在2008年3月13日，原、被告经琼海市林业局石壁林业站主持调解，并到实地丈量，确定被告种植地面积约10亩。双方口头达成协议：原告同意将被告已种植橡胶约500株的林地转包给被告种植，转包期限为30年。即至2037年10月止，承包金每年每亩70元，共21 000元，若被告两个月内付清则为20 000元。原告要求被告腾退，则应补偿被告种植的橡胶。

琼海市人民法院经审理后认为，该案案由不能定性为林地承包经营权侵权纠纷，应为林地承包经营权转包合同纠纷。双方当事人达成的口头协议成立并生效。原告可变更诉讼请求，向被告主张土地承包金。琼海市人民法院对原告进行法律释明后，原告同意变更诉讼请求。经琼海市人民法院主持调解，双方当事人自愿达成如下协议：

（1）原告符宝銮、周秀雪同意将其向琼海市林业局承包的位于琼海市石壁镇金公岭（面积约十亩），其四至范围：东至坑沟；南至离公路约十米；西至赵植燕所属槟榔地；北至符宝銮、周秀雪空地（以双方树立的地标为准）的林地转包给被告王坤经营种植经济作物。

（2）被告王坤对该林地享有的承包经营期限为 30 年，即至 2037 年 10 月止。

（3）被告王坤当庭一次性向原告符宝銮、周秀雪给付该林地从 2007 年 10 月至 2037 年 10 月止，共 30 年的土地承包金两万元。

（4）案件受理费 50 元，原告符宝銮、周秀雪自愿承担。

法理评析

本案在审理过程中，产生三种不同意见：

第一种意见认为，土地承包经营权采取转包方式流转，当事人双方应当签订书面合同。原、被告只是口头达成转包协议，双方没有签订书面合同，合同并没有成立，更谈不上合同生效。被告侵犯了原告的林地承包经营权，原告主张被告腾退有理，应当支持。

第二种意见认为，原、被告口头达成的林地承包经营权转包合同成立并生效。原告已同意将承包的林地转包给被告经营，被告便不存在侵犯原告林地承包经营权，只是拖欠原告承包金。

根据“不告不理”原则，法院不能直接处理被告拖欠原告承包金的问题，原告可另案起诉。由于原告主张被告侵权没有事实法律依据，要求被告腾退无理，应予驳回。

第三种意见认为，原、被告口头达成的林地承包经营权转包合同成立并生效，但不宜直接驳回原告诉讼请求。该案立案案由为林地承包经营权侵权纠纷，经审理后该案案由应定性为林地承包经营权转包合同纠纷，法院应当行使法律释明权，告知当事人变更诉讼请求。

笔者同意第三种意见。

（1）原、被告没有签订书面的林地承包经营权转包合同，并不必然导致口头达成的林地承包经营权转包合同不成立。《合同法》第10条第1款规定：“当事人订立合同，有书面形式、口头形式和其他形式。”因此，口头形式也是当事人订立合同的一种形式。《合同法》第10条第2款有但书情形，即“法律、行政法规规定采用书面形式的，应当采用书面形式。当事人约定采用书面形式的，应当采用书面形式”。相应的，《农村土地承包法》第37条规定：“土地承包经营权采取转包、出租、互换、转让或者其他方式流转，当事人双方应当签订书面合同……”书面合同形式主要是相对于口头合同而言的。根据《合同法》的规定，书面形式是指合同书、信件和数据电文（包括电报、电传、传真、电子数据交换和电子邮件）等可以有形地表现所载内容的形式。对于法律、法规规定了应当采用书面形式签订合同而不采取书面形式的，一般情况下，应当认定合同不成立。合同不成立，当然也就不存在是否生效的问题。

但是，如果符合一定的法定条件，没有签订书面形式的口头合同也应被认定为有效。《合同法》第36条规定：“法律、行政法规规定或者当事人约定采用书面形式订立合同，当事人未采用书面形式但一方已经履行主要义务，对方接受的，该合同成立。”因此，如果承包方和转包方没有签订书面合同，而承包方或者转包方已经履行了主要义务，且对方予以接受，则即使没有签订书面形式的土地承包合同，也应是有效的。就本案而言，原告将林地转包给被告，提供了其合法承包的林地，而被告已在此林地上种植了经济林木，原告又认可被告的种植行为，应视符宝鎏、周秀雪履行了转包方的主要义务，王坤行使了承包方的主要权利。

综上所析，原告与被告口头达成的林地承包经营权转包合同成立并生效。

（2）该案立案案由为林地承包经营权侵权纠纷，经审理后案由应定性为林地承包经营权转包合同纠纷。法院应当行使法律释明权，告知当事人变更诉讼请求本案中，原告提起的是侵权之诉，而经法院审理，原告实际上已将林地转包给了被告，双方之间达成了林地承包经营权转包合同。林地承包经营转包合同是指承包人将通过承包方式取得的林地承包经营权转给他人承包而签订的合同。如上所述，原告与被告之间的林地承包经营权转包合同成立并生效，原告履行了主要义务，被告行使了其权利，但被告没承担作为承包方的主要义务，即未如约付清承包金。由此产生的纠纷，笔者认为应认定为林地承包经营权转包合同纠纷。

《最高人民法院关于民事诉讼证据的若干规定》（以下简称《证据规定》）第35条：“诉讼过程中，当事人主张的法律关系的性质或者民事行为的效力与人民法院根据案件事实作出的认定不一致的，不受本规定第34条规定的限制，人民法院应当告知当事人可以变更诉讼请求。当事人变更诉讼请求的，人民法院应当重新指定举证期限。”根据规定，法院应当行使法律释明权，告知被告改变诉讼请求，主张由被告给付拖欠的承包金，其诉讼请求就能得到支持。通过法院的引导，一次性解决纠纷，可避免原告打两个官司，减轻当事人的诉累，既可节约当事人的诉讼成本，也可节省司法资源，提高诉讼效率。

七、邓贤贵诉杨秀芳侵害业主共有权纠纷案

案情

原告（上诉人）：邓贤贵

被告（被上诉人）：杨秀芳

原告邓贤贵诉称：2000 年，因我家经济困难，在沙依巴克区政府、八一街道办事处的帮助、支持下，我家腾出一半住房代办“中国移动通信”和“中国联通”两家公司的一些零碎业务。开业时，我应被告要求给他家窗户安装了铁栅栏，作为一次性补偿之后，才在门头上悬挂了“中国移动通信”“中国联通”两块牌匾。2003 年下半年，生意有所好转。2004 年 6 月，被告要求我每月再无偿给其 1000 元，我不同意，被告就砸烂了“中国移动通信”的牌子。我将被告起诉至沙依巴克区人民法院，要求修复赔偿，沙依巴克区人民法院经过审理，判决我胜诉；被告不服，上诉至中级人民法院，中级人民法院驳回其上诉，维持了原判。我一直催促被告执行法院判决，赔偿我的牌子，但被告不但不予赔偿，还在我的店门上方钉了一根 1 米长的铁棍，致使我的房子商用开店却无法挂牌，严重侵犯了我的合法经营权利。故诉至法院，请求判令被告停止侵权，立即拔掉钉在我店门楣上的铁棍；并由被告承担诉讼费。

被告杨秀芳辩称：我不同意原告的诉讼请求。铁棍是钉在我自家的阳台上，并未影响原告。我钉铁钉是为了维护我的合

法权益，阻止原告使用我家阳台外墙。另原告悬挂广告牌是非法的，未经过业主同意，公民非法的民事权益不受法律保护。故请求人民法院驳回原告的诉讼请求。

沙依巴克区人民法院经审理查明：原告居住在乌鲁木齐市南昌路11号3-101室，被告居住在其楼上。2000年，原告将住房腾出作为商用房，开办了乌鲁木齐市沙依巴克区经纬通信经营部，并在一楼与二楼阳台中间悬挂了“中国移动通信”“中国联通”两块招牌。2004年，双方因招牌悬挂问题产生纠纷，原告将被告起诉至我院，请求判令被告对损坏的招牌进行修复。我院以［2004］沙民一初字第2887号民事判决支持了原告的诉讼请求。随后，被告又将原告起诉至我院，请求法院判令原告拆除悬挂在其阳台外的广告牌，恢复原状。我院作出［2004］沙民一初字第3149号民事判决，以广告牌并未影响被告通风、采光等利益为理由，驳回了被告的诉讼请求；被告不服，上诉至乌鲁木齐市中级人民法院。中级人民法院经二审，查明了被告家的窗户铁栅栏系原告无偿安装的，即判决驳回了被告的上诉，维持了我院的一审判决。后原告又在店门上悬挂了“名烟名酒”的牌匾，被告随即提起行政诉讼，起诉至我院，要求沙依巴克区城市管理行政执法局履行法定拆除职责。执法局查明原告悬挂“名烟名酒”牌匾，未依法办理相关审批手续，遂给原告下发了沙改通［2008］第090030号《责令改正通知书》。原告接到通知后，自愿拆除了牌匾；被告也撤回了起诉。

另查：被告为了阻止原告继续悬挂经营、广告牌匾，在撤诉之后，从其家中封闭阳台离地面30厘米处穿出一根铁棍。

沙依巴克区人民法院经审理认为，将住宅改变为经营性用房的，除遵守法律、法规以及管理规约外，还应当经有利害关系的业主同意。本案将原住宅改变为经营性用房后在店门与二楼阳台外墙间悬挂广告牌，应当经过被告的同意。被告从其自己居住使用的阳台中穿出一根铁棒，并未对原告构成权利的侵害，故原告的诉讼请求不能成立，法院不予支持。对原告合理的意见，法院予以采纳。

沙依巴克人民法院依照《中华人民共和国物权法》第77条之规定，判决如下：

驳回原告的诉讼请求。

上诉人邓贤贵上诉称：①我于2000年8月开店并挂牌，是经被上诉人同意的，当时我与被上诉人杨秀芳的丈夫任元礼（退休前与我系同一科室的同事），在台长的协调下，在任元礼退休后开的商店内达成口头协议。即任元礼家同意我家开店挂牌，由我免费为任元礼家窗户安装铁栅栏作为一次性补偿，此事实有当年现场实物照片及乌鲁木齐市中级人民法院［2005］乌中民一终字第190号判决书为证。②杨秀芳从其家阳台向外穿出的长铁棍，顶掉了我店的门头牌匾，推翻了2004年沙依巴克区人民法院和2005年乌鲁木齐市中级人民法院已经生效的判决，造成了我店各种营业手续齐全，却不能正常营业的后果。请求二审法院纠正一审错误判决，判令杨秀芳立即拔除钉在我店门楣上的大铁棍，恢复我店挂牌营业的权利。

被上诉人杨秀芳答辩称：我的铁钉是钉在自家阳台上，并未钉在邓贤贵店门楣上，没有对邓贤贵构成权利的侵害，我钉铁钉是为了阻止邓贤贵违法使用我的阳台外墙面，为维护自己的合法权益，不得已而采取的措施。邓贤贵所挂“名烟名酒”牌匾是违法的、是未经我及任元礼同意和有关部门批准而私设的，是沙区行政执法局明令其应拆除的户外广告店牌。根据相关法律规定邓贤贵的行为也是被法律所禁止的、是违法的。故请求二审法院驳回邓贤贵的上诉，维持原审法院正确判决。

乌鲁木齐市中级人民法院经审理查明：一审法院判决认定事实基本属实。

乌鲁木齐市中级人民法院另查明：杨秀芳于2007年5月从其家封闭阳台离地面30厘米处从内向外穿出一根约1米长的铁棍。

乌鲁木齐市中级人民法院经审理认为，依据我国《物权法》的相关理论，建筑物专有所有权的客体，在内部相互关系上，专用部分仅包括墙壁、天花板、地板等境界部分表层所粉刷部分，在外部关系上（如买卖、保险、税金等），专用部分达到墙壁、天花板、地板等境界部分厚度之中心线。建设部于1992年颁布的《公有住宅售后维修养护暂行办法》明确规定，住宅的共用部分，是指承重结构部位（包括楼盖、屋顶、梁、柱、内外墙体和基础等）、外墙面、楼梯间、走廊通道、门厅、楼内自行车存车库等。由此，杨秀芳所居住房屋的阳台外墙作为该栋楼房的基本构造部分，并不为杨秀芳所专有，建筑物的专有所有权人对其专有部分享有权利。但专有所有权人对专有部分的使用应当考虑到对其他区分所有权人的影响，应当在合理的范围内行使自己的使用权，不得损害其他区分所有权人的利益。我国《物权法》第71条明确规定，业主对其建筑物专有部分享有占有、使用、收益和处分权利，但不得危及建筑物的安全，不得损害其他业主的合法权益。杨秀芳为阻止邓贤贵在其门楣上方悬挂经营或广告牌匾而从其家封闭阳台离地面30厘米处从内向外穿出一根铁棍的行为属对建筑物的不当使用行为，亦损害了该楼寓其他共有人的权益，邓贤贵作为其所居住楼房的业主及利害关系人，有权请求法院判令杨秀芳停止其不当使用和侵害其他共有权人权益的行为。故邓贤贵请求法院判令杨秀芳拔除其钉在邓贤贵店门楣上的铁棍的诉讼请求成立。邓贤贵如果设置牌匾广告，应经市政市容行政管理部门审批。杨秀芳在本案诉讼中所称邓贤贵将住宅改变为经营性用房及在其房屋门相上设置经营性广告牌匾未经其同意的主张与原审法院［2004］沙民一初字第3149号民事判决及本院［2005］乌中民一终字第190号民事判决所确认的事实相悖，法院不予采信。原审法院判决确认杨秀芳从其家封闭阳台离地面30厘米处从内向外穿出铁棍的行为不构成侵权不当，法院予以纠正。

乌鲁木齐市中级人民法院依照1991年《中华人民共和国民事诉讼法》第153条第1款第2项之规定，判决如下：

（1）撤销乌鲁木齐市沙依巴克区人民法院［2008］沙民三初字第868号民事判决；

（2）杨秀芳于本判决生效后10日内拔除其从阳台内向外穿出的铁棍。

法理评析

本案原告邓贤贵在将其住房的一半改为经营性用房时，在其门头的上方即一楼阳台与二楼阳台外墙之间悬挂了“中国移动”“中国联通”两块广告牌，遭到了二楼业主即被告杨秀芳的坚决反对，由此在原、被告间引发了激烈纠纷和两次民事诉讼、一次行政诉讼。第二次民事诉讼的直接诉因虽然是被告在原告店门上方钉了一根约1米长的铁棍，但仍与原告在此处悬挂广告牌有关。原告在外墙面上悬挂广告牌，是使用不动之物的行为，应按《物权法》有关的规则判断该使用行为的正当性。虽然《物权法》自2007年10月1日起生效，而本案纠纷事实发生在该法生效之前，依据“法不溯及既往”的原则，处理本案纠纷不可以适用《物权法》，但可以根据物权法理论和有关行政规章及审判实践经验作出处理。

随着我国住房制度的改革和高层建筑物的大量出现，相继有一些行政法规和部门规章对建筑物区分所有权问题作出了原则性规定，理论研究上也清晰地提出了“业主的建筑物区分所有权”的概念。

所谓业主的建筑物区分所有权，是指业主对建筑物内的住宅、经营性用房等专有部分享有所有权，对专有部分以外的共有部分享有共有和共同管理的权利。按照此概念的内涵，业主对建筑物内自己的住宅或经营性用房等专有部分享有所有权，对专有部分以外的共有部分享有共有和共同管理的权利。本案被告杨秀芳的住宅3-201室和原告邓贤贵经营性用房3-101室均在本市南昌路11号这一建筑物内，毫无疑义，他们均是该建筑物的业主，对自己房屋的专有部分享有所有权，对专有部分以外的共有部分享有共有和共同管理的权利。本案原告邓贤贵是否有在自己经营性用房的阳台和被告杨秀芳住宅的阳台外墙之间悬挂经营性广告牌，或者说被告杨秀芳是否有权阻止原告在此处悬挂经营性广告牌，无论从哪一个方面回答问题，均涉及业主对建筑物享有权利的范围。依以上所述，业主对建筑物区分所有权享有的权利为两个部分：一是住宅或经营性用房的专有部分；二是该专有部分以外的共有部分。建筑物的专有部分是区分所有建筑成立的基础，具有排他性，且可独立使用，其范围除了“住宅和营利性用房”之外，还有其他部分可以成为专有。从专有部分的法律性质方面考察，业主对建筑物专有部分所有权的权利范围是有限的，原则上以由四周的墙壁、地板以及天花板所组成的空间为限。而这里的“空间为限”，不及于作为整栋建筑物主体结构的柱、梁、墙，以及两个或多个相邻的建筑物区分所有权共用的墙壁。这就是说，作为整栋建筑物主体结构的墙等部分不属于专有部分的范围，而是专有部分以外的共有部分。对此，建设部于1992年颁布的《公有住宅售后维修养护管理暂行办法》第4条明确规定，房屋的承重结构部分、外墙等属于住宅的共用部位，并属于住宅的自用部分。依据物权法理论和审判实践经验，业主对其建筑物专有部分享有占有、使用、收益和处分的权利；对建筑物专有部分以外的共有部分享有权利、承担义务。本案原、被告作为本市南昌路11号建筑物的业主，除了均享有对该建筑物区分所有权专有部分的权利外，还享有对该建筑物共有部分即墙壁享有权利。原告邓贤贵在11号建筑物自己营业性用房阳台和被告杨秀芳住宅阳台之间的外墙上悬挂广告牌，是对11号建筑物的共有部分行使使用权，原则上应当准许。

被告杨秀芳为给原告邓永贵悬挂广告牌设置障碍，从其家中封闭阳台离地面30厘米处穿出一根约1米长的铁棒，不仅影响了原告邓贤贵对建筑物的区分所有权共有部分的使用权，也对11号建筑物整体墙壁造成一定的损害。二审法院依据物权法相关理论，指明杨秀芳住宅阳台的外墙并不为其所专有，其从自家阳台内墙穿出一根铁棍，侵害了其他共有人的权益，即判决撤销原审判决，判令杨秀芳在本判决生效后10日内拔除铁棍，是适当的。

八、长沙市麓山南路园丁新村业主委员会诉陈丽华排除妨害纠纷案

案情

原告（被上诉人）：长沙市麓山南路园丁新村业主委员会
被告（上诉人）：陈丽华

原告园丁新村业主委员会诉称：原告于2008年11月27日成立并在长沙市岳麓区房产局物业监管科进行了备案登记。

2003年7月13日，开发商广宇置业公司将包括被被告侵占的1栋12号杂屋和5栋3号车库等物管办公执勤用房全部交付给原告使用。2008年10月，被告自称系该杂屋和车库的权利人，不顾诸多业主的反对，强行撬开门锁进入，并换掉门锁，侵占物管用房至今，并以种种理由拒不退还所占物管用房。

被告陈丽华辩称：①被告与广宇置业公司的购房协议合法有效，且被告购房时并不知道1栋12号杂屋和5栋3号车库是物管用房，广宇置业公司出售该房时并没有言明是物管用房，根据善意取得制度，被告依法取得上列杂屋、车库的所有权、使用权。②原告无法证明诉争房屋系物管用房，且原告正式成立的时间晚于被告购房的时间，根本不存在原告接管使用讼争房屋的可能。

第三人刘辉诉称：本案诉争房屋系第三人与被告陈丽华共同购买，购买该房屋时第三人不知道是物管用房，而且原告也没有证据证明涉案房屋是物管用房。

第三人广宇置业公司未到庭参加诉讼，亦未提交书面陈述意见，视为对陈述权的放弃。

湖南省长沙市岳麓区人民法院经审理查明：2003年7月6日，广宇置业公司将其开发的3间杂屋（包括本案诉争1栋12号杂屋和5栋3号车库），以及保安值班室、公厕交付园丁新村业主委员会作为物业管理办公值勤用房。当时园丁新村的物业服务单位是广宇置业公司的下属单位长沙广宇物业管理公司。物业管理办公值勤用房交付后，其中1栋12号杂屋和5栋3号车库作为存放业主物品等用途。因部分业主拖欠物业管理费，2008年10月，长沙广宇物业管理公司负责人李占祥经广宇置业公司同意对外出售物业管理用房。2008年10月9日，被告陈丽华用第三人刘辉的名义（乙方）与长沙广宇置业开发有限公司

（甲方）签订购房协议。约定乙方向甲方购买位于园丁新村底层5栋3号车库（建筑面积19.44平方米）和园丁新村底层1栋12号杂屋（建筑面积12平方米）。购买价格分别为40 000元和20 000元，时间填写的是2005年1月25日，另外，陈丽华以自己的名义还购买了园丁新村底层6栋4号杂屋，价格为22 000元，填写的时间是2005年2月14日。2008年10月9日，被告交付了所有购房款，广宇物业管理公司将房门钥匙交给了被告。2008年10月14日，园丁新村召开业主大会，强调物管用房不能买卖的内容，会上陈丽华以已经购买了物管用房为由拒绝签字。后原、被告在房屋归属问题上发生冲突并发生打伤人的后果。2009年11月17日，长沙市房产局、长沙市建委、长沙市岳麓区房产局人员组织园丁新村业主优表唐建华、周和平以及广宇置业公司的法定代表人周哲、法律顾问周宇进行了协调，但双方未达成一致的方案。被告陈丽华与第三人刘辉认可双方系共同购买涉案房屋5栋3号车库和1栋12号杂屋，现由被告陈丽华占有和管理。

湖南省长沙市岳麓区人民法院经审理认为：

(1) 关于原告是否已经接收并使用物管用房的问题。《湖南省城市住宅区物业管理条例》第15条规定："物业出售单位应当按照房屋总建筑面积的3‰至5‰提供物业管理服务用房，其费用列入开发建设成本，所有权属全体业主所有。"《物业管理条例》第30条规定："建设单位应当按照规定在物业管理区域内配置必要的物业管理用房。"第38条规定："物业管理用房的所有权依法属于业主。未经业主大会同意，物业服务企业不得改变物业管理用房的用途。"《中华人民共和国物权法》第73条规定："……物业服务用房，属于业主共有。"本案中，第三人广宇置业公司于2003年7月6日向园丁新村业主委员会交付了物业管理值勤用房清单，本案诉争的园丁新村5栋3号车库和1栋12号杂屋属于交付的房屋范畴，后来由物业公司作为物业服务用房使用。且从原告提交的2009年11月17日的《会议纪要》中，第三人广宇置业公司对园丁新村1栋12号杂屋和5栋3号车库于2003年已经交付给原告作为物业管理服务用房予以认可，故应当认定原告已经接收并使用物管用房。

（2）关于被告购买1栋12号杂屋、5栋3号车库是否构成善意取得的问题。根据《中华人民共和国物权法》第106条第1款的规定："无处分权人将不动产或者动产转让给受让人的，所有权人有权追回；除法律另有规定外，符合下列情形的，受让人取得该不动产或者动产的所有权：（一）受让人受让该不动产或者动产时是善意的；（二）以合理的价格转让；（三）转让的不动产或者动产依照法律规定应当登记的已经登记，不需要登记的已经交付给受让人。"本案中，被告陈丽华和第三人刘辉不构成善意取得。其理由如下：①被告陈丽华自2004年就生活在园丁新村，对于物业管理服务用房的位置应当是了解的；②本案诉争的1栋12号杂屋、5栋3号车库已经由业主作为物业管理用房在使用；③被告陈丽华于2008年与第三人广宇置业公司签订购买协议，而签署的时间为2005年，被告陈丽华对于自己所购买房屋的性质应当进行了解。综上，被告陈丽华与第三人刘辉对1栋12号杂屋、5栋3号车库不构成善意取得。

综上，本案诉争的1栋12号杂屋、5栋3号车库应当属于业主所有。被告陈丽华与第三人刘辉因购买该房屋所造成的损失，可以向第三人广宇置业公司另行主张权利。据此判决被告陈丽华和第三人刘辉在本判决生效之日起10日内将位于长沙市岳麓区麓山南路822号园丁新村小区底层1栋12号杂屋、底层5栋3号车库腾空，并交付给原告长沙市麓山南路园丁新村业主委员会。

上诉人陈丽华不服原审判决，向长沙市中级人民法院提起上诉称：①本案原审关键事实没有查明。本案园丁新村业主委员会是否接受并使用了本案讼争标的房屋没有查明，上诉人属于善意受让人依法取得讼争房屋所有权。②原审法院适用法律错误。业主委员会既非权利人，也未获得业主合法授权，请求判令上诉人腾空房屋，显属违法。

被上诉人园丁新村业主委员会口头答辩称：①业主委员会是代表业主行使权利的机构，且被上诉人起诉时即已得到2/3的业主授权，具有诉讼主体资格。②园丁新村业委会于2003年10月13日即已占有并使用讼争房屋，并逐渐开始存放许多业主财物。③上诉人属于恶意购买行为。

长沙市中级人民法院二审查明的事实与原审查明的事实一致，对原审查明的事实本院予以确认。

长沙市中级人民法院认为，本案争议的焦点如下：

(1) 关于园丁新村业主委员会是否具有诉讼主体资格问题。根据《中华人民共和国物权法》和《物业管理条例》的规定，业主委员会是业主大会的执行机构，受业主大会委托来管理全体业主的共有财产和共同生活事务。一般认为，依法成立的业主委员会在其职责范围内，经业主代表大会授权，就物业管理有关的、涉及全体业主公共利益的事宜，有权向人民法院提起民事诉讼。本案中，园丁新村业主委员会是依法成立经房地产行政部门备案的机构，诉争房屋权属的争议应属于园丁新村全体业主的利益相关的事宜，园丁新村业主委员会向原审法院提交了《园丁新村业主大会决议》。该决议盖有“长沙市麓山南路园丁新村业主委员会”的印章，并附有超过半数以上业主的签字。因此，园丁新村业主委员会具备了代表全体业主进行诉讼的形式要件，获得了业主大会的授权，可以作为诉讼主体参加本案的诉讼。

（2）关于广宇置业公司是否有权出售诉争房屋及陈丽华购买诉争房屋是否构成善意取得的问题。广宇置业公司于2003年7月6日向园丁新村交付了物业管理用房清单，本案中诉争的房屋园丁新村1栋12号杂屋和5栋3号车库在交付清单的范围内。虽然接收当时业主委员会没有成立，但不能改变诉争房屋已经交付的事实。广宇置业公司交付物业管理用房的行为表明其承认诉争房屋属于全体业主所有。广宇置业公司已经将诉争房屋交付给园丁新村业主委员会，又于2008年10月9日将诉争房屋出卖给陈丽华，该处分行为属于无权处分。在此情况下，陈丽华是否能够取得诉争房屋的所有权要看陈丽华的购房行为是否构成物权法上的善意取得。根据《中华人民共和国物权法》第106条第1款之规定，无权处分的受让人要取得受让不动产或动产的所有权，必须首先符合受让人在受让该不动产或动产时是善意的。本案中，陈丽华一直生活在园丁新村，对于物业管理用房的位置应当清楚，陈丽华以刘辉的名义与广宇置业公司签订买卖合同时，双方在买卖合同上签署的时间为2005年，陈丽华对于所购房屋的性质应当进行了解。陈丽华以刘辉的名义购买诉争房屋的行为不符合受让人在受让不动产时是善意的，因此，不构成物权法上的善意取得。因此，上诉人陈丽华的上诉理由不能成立，陈丽华不能取得本案诉争房屋的所有权，其占用房屋的行为无法律上的依据。陈丽华因购买房屋所造成的损失，可以向广宇置业公司另行主张权利。综上，原审判决认定事实清楚，适用法律正确，应予维持。据此判决驳回上诉，维持原判。

本案是一起排除妨害纠纷案，其裁判基础即在于认定涉案

房屋的所有权归属。综合一、二审情况可知，本案的主要争议焦点是：①讼争房屋是否属于物业服务用房，即原告长沙市麓山南路园丁新村业主委员会是否完成对讼争房屋不动产物权公示；②被告陈丽华是否构成善意取得；③在物业服务用房涉纠纷时长沙市麓山南路园丁新村业主委员会能否成为诉讼主体。

（一）讼争房屋通过转移占有已完成物权公示，所有权应属全体业主

“物权变动公示原则系指物权之变动，必须以一定之公示方式表现于外，始能发生一定法律效果之原则。公示方法之具备，足使物权变动发生一定之法律上效果，此种法律上之效果即为公示力。易言之，公示方法乃在对外显示物权之变动及其变动后之物权状态。”不动产系以登记为公示方式，即只有通过登记的不动产物权对外才具有公信力。本案的疑难点就在于讼争房屋因层高低于2.2米而无法进行产权登记，无法进行规范化的不动产公示，但笔者认为这不影响对其作为服务用房且所有权属于全体业主的判定。

（1）《物权法》实施时间不长，关于不动产的登记制度尚不完善，现实生活中还大量存在不动产未登记的情况，如不具有产权最小权属单元要求的用房、农村集体经济组织内部的私房交易等。故，在此背景下我们不能完全抹杀不动产占有公示的公信力，在登记制度待完善的情况下虽然不能通过统一立法的形式赋予不动产占有公示公信力，但在司法个人裁判中法官不能否定这种存在于习惯中“非规范化”公示方式的公信力，这也是司法追求法律效果和社会效果有机统一的现实需要。这种不动产登记制度发展过程中遗留的问题还得依靠制度完善、科技的进步逐渐解决。

（2）不动产物权进行登记的前提是其所有权人必须是确定

的、清晰的，而物业服务用房属于全体业主共有，在房地产行业十分发达背景下作为所有人的全体业主是一个极不稳定集合概念，根本无从确定。这也是为什么我国至今并无相关物业服务用房登记制度的法律规定，在这种情况下，只能类推适用占有公示方能维护全体业主对物业服务用房的所有权权益。

（3）从不动产物权变动公示方式的发展史来看，随着商品经济的不断发展，不动产物权逐渐脱离直接支配使用的价值实现路径，而使其用益价值及融通资金的价值逐渐凸显。不动产物权权属流转日益频繁，从而使不动产占有公示方式无法实现对交易安全的保障，登记公示由此诞生。但具体到本案中，讼争房屋系属物业服务用房，根据《物权法》《物业管理条例》等法律法规的规定，其所有权属于全体业主，用于物业服务管理，体现的是不动产最原始的直接支配使用的价值，而物业管理用房的其他用益性价值受到全面限缩。因此物业管理用房也没有进行登记公示的现实需要，其所有权由所有人通过占有即可实现公示。

（4）从实体法的角度看，《物权法》只规定了物业管理用房属于业主共有，但对物业管理用房的权属是否需要登记、登记在谁的名下、由哪个部门进行登记、采用什么样的登记模式等均没有规定，在《物业管理条例》中也没有相应的规定。因此，在此背景下我们不能苛求业主委员会必须通过权属登记的规范化方式进行公示。

故此，本案中物业公司于2003年7月13日通过移交清单的形式将讼争物业服务用房交由原告长沙市麓山南路园丁新村业主委员会占有，而该业主委员会通过授权的形式允许部分业主占有并使用该讼争房屋，实际上已完成了对讼争物业服务用房直接支配使用，亦通过占有的形式实现了对该讼争房屋的所有权公示。而根据物权公示原则的静态内涵可知，该小区全体业主为讼争房屋所有权人。

（二）被告陈丽华购房行为不构成善意取得

善意取得制度是立法在所有权人的保护（静的安全）与受让人的保护（动的安全）之间进行价值取舍和利益权衡的过程中逐渐构建起来的一项物权制度。它以牺牲所有权人一定的利益来换取对交易安全的保障，该制度对于市场秩序稳定性的建立具有重要意义。因此，各国都对善意取得的构成要件进行了十分严格的规定，以谨慎适用之。我国善意取得制度被规定于《物权法》第106条中，根据该条可以看出，我国善意取得制度的构成包括无权处分、受让人善意、转让价格合理以及完成公示四个要件。就善意取得制度构成要件而言，本案双方当事人最具争议的实为“受让人是否善意”。

关于善意的确定，在学理上有“积极观念说”和“消极观念说”之别。前者要求受让人必须有将转让人视为所有权人的观念，后者则要求受让人不知或不应知转让人为无处分权人即可。由于“积极观念说”对受让人要求过于严苛，因此各国大多采“消极观念说”。从《物权法》第106条第1款第1项之规定“受让人受让该不动产或者动产时是善意的”即可看出我国物权法也采“消极观念说”。但无论持“积极观念说”还是“消极观念说”，受让人善意与否毕竟是一种主观心态，难以为外人知悉，且当事人在交易过程中往往将自己内心意思予以隐藏，这更加重了法官的评判难度。因此，法官应根据个案客观表现并结合自己的生活经验来判断受让人是否为善意。首先，相对客观的、易于认定的标准就是物权公示公信原则。按照物权的公示原则，物权合法性的实质是通过法律认可的形式反映出来的，即不动产登记簿上记载的不动产物权和动产占有的事实表明的物权是合法的物权，这就是物权公示所具有的权利合法性推定效力。根据该推定效力，善意第三人信赖不动产的登记或者动产占有的表征，而与不动产登记名义人或者动产占有人为交易时，纵使其表征与实质的权利不符，对于信赖此表征的善意第三人亦不发生任何影响，该善意第三人取得的物权受法律保护，这就是物权的善意取得制度。因此，物权公示公信原则就是善意取得的逻辑起点，两者实质上都有保障交易安全的价值功能。其次，在坚持物权公示公信原则认定善意的基础上结合具体案情中对一些恶意情形予以排除适用。如受让人受让价格明显低于市场价值或者无偿受让；交易行为发生在非公开场所或者交易场所极为封闭；受让人、转让人关系密切易于进行恶意串通；转让人身份特殊、交易存在可疑情形等，但受让人置此等情节不顾；其他一些法官通过经验法则可以予以排除的恶意情形。

具体到本案中，首先要根据物权公示公信原则来判断，上文已论及物业公司通过移交清单的形式将讼争物业服务用房交由原告长沙市麓山南路园丁新村业主委员会占有并使用，其通过占有的形式已完成物权公示，实现了对讼争房屋所有权的宣示。因此，根据物权公示公信原则及善意取得制度构成要件可知被告并无适用善意取得制度的前提条件。

其次，可以从以下几个方面来排除受让人陈丽华善意心态：第一，陈丽华于 2004 年在该小区购置房屋并一直居住于此，其抗辩称不知讼争房屋为物业服务用房，显难令人信服。退一步讲，即使其真不知讼争房屋为物业服务用房，也应当从其所处情势推定存在重大过失。善意取得制度虽然在原权利人与善意受让人利益保护之间选择了后者，但并不意味着受让人可免尽一切注意义务。重大过失几乎同于故意，在受让人因重大过失而不知让与人为无处分权人时，仍适用善意取得制度，无疑有悖公正原则、有违衡平观念。对于该小区业主都知的事实，而受让人不知，或者客观情形已提供了足够的警示，受让人只需尽普通人最平常的注意义务足以知道而不知，亦即存在重大过失而不知。如果仍然认为受让人善意，则会导致受让人与权利人利益的失衡，所以宜将这种重大过失不知认定为非善意。第二，陈丽华在购买讼争房屋时支付价格明显低于市场价值。支付合理对价既是善意取得的构成要件之一，也可以从侧面反映受让人是否具有善意。根据一、二审查明的事实可以看出，虽然双方当事人并未就讼争房屋申请价格评估，但受让人陈丽华购买讼争房屋支付的对价明显低于同地段、同小区的市场价格，其并非支付合理对价。第三，被告陈丽华与第三人广宇置业公司购房协议填写时间与真实购房时间有出入，其中将讼争 1 栋 12 号杂屋的购房时间改填为 2005 年 1 月 25 日，6 栋 4 号杂屋购房时间改填为 2005 年 2 月 14 日。由此可推知，被告陈丽华在购买讼争房屋时明知其为物业服务用房的心理状态，而企图通过倒签时间的形式予以掩盖。故，被告人在购买讼争房屋时并非系善意，不能依善意取得制度而取得讼争房屋所有权。

综上可知，原告通过占有实现对讼争房屋权属公示（上文已论述讼争房屋无法进行权属登记，亦无法律规定要求物业服务用房需进行登记公示），根据物权公示公信原则，被告陈丽华购房行为没有适用善意取得制度的基础。且受让人陈丽华购买讼争房屋时显非善意，亦未支付合理对价，并不构成善意取得，其不是讼争房屋的权利人。

（三）本案中业主委员会诉讼主体资格成立

因业主委员会没有自己独立的财产，无法承担法律责任，不具有法人资格，关于其主体资格及权利能力学界和实务上争议颇多。但通说认为其虽不具有完全的权利能力，但其符合《民事诉讼法》《意见》规定的“其他组织”，具有“限缩性”的当事人能力。在涉及全体业主公共利益的涉诉事项中有诉讼主体资格，能代表全体业主参与诉讼，且随着司法实践的不断发展业主委员会的诉讼主体资格也逐渐被各地司法实务所承认。

具体到本案中，被告（上诉人）上诉称业主委员会既非权利人，也未获得业主合法授权其不具有诉讼主体资格。被告（上诉人）此诉请是无法成立的，前以论述业主委员会具有“限缩性”，即在涉及全体业主公共利益的涉诉事项中有诉讼主体资格。在本案中原告（被上诉人）因涉及物业服务用房的纠纷向被告提起排除妨害之诉，系为全体业主的公共利益参与诉讼，且以原告的身份参与，因此，不能否认该业主委员会的诉讼主体资格。再者，在本次诉讼中该物业委员会通过《园丁新村业主大会决议》的形式获得了超过半数以上业主的签字同意，如该情况下都不能承认该业主的诉讼主体资格，则该小区的全体业主的公共权益将无法进行有效维护。其唯一的途径则只能是全体业主都以个人名义参与诉讼，势必造成不必要的讼累，于情于理均有不合。综上可知，被上诉人陈丽华的此上诉理由显然不能成立，长沙市麓山南路园丁新村业主委员会的诉讼主体资格应予承认。

（四）余论

1. 物业服务用房备案制度的建议

本案实际上是一起因开发商违规出售物业服务用房所引起的纠纷，该种情况各地均有出现，类似案件仅笔者所在法院就有多起。造成此情况的原因主要是我国关于物业服务用房的相关法律法规不完善，现有法律中仅规定物业服务用房属于全体业主所有，对物业服务用房的概念厘定、规划设计、面积计算、交接验收、权属登记等各方面均没有规定。尤其是物业服务用房登记制度相当欠缺，如是否需要登记、登记在谁的名下、在哪个部门进行登记、在哪个阶段进行登记、采用什么样的模式进行登记等都没有规定。因此，针对该类案件多发的情况，笔者建议物业服务用房可以通过在房地产行政管理部门备案的形式实现权属公示。这样既有利于物业服务的行业管理，也可以克服物业服务用房不动产物权占有公示方式的固有缺陷，赋予物业服务用房属于全体业主所有的公信力，起到定纷止争的作用。

2. 在不动产登记制度尚未完善的情况下，对不动产的占有公示方式应予认可，并赋予其公信力

随着社会经济的发展以及物权制度不断完善，物权变动公示公信原则也得到了极大的发展，并在不断完善过程中。不动产因其价值甚巨，各国法律一般将登记作为不动产法定的公示方式，并赋予其公信力。我国也在不断完善不动产登记制度，但至今还未形成统一的不动产登记制度，有关不动产登记的规定散见于不同层次和效力的法律、规章和司法解释中。实务中习惯形成、历史原因等因素造成的不动产未登记的情况大量存在，这种不动产往往是通过占有的方式进行权属公示。比如，现实生活中物业服务用房往往并不进行权属登记（且许多物业服务用房因规划设计上的缺陷成为不具有产权最小权属单元要求的用房而无法进行登记），也未向有关部门进行备案，而是通过简单的交接转移并进行实际的占有支配。因此，笔者认为在此情况下，对不动产的占有可以作为公示方式，并赋予其公信力，避免在发生纠纷时难以认定物业服务用房的所有权归属状态，从而实现对全体业主权益的维护。

第三编

一、孙垚诉芬迪（上海）商业有限公司买卖合同纠纷案

案情

原告（上诉人）：孙垚

被告（被上诉人）：芬迪（上海）商业有限公司

北京市朝阳区人民法院经审理查明：芬迪公司系意大利芬迪（即FENDI）品牌的产品销售商。2010年11月15日，孙垚在位于华联新光百货商场的芬迪（上海）商业有限公司北京建国路分公司（以下简称“芬迪建国路分公司”）以现金支付方式购买了两件尺码为38码的女式羽绒服。其中产品编号为“178496”、品名为“ANORAK/WOVEN FAB+GOOSE+RABBIT”的羽绒服价款为22 800元，产品编号为“181445”、品名为“BLOUSON/WOVEN FAB+GOOSE+RABBIT”的羽绒服价款为19 800元。芬迪建国路分公司为孙垚开具了发票。

2011年6月7日，孙垚委托北京市大成律师事务所律师向芬迪公司发出律师函，以涉案产品水洗标中以英文标注的产地

与中文标签中以中文标注的产地不符。且芬迪公司销售人员强调“所有芬迪产品均是意大利原产”导致孙垚误以为涉案产品系意大利原产为由，要求芬迪公司办理退货，并双倍返还货款。芬迪公司亦收到该函。

原告孙垚诉称：我于2010年11月15日在芬迪公司经营的北京新光天地商场芬迪专卖店购买了2件“意大利产”女款羽绒服，共付款42 600元。我随后将两件羽绒服作为礼物送给朋友。但在今年5月15日，朋友将2件羽绒服原封不动地退还给我。经他人提醒，我才明白原来购买的羽绒服实际产地为保加利亚，而非服装中文标签上标示的、销售人员也一再强调的“意大利”。事实上虽然2件羽绒服的水洗标上用英文标出了原产地为“Bulgaria”，但羽绒服中文合格证上很显著地标着产地为意大利，而且芬迪公司专卖店销售人员在向我介绍产品时，强调所有芬迪产品都是意大利原产，导致我误认为我所购买的产品确为意大利原产。根据《中华人民共和国产品质量法》规定，标签上所明示的信息应是对产品真实属性的反映，也是消费者决定是否购买的主要参考依据。芬迪公司的行为已经构成民事欺诈，违反了《消费者权益保护法》的相关规定，构成了该法规定的欺诈行为，故诉至法院，要求退货，并要求芬迪公司双倍返还我货款共计85 200元。

被告芬迪公司辩称：我公司负责芬迪品牌产品在中国的销售。孙垚确在我公司下属北京建国路分公司在新光天地的专卖店购买了2件女款羽绒服，根据服装水洗标上的标注，产地的确是保加利亚，但是我公司在这2件羽绒服的产地标注问题上并无明显欺诈故意。我公司销售的芬迪产品均由意大利芬迪公司直接配送，配送产品时意大利芬迪公司以电子邮件方式将配送产品的信息发给我公司，我公司再将产品信息转给中文合格证制作厂家。孙垚购买的羽绒服所属的这批产品在意大利芬迪公司向我公司发送产品信息时就把产地错写为意大利，因此我公司并不存在故意欺诈消费者的情况，中文合格证中产地信息错误也并不是我公司故意所为。芬迪产品本身产地就具有多样性，并无欺诈消费者的必要。我公司会对产品标签进行不定期抽查，对标签的一致性也履行了合理的注意义务，由于芬迪产品种类和数量众多，产地来源广泛，如果对生产商提供的产品信息逐一核实，不仅工作量巨大，实现的可能性几乎等于零，也不符合商业惯例。而从孙垚购买芬迪牌羽绒服的过程来看，芬迪羽绒服定价较高，大多数顾客都是采用刷卡消费方式支付货款，但孙垚以现金方式一次性支付货款，该行为与一般奢侈品消费行为不吻合。孙垚在我公司下属的分公司购买了 4 件羽绒服，款式均相同或类似，其购买动机让人产生疑问；孙垚对产品问题的处理方式不符合逻辑，孙垚发现涉案产品问题后，从未与我公司或店面进行过协商，而是直接发律师函给我公司，这种处理方式与因产品质量问题引发的一般纠纷的处理方式大相径庭。孙垚于 2010 年 11 月购买了羽绒服，但称其朋友在 2011 年 5 月过了季节才将羽绒服原封不动的退回，不符合一般的生活常识。从种种迹象看，孙垚并非《消费者权益保护法》所称的普通消费者。综上，我公司同意为孙垚退货，并退还孙垚已付货款，但不同意双倍赔偿货款。

北京市朝阳区人民法院经审理认为：经营者提供商品或者服务有欺诈行为的，应当按照消费者的要求增加赔偿其受到的损失，增加赔偿的金额为消费者购买商品的价款或者接受服务的费用的 1 倍。

本案双方争议的焦点在于芬迪公司对其销售的涉案产品中文标签上标注的产地与产品水洗标英文标注的实际产地不一致，

是否构成欺诈并、是否应就此承担双倍赔偿货款之责任。欺诈是一方当事人故意告知对方虚假情况，或故意隐瞒真实情况，而使他人陷入错误，做出不真实的意思表示。从行为人客观行为表现看，当事人须实施了故意陈述虚假情况或隐瞒真实情况的行为，方可构成欺诈。本案中，涉案羽绒服的水洗标中以英文标注了实际产地，芬迪公司并未隐瞒该实际产地，孙垚也未能举证证明芬迪公司销售人员曾告知其芬迪产品均系意大利生产之事实存在，故依据现有证据不能认定芬迪公司在客观上实施了欺诈行为。其次，从行为人主观心理状态来看，当事人实施民事行为构成欺诈应当存在欺诈故意，即存在使相对人陷于错误并使其基于错误做出意思表示的故意。而根据现有证据及已查明的芬迪公司制作、缝挂中文标签的流程表明，芬迪公司对导致涉案产品中文标签产地标注与实际产地不符并无主观故意，并不存在虚假陈述产地并意图使孙垚基于该虚假陈述而作出购买决定的故意，现有证据亦不能表明服装产地差异会导致产品价格差异进而使芬迪公司具有欺诈的意图。再次，从孙垚是否是因芬迪公司的错误行为而作出购买涉案产品的决定来看，孙垚于庭审中表示其购买涉案产品是因看中“芬迪”品牌，现无证据表明孙垚是否购买涉案产品取决于该产品的产地，故孙垚并非因芬迪公司的错误行为才作出购买涉案产品的意思表示。究芬迪公司行为之性质，芬迪公司因接收到错误的产品来源信息而使中文标签信息错误，并因其疏于查验导致孙垚对涉案产品产地发生错误认识，芬迪公司之行为实为可撤销的错误行为。据此，本院难以将芬迪公司的错误行为认定为民事欺诈。

因芬迪公司在销售过程中出现的错误行为，孙垚要求芬迪公司办理退货并要求芬迪公司退还货款，芬迪公司亦表示同意，本院不持异议。但孙垚以欺诈为由要求芬迪公司双倍返还货款，本院则依据上述认定不予支持。但需要指出的是，芬迪公司作为芬迪（FENDI）这一高档品牌的产品销售者，应当秉承对消费者负责的原则严格经营行为，并应当承担对所售产品的瑕疵担保责任。鉴于孙垚在本案中并未基于出卖方的瑕疵担保责任要求芬迪公司承担退货及退还货款之外的其他民事责任，故本案对芬迪公司的错误行为仅作出谴责与批评。

依照2009年《中华人民共和国消费者权益保护法》第49条之规定，作出如下判决：

（1）原告孙垚于本判决生效后7日内，将其购买的货号为“FJ6059 EHQ F0QA138”及“FF5625 EHA F0QA138”的两件芬迪（FENDI）女士羽绒服退还给被告芬迪（上海）商业有限公司，被告芬迪（上海）商业有限公司同时退还原告孙垚货款42 600元；

（2）驳回原告孙垚的其他诉讼请求。

案件受理费965元，由原告孙垚负担532元（已交纳），由被告芬迪（上海）商业有限公司负担433元（于本判决生效后7日内交纳）。

宣判后，孙垚不服一审判决提起上诉。

北京市第二中级人民法院经审理认为，经营者提供商品或者服务有欺诈行为的，应当按照消费者的要求增加赔偿其受到的损失，增加赔偿的金额为消费者购买商品的价款或者接受服务的费用的1倍。因涉案产品中文标签上标注的产地与产品水洗标标注的产地不一致，故本案双方当事人争议的焦点是芬迪公司销售涉案产品是否构成欺诈并且是否应就此承担双倍赔偿货款之惩罚性责任。欺诈是一方当事人故意告知对方虚假情况，或故意隐瞒真实情况，而使他人陷入错误，做出不真实的意思表示。涉案羽绒服的水洗标中以英文标注了实际产地，芬迪公司并未隐瞒该事实，依据现有证据不能认定芬迪公司在客观上实施了欺诈行为。芬迪公司制作、缝挂中文标签的流程表明，芬迪公司对导致涉案产品中文标签产地标注与实际产地不符并无主观故意，并不存在虚假陈述产地并意图使孙垚基于该虚假陈述而作出购买决定的故意，现有证据亦不能表明服装产地差异会导致产品价格差异进而使芬迪公司具有欺诈的意图。孙垚于一审庭审中表示其购买涉案产品是因其朋友表示芬迪产品质量不错，并无证据表明孙垚购买涉案产品取决于该产品的产地，故孙垚并非因芬迪公司的错误行为才购买了涉案品。芬迪公司因接收到错误的产品来源信息而使中文标签信息错误，并因其疏于查验导致孙垚对涉案产品产地发生错误认识，但难以就此认定芬迪公司构成民事欺诈。因芬迪公司在销售过程中出现的错误行为，孙垚要求芬迪公司办理退货并要求芬迪公司退还货款，芬迪公司亦表示同意，故一审法院支持孙垚的部分诉讼请求并无不当。芬迪公司作为芬迪（FENDI）这一高档品牌的产品销售者，应当秉承对消费者负责的原则严格经营行为，并应当承担对所售产品的瑕疵担保责任，故一审法院对芬迪公司的错误行为作出谴责与批评是适当的。孙垚的上诉请求不成立。本院不予支持。综上，一审法院判决认定事实清楚，适用法律正确，处理并无不当，应予维持。依照《中华人民共和国民事诉讼法》第 153 条第 1 款第 1 项之规定，判决如下：

驳回上诉，维持原判。

法理评析

近年来，面对某些商家的违法或违规经营行为，广大消费者维权意识逐渐加强，很多消费者在购买的商品或接受的服务出现问题后，都选择以《中华人民共和国消费者权益保护法》

第49条关于欺诈双倍赔偿之规定来保护自身权益，因此，消费者维权并要求商家双倍赔偿的案件逐渐增多。在这些案件中，有的确属于商家故意欺诈消费者，并借此销售假冒伪劣商品或服务，损害了消费者的合法权益；有的则属于一般的消费争议，商家提供的商品或服务确有瑕疵但并不构成欺诈行为，或因商家经营行为确有瑕疵但并非故意，或因消费者对所购商品或接受的服务未能符合其预期导致纠纷发生；近年来还出现一种非正常情况，即某些非正常意义上的“消费者”以维权为名，利用诉讼途径达到某种商业竞争目的或其他非正当目的。面对日益复杂多样的维权纠纷，在审理这类案件时首要的就是辨别商家的经营行为是否构成欺诈。而本案涉及的法律问题就是如何区分商家的欺诈行为与错误行为。

（一）何为欺诈？即一方当事人故意欺骗他人而使他人陷于错误而与之订立合同的行为

认定法律意义上的欺诈需具备一定构成要件：

1. 从行为人方面看

（1）行为人须实施了欺骗行为。这种欺骗行为包括积极的欺骗和消极的欺骗。积极的欺骗是以积极的言辞提供虚假情况；而消极的欺骗则是行为人根据法律或者根据诚实信用原则，具有对事实说明的义务，但行为人违反这种义务故意不作说明。

（2）须有实施欺骗行为的主观故意，即行为人有实施违法或不当行为的心理状态。该故意由两个层面构成：①有使相对人陷于错误的故意；②有使相对人基于错误认识而做出意思表示的故意。

2. 从相对人方面看

（1）须相对人因行为人的欺骗而陷于认识错误，即相对人陷于错误与行为人的欺骗行为具有因果关系。如果相对人虽受欺骗但未陷于错误，或其虽陷于错误但却并非基于行为人的欺骗行为而产生，都不能构成欺诈。

（2）须相对人基于错误认识而做出不真实的意思表示，即不仅相对人作出意思表示，而且该意思表示与其受欺骗而形成的错误认识之间具有因果关系。

从法律效果看，相对人受欺诈而作出的错误意思表示，是一种不真实的意思表示。根据我国合同法之规定，相对人可行使撤销权，使之自始无效。

（二）何为错误行为？即基于不符合事实的认识而实施的意思表示

错误亦应具备如下要件：①行为人须有与事实不相符的表示行为；②行为人并无主观故意，即其并不知晓其表示与事实不符；③错误情节须在交易中被认为重要，即会对相对人是否做出意思表示可能有影响，如属无关紧要的错误，不影响交易成立，则不构成此处的错误行为。

从法律效果看，相对人基于行为人的错误而做出的意思表示亦属不真实的意思表示，相对人亦可撤销。

错误的样态有：

（1）内容错误，即表示内容有错误。其情形有三种：①对相对人认识错误，此种错误在相对人系特定主体时意义重大；②对合同标的物本身认识错误，包括（但不限于）对物的种类、品质、数量、性质、型号等有错误理解；③对法律行为性质认识错误。

（2）表示行为错误，即行为人表示出的意思并非其想表示的真实意思。

（3）传达错误，即传达人在传达行为人的意思表示过程中发生错误，也称误传。

需要明确的是，虽然我国现行《合同法》中并未出现“错误行为”这一概念，其与《合同法》第 54 条规定的“重大误解”并非同一法律概念。错误是从行为人角度出发；而重大误解则强调相对人对行为人的意思表示产生重大认识偏差，行为人的意思表示是否真实则在所不论。尽管现行法律对错误未做明确规定，但在现实民事经济交往中，各种类型的错误行为还是存在的，而且经营者与消费者之间基于该错误行为发生纠纷的也层出不穷。

（三）区分欺诈与错误

欺诈行为与错误行为相同之处在于：一是相对人的意思表示均属不真实；二是从法律效果上看都是可撤销的法律行为。两者不同之处则在于：一是行为人的心理状态不同，行为人实施欺诈行为时存在主观故意，而行为人在实施错误行为时主观上并无故意的心理；二是对行为人实施的与事实不符的意思表示在交易中是否重大，要求不同。对于欺诈行为，与事实不符的情节是否重要并非欺诈的构成要件，即是否重要并非衡量是否构成欺诈的标准。而对于错误行为，则要求与事实不符的情节必须重大，才能构成错误，才具备可撤销条件。

根据上述分析，我们来看本案：双方争议的起因是芬迪公司在出售给孙垚的服装上悬挂的中文标签与服装自身的水洗标签中的产地标注不同。根据证据显示，导致此种情况的原因是芬迪公司从意大利芬迪公司接收的产品信息存在错误，而芬迪公司未能及时发现错误并依据错误的产品信息制作成中文标签。从行为人即芬迪公司主观心理看，该错误产品信息来源于他人，芬迪公司并不存在自行篡改产品信息的主观故意，亦不存在意欲利用错误的产地信息误导消费者的主观故意；从其行为看，芬迪公司在接收产品信息并委托合作企业制作中文标签过程中并未实施某种欺骗行为，也无证据显示芬迪公司销售人员在向孙垚介绍产品过程中曾经在产地问题上故意隐瞒或虚假陈述。从相对人即孙垚做出购买的意思表示全过程来看，现无证据表明芬迪公司在销售过程中故意欺骗孙垚，自然也无法认定孙垚基于欺骗行为而陷于认识错误；而且，孙垚认可其作出购买的意思表示是基于对芬迪品牌的认可及其朋友对芬迪产品质量的认可，而非基于芬迪产品的产地是否是意大利。根据上述分析，本案中芬迪公司对其出售产品的产地信息标注错误问题，不具备构成欺诈的主客观要件，因此不能认定构成欺诈。

那么，芬迪公司将产品产地信息标注错误并出售给消费者的行为是何性质呢？笔者认为应当属于错误的法律行为。根据构成要件分析：芬迪公司在产品产地问题上做出了与事实不符的陈述（即对产地问题其中文标签与英文水洗标标注不一致）；芬迪公司自身对该不符的陈述并无主观故意；而对于高档消费品来说，产地不同可能导致产品成本构成差异、质量差异或消费者的信任度差异，该问题确可能影响消费者是否决定购买，因此单纯从芬迪公司角度看，该不相符的表述在交易中可谓重要。虽然本案中的相对人孙垚并非是基于行为人芬迪公司这种与事实不符的意思表示而做出购买决定，但并不影响从行为人角度认定错误行为的构成。因此，笔者认为该行为应当属于民法中可撤销的错误行为。

在相对人基于行为人的错误行为做出意思表示后，虽然可通过行使撤销权使之恢复到交易前的状态对相对人进行救济，但是不可否认，错误是行为人加以注意可以避免的。很多错误的形成就是因行为人的疏忽大意而未能发现，给相对人带来不必要的交易麻烦。因此，笔者认为，相对人行使撤销权时，不仅应恢复到交易前的状态，行为人还应当分担相对人因此产生的损失。为何说是分担而不是全部承担呢？笔者认为，相对人在交易中亦应秉承善良交易人之标准对行为人的表示进行合理判断，对即时能够发现的错误亦应审慎注意。因此，在相对人能够即时发现错误而未发现或应当发现但并未提出异议的情况下，相对人对因该交易产生损失亦负有一定责任，故在此情况下，行为人仅在一定范围内承担赔偿责任。而且，相对人需要对其主张的损失承担证明责任。

二、徐洁、徐威诉杨卿旅游合同纠纷案

案情

原告：徐洁、徐威

被告：杨卿

原告诉称：2010年11月30日，被告杨卿在网上发布帖子，组织“驴友”前往新乡市辉县市关山景区旅游，该次活动共有63人参加，其中一位是二原告的父亲徐庆法。2010年12月4日上午10时，“驴友”团到达关山景区后，景区警示牌上公告声明：“关山景区处于停业整顿状态，谢绝游览！敬请各位游客合理安排行程，特此公告！2010年10月1日。”但被告无视公告提示，不采取任何防护措施，也未改变“驴友”团的行程，仍然带“驴友”团进景区内游览，在主观上存在一定过错。而景区在整顿期间继续售票接待游客，导致走在后边的“驴友”徐庆法不慎从高约20米的悬崖上坠崖身亡，景区有过错应承担赔偿责任。虽然被告在帖子中声明：“活动风险自负，发帖者和领队不承担责任，活动费用AA制。”但是被告在得知景区的公告提示后，不采取任何防护措施，也不改变行程，反而继续带“驴友”游景区，对二原告父亲徐庆法的死亡也有重大过错，应

承担本次事故的赔偿责任。基于关山景区已与二原告协商一次性赔偿二原告24万元。双方已达成协议，互不追究。但就死亡赔偿金、交通费、住宿费、丧葬费等不足部分94 311元由被告承担。根据我国法律规定，诉至法院，请求人民法院依法判令被告赔偿原告死亡赔偿金94 311元。

被告辩称：①被告不应是本案的被告，原告之父死亡与被告无关。首先，被告在2010年11月30日于网上发布旅游帖子，邀请志同道合的“驴友”到新乡市辉县市关山景区结伴游，原告之父并未在网上跟帖，而是随其朋友“北斗星”一道参与此次户外游。答辩人与其根本不相识。其次，被告在帖子上明确声明“此次活动是AA制。参加人员应对自己行为负责。发帖者及领队不承担任何责任”。在前往景区的车上及从景区下山途中，被告又多次向包括原告之父在内的广大“驴友”说明要遵守团队纪律，注意安全。但原告之父执意孤行才导致本案的发生。所以在本案中，被告人不是适格的被告，原告之父死亡与被告无关。②原告损失已经从关山景区得到总额的赔偿。本次不幸事故发生后，被告协助原告积极与事故发生地——关山景区协商。关山景区已赔偿原告死亡赔偿金、丧葬费等共计24万元，且已履行，原告之父系成年人，在本次事故中也有一定责任。所有原告的损失已得到足额的赔偿。总之，原告起诉被告属于滥用诉权，请求人民法院依法查清事实，判决驳回原告的诉讼请求。

洛阳市洛龙区人民法院审理查明：2010年11月30日，被告杨卿以网名“春天的雨”在网上公开发布帖子，组织“驴友”前往新乡市辉县市关山景区旅游，费用为AA制。其中包括原告的父亲徐庆法在内共有63人参加了这次活动。2010年12月4日上午10时，“驴友”团到达关山景区后，景区警示牌上公告声明："关山景区处于停业整顿状态，谢绝游览！敬请各位游客合理安排行程，特此公告！辉县市旅游风景管理局 2010 年 10 月 1 日。"被告带"驴友"团在购票处购票后，进景区内游览。在游览结束时，二原告父亲徐庆法走在队伍的后面，不慎从悬崖处坠崖身亡。该事故经辉县市公安局上八里派出所调查，确认为意外事故，非刑事案件。事故发生后，二原告以河南关山金景旅游有限公司在公告声明景区出于停业状态下，仍然卖票接待游客，存在过错，要求给予赔偿。该事故经二原告和河南关山金景旅游有限公司协商，河南关山金景旅游有限公司一次性赔偿二原告死亡赔偿金、丧葬费、住宿费、交通费、精神损失费等所有费用共计 24 万元，二原告不再向河南关山金景旅游有限公司提出任何请求。协议达成后，二原告已经足额得到了 24 万元的赔偿款。在此次"驴友"关山景区活动结束后，每个成员应退回费用 3 元，部分人员已经领取了退费。

洛阳市洛龙区人民法院认为，被告杨卿以网名"春天的雨"在网上发布的 AA 制旅游活动是合法的民事活动，不具有违法性，其在发帖中已经明确"活动风险自负，发帖者与领队不承担责任，活动费用 AA 制"。且原告对此也予以了认可，被告在此次行程中，不以营利为目的，实际也没有营利。被告在活动过程中，多次强调安全，对二原告父亲的死亡，不存在过错，尽到了自己应尽的责任，不应承担赔偿责任。但是作为"驴友"团队的组织者，对二原告父亲的死亡，应给予适当的补偿。本院考虑到二原告已经从河南关山金景旅游有限公司得到了 24 万元的赔偿，洛龙区人民法院酌定被告给予二原告 4000 元的补偿。依据《中华人民共和国民法通则》第 132 条、《最高人民法院关于审理旅游纠纷案件适用法律若干问题的规定》第 25 条之规定，经合议庭评议后，判决如下：

(1) 被告杨卿于本判决书生效后10日内补偿给原告徐洁、徐威共计4000元；

(2) 驳回原告徐洁、徐威的其他诉讼请求。

本案诉讼费945元，原告徐洁、徐威承担445元，被告杨卿承担500元。

一审宣判后，原被告双方均上诉。

洛阳中院终审判决：驳回上诉，维持原判。

本案争议的焦点是“驴首”与“驴友”是否形成权利义务关系。

“驴首”对“驴友”的人身伤亡负赔偿责任的依据只能是侵权和违约。该案中杨卿对徐庆法不存在侵权行为，那么是否存在违约呢？

(一) 何谓“驴友”

“驴友”取“旅游”的谐音，顾名思义，“驴友”是不特定的旅游爱好者为达到特定的一次旅游目的而自发的组合在一起形成的临时性结伴关系。“驴友”通常具有以下特征：组织媒介虚拟性，“驴友”通常是通过贴吧、QQ群等网络媒介将一群陌生人结合在一起，活动之前大多互相不认识；组织自发性，“驴友”活动没有专门的组织人员，大家平等自愿，自发参加；组织临时性，“驴友”组织通常是为了一次旅游的目的，当然也有多次的旅游，但一旦目的达到即行解散，没有固定组织；组织非营利性，“驴友”活动实行AA制，不存在营利活动，临时收费也是为了方便，没有谁赚谁钱的现象。该案中的“驴友”活动符合以上组织虚拟性、组织自发性、组织临时性、组织非营利性的特征。

（二）“驴友”间是否存在旅游服务合同关系

旅游服务合同关系是指组织者向游客提供旅游服务，游客向组织者支付费用的权利义务关系，“驴友”之间形成的是临时的结伴关系，而不是旅游服务合同法律关系。该案中判断被告杨卿是否应当承担赔偿责任的关键在于他和徐庆法之间是否存在旅游服务合同法律关系。该案中，杨卿发起活动，徐庆法参加活动。杨卿没有从中营利，因为活动实行 AA 制，并且剩余的费用也要退回。杨卿也没有向徐庆法提供旅游服务，他们仅仅是为了临时的“驴友”目的短暂地组合在一起，一起自助旅游，完全不存在谁向谁提供服务。杨卿仅仅是活动的召集人，没有制定具体“驴友”活动方案，也没有要求各位“驴友”必须服从他的组织和管理，在这次旅游活动中他不享有管理的权利，当然也就不存在对等的安全保障义务。综合分析以上几点理由，被告杨卿和徐庆法之间不存在旅游服务合同法律关系，杨卿与徐庆法间既然不存在旅游服务合同关系，当然更不可能因违约而承担赔偿义务。因此，笔者认为，自助游中“驴首”与“驴友”间没有组织与被组织、管理与被管理的关系，相互间没有保障人身财产安全的法律义务。如果说他们之间有义务也只能是道德层次的互相帮助的道德义务，无法上升到法律关系的层次，“驴友”间不存在严格意义上的法律关系。

（三）风险和自我是自助游的魅力所在

近年来，随着互联网的逐步普及和人们物质生活水平的提高，传统的跟团旅游已经无法满足人们的精神需要，人们需要更自由或者说是更自我、更原生态的方式接触大自然，感悟生活。自助游便应运而生。自助游给自身精神需求带来满足的同时，“驴友”们自己也承担了更大的风险，当然，风险也正是自助游的魅力所在。徐庆法作为成年人，系完全民事行为能力人，具有预测户外探险存在风险的能力，也具有承担风险的能力，其明知户外活动存在风险而参与其中可以推定其默示自己承担风险。“驴友”们基于对风险的认识而产生结伴互助的依靠和信赖，形成临时性的互助共同利益团体。徐庆法走在队伍的后面，不慎从悬崖处坠崖身亡，确认为意外事故，被告杨卿不存在过错。因此，既然“驴友”间不存在严格意义上的法律关系，被告又无过错，杨卿就不应当对徐庆法承担赔偿责任。

（四）该案适用公平原则

公平，简而言之就是利益均衡，它是作为一种价值判断标准来调整民事主体之间的物质利益关系、确定其民事权利和民事责任。作为一项重要的司法原则，这一原则既适用于侵权责任，又适用于合同责任，司法机关在处理民事纠纷时，根据公平原则的观念，使案件的处理既符合法律，又公平合理，正确使用公平原则可以更有效地化解社会矛盾纠纷，以达到社会和谐的效果。《民法通则》第132条规定：当事人对造成损害都没有过错的，可以根据实际情况，由当事人分担民事责任。公平责任原则作为一种责任分配原则，其责任分配的依据是一种抽象的价值观念——公平。从公平的角度看，徐庆法在这次活动中丧命，该案原告承受丧父之痛，并且被告作为这次活动的召集者，与徐庆法的死亡有间接联系，法院适用公平原则判决被告杨卿补偿原告4000元，合理合法，可以说实现了法律效果和社会效果的统一。

（五）从法律上支持和规范新生事物良性发展

从社会意义的角度来看，自助游已然成为当下最自我、最原生态的旅游方式，对于满足人们日益增长的精神文化需求具有意义，国家应当从法律上予以支持和鼓励。如果该案中杨卿为徐庆法的探险埋单，那么以后的生活中将不会再出现热心的

"驴首"，整个社会将会为悲哀的"规则"埋单。在支持和鼓励自助游的同时，旅游主管部门、景区以及旅游爱好者应共同努力，让自助游良性发展。旅游主管部门应根据当地不同的条件、资源发布自助游的线路、保障方式、支持办法。旅游主管部门还可以组织旅游爱好者成立民间草根志愿者服务队，大力宣传安全科学旅游，提供紧急营救等志愿服务。景区应根据不同的地区、地形和天气特点，划分允许自助游区域和禁止自助游区域，危险地带适当提示。"驴友"应当提高自身防范意识和自救能力，通过学习提高自身关于野外生存、抢救互助、紧急营救、简单诊治各方面的能力。"驴友"还应该增强风险意识，出行前不忘买份保险。只有多方努力、多管齐下才能推动自助游向健康、安全、科学的方向良性发展。

三、李昌斌、李明顺诉屠庆山农村土地承包合同纠纷案

案情

原告（被上诉人）：李昌斌、李明顺

被告（上诉人）屠庆山

吉林市船营区人民法院经审理查明：2003年4月3日原告李昌斌、李明顺与被告屠庆山签订了《土地转包经营权流转合同书》（发包方吉林市船营区搜登站镇左家村村民委员会在合同上加盖公章），原告李昌斌、李明顺将承包的责任田23亩水田流转给被告屠庆山23年（至2025年年末）。其中并约定原告李昌斌、李明顺住房归被告屠庆山所有，被告屠庆山一次性给付原告李昌斌、李明顺土地承包费及购房款合计人民币28500元。签订合同后，被告屠庆山将家搬迁至所购房屋中，并经营耕种23亩水田至今，各项补贴款由被告屠庆山领取。原告李昌斌、

李明顺认为，政府发放的各项补贴款每年达5000元由被告领取，本合同继续履行严重显失公平，请求法院判令被告增加土地转包费至每年每亩500元。被告屠庆山则辩称：双方签订的合同合法有效，增加承包费于法无据，请求法院依法驳回原告的诉讼请求。

吉林市船营区人民法院认为，根据2002年《中华人民共和国农村土地承包法》第32条规定，通过家庭承包取得的土地承包经营权可以依法采取转包、出租、互换、转让或者其他方式流转。本案原告李昌斌、李明顺与被告屠庆山于2003年4月3日订立的《土地承包经营权流转合同书》系土地承包经营权出租合同，即承包方将部分或全部土地承包经营权以一定期限有偿租赁给他人（非同一集体经济组织农户）从事农业生产经营。本案合同是双方当事人在平等自愿基础上签订的，是双方当事人的真实意思表示，合同中关于土地承包经营权流转内容合法有效，双方当事人应当继续履行。关于原被告约定的土地流转费数额，因合同中未写明房屋价款，原、被告各执一词，被告对房屋又进行了修缮，无法评估当时价值，鉴于双方未另行签订房屋买卖合同，同时也为了减轻双方诉累，本院将合同价款28 500元均作为土地流转价款来考量。现原告李昌斌、李明顺以继续履行合同导致严重失衡，依据情势变更原则要求增加土地承包经营权流转价款有事实根据及法律依据，本院应予支持。其理由是：①双方当事人签订《土地承包经营权流转合同书》时国家还未实施免收农业税及发放补贴款等惠农政策，2009年每亩水田的补贴款已近200元，每亩地每年的补贴款已经超出合同约定的流转费近150元。这种情况，不是双方当事人签订合同时所能预见的，完全是当事人意志以外的原因所致，现合同尚有16年未履行，继续履行合同将导致双方利益严重失衡。

②双方约定的合同价款为28 500元，而被告屠庆山2009年领取的补贴款比一年的流转费多3千余元，确实出现了严重显失公平的现象。③随着国家免收农业税、发放各种补贴款等惠农政策的贯彻落实和市场粮食价格的直线上升，土地承包经营权流转的价格急剧提高，当地水田转包费已达到每亩500元，比双方当事人约定的流转费高近10倍，如继续履行原合同显失公平。关于增加土地承包经营权流转费的数额，应考虑国家惠农政策由谁享有，当地土地承包经营权流转价款的平均水平，流转土地面积的多少，流转期限的长短，签订合同当时支付的数额等诸多因素，按照公平原则处理。综合本案流转土地面积大、流转时间长、流转费数额较高等情形，本院酌情将未履行的16年的土地流转费调整至每年每亩400元。对被告屠庆山所持原告要求增加承包费于法无据的抗辩主张不予支持。综上，依照《最高人民法院关于审理涉及农村土地承包纠纷案件适用法律问题的解释》第16条之规定，判决如下：

（1）将原告李昌斌、李明顺与被告屠庆山约定的土地承包经营权流转费变更为每年每亩400元（2010年至2025年）；

（2）被告屠庆山于本判决生效之日起30日内给付原告李昌斌、李明顺增加的土地承包经营权流转费127 328元［（400元-54元）×23亩×16年=127 328元］。

一审宣判后，被告屠庆山不服提起上诉。经中级人民法院调解，被告屠庆山一次性支付原告李昌斌、李明顺增加的土地承包经营权流转费8万元，当庭履行完毕。

法理评析

随着党和国家一系列惠农政策的出台，农民经营土地的积极性空前高涨，农村土地迅速增值，土地承包经营权流转费纠纷案件呈陡升之势。本案即为典型案例。此类案件争议的焦点是，土地承包经营权流转费能否依情势变更原则予以调整。

（一）情势变更原则的理解

关于土地承包经营权流转费纠纷的处理原则，2005年3月29日最高人民法院审判委员会第1346次会议通过、2005年9月1日起施行的《最高人民法院关于审理涉及农村土地承包纠纷案件适用法律问题的解释》（以下简称《解释》）第16条作了规定，因承包方不收取流转价款或者向对方支付费用的约定产生纠纷，当事人协商变更无法达成一致，且继续履行又显失公平的，人民法院可以根据发生变更的客观情况，按照公平原则处理。对上述规定，理论界和实务界一致认为，该解释确立的是情势变更原则。

所谓情势变更原则，是指合同有效成立后，发生当事人不能预见并不能克服的客观情况，致使合同的基础动摇或者丧失，若继续维持合同原有效力显失公平，允许变更或解除合同的法律规则。它是公平原则和诚实信用原则在合同关系中的具体运用，其目的在于排除因情势变更所产生的不公平的后果，平衡、协调双方当事人之间的利益关系，维护社会公平和经济流转秩序。

情势变更原则是"合同必须信守"原则的例外，当固守绝对契约的观念给当事人造成极其不公的后果，适用情势变更原则。情势变更情形应当具备以下条件：

（1）变更事由当事人在订立合同时无法预见。无法预见，包括该事件的发生当事人没有预见或者基于一般常理不能合理地预见。

（2）事由不能为处于不利地位的当事人所控制，如果其可以控制的话，便可以签订合同然后让情势变更事由发生从而使合同另一方出于被动局面。

（3）事由不属于商业风险，正常价格变动，参与投机交易，应承担风险。

（4）继续履行合同对于一方当事人明显不公平或者不能实现合同目的。明显不公平含履行费用增加或应得价值大幅度降低。

情势变更的法律效果：赋予利益受损的一方以请求变更或者消灭合同的可能性，当事人协商，协商不成以诉讼或者仲裁方法行使。

（二）我国关于情势变更原则的规制

情势变更原则是国际通行合同法中一条被各国普遍采用的原则，我国合同法虽然没有明确规定，但也没有规定禁止适用。

1993 年最高人民法院就首次在规范性文件中提出适用情势变更原则处理有关合同纠纷案件。即《全国经济审判工作座谈会纪要》："由于不可归责于当事人双方的原因，作为合同基础的客观情况发生了非当事人所能预见的根本性变化，以致按合同履行显失公平，可以根据当事人的申请，按情势变更原则变更或解除合同。"

如前文所述，根据 2005 年《解释》第 16 条规定，在土地承包经营权流转费纠纷的处理中可适用情势变更原则。

2009 年 2 月 9 日最高人民法院审判委员会第 1462 次会议通过了《最高人民法院关于适用〈中华人民共和国合同法〉若干问题的解释（二）》（以下简称《合同法解释（二）》），该解释第 26 条明文确立了情势变更原则："合同成立以后客观情况发生了当事人在订立合同时无法预见的、非不可抗力造成的不属于商业风险的重大变化，继续履行合同对于一方当事人明显不公平或者不能实现合同目的，当事人请求人民法院变更或者解除合同的，人民法院应当根据公平原则，并结合案件的实际情况确定是否变更或者解除。”

（三）土地承包经营权流转费纠纷案件审理中情势变更原则的适用

在中央出台一系列惠农政策之前，土地承包经营权的有偿流转较少，即便有偿，流转费也极低。就如本案，原告李昌斌、李明顺将 23 亩水田流转给被告屠庆山 23 年，合同总价款为 2.85 万元，其中还包括房屋价款，平均每年每亩流转费不足 50 元。随着农业税减免力度加大、进程加快以及农业补贴政策的贯彻落实，继续履行原来的约定，在当事人之间无疑造成了显失公平的后果。而这是由于国家基本农业政策的重大调整所致。对于流转合同而言，属于订立当时的基础或者环境，因不可归责于当事人的事由发生的非当初所能预料的变更。虽然基于种种顾虑，《合同法》并未规定情事变更原则，而这类情形也显然不属于立法者当时顾虑的情形。而随着惠农政策的深化落实，此类纠纷中之“显失公平”极具代表性，如不设置相当规则予以协调，其后果就无法排除。换言之，不确立一定的协调原则，土地承包经营权人的基本权利就有可能得不到最起码的保护。情事变更原则的制度功能，可以为其解决提供有益的参考价值，也就是说在这一类纠纷中借鉴情事变更原则的制度机理是可行的。基于此，《解释》第 16 条作出了适用情势变更原则处理土地承包经营权流转费纠纷的规定。

通过对《解释》第 16 条出台背景和原意分析，在审理土地承包经营权流转费纠纷中适用情势变更原则应无异议。但应当注意的是，《解释》第 16 条的适用有条件之限制，即仅适用于“承包方不收取流转价款或者向对方支付费用”的情形，这也与《解释》出台时立法者考虑的情况密切相关。因为在收取农业税及其他税费期间，土地承包经营权的有偿流转较少，大多为零收益或者负收益（俗称“倒贴皮”“倒贴水”），现在如果继续履行原来流转协议的约定，由承包人向流转接受方履行给付义务，客观上显失公平，而这是由于国家基本农业政策的重大调整等客观情况所引起的，应予调整。

然而，在现阶段审判实践中，绝大多数案件不属以上“零收益或者负收益”的情形，而是承包人收取了一定额度的流转费，但流转费很低。就像本案，2009 年当地每亩水田的补贴款已近 200 元，即被告每年获取的补贴款就达合同约定每年流转费的 4 倍；当地水田转包价格已达到每亩 500 元，比双方当事人约定的流转费高近 10 倍。继续履行合同仍将导致双方利益严重失衡，且这种失衡是由当事人不能预见、不可归责于双方当事人的国家基本农业政策的重大调整等客观情况所引起的，与“零收益或者负收益”的情形并无本质区别，故仍应依据情势变更原则予以调整。但在适用法律上，笔者认为，应引用《合同法解释（二）》第 26 条更为妥当。因为从法条文义，《解释》第 16 条的适用仅限于“承包方不收取流转价款或者向对方支付费用”两种情形。

但是，应当注意的是，2009 年 4 月 27 日最高人民法院下发法［2009］165 号《关于正确适用〈中华人民共和国合同法若干问题的解释（二）〉服务党和国家的工作大局的通知》。其中第 2 条原文如下：“严格适用《中华人民共和国合同法若干问题的解释（二）》第 26 条。”为了因应经济形势的发展变化，使审判工作达到法律效果与社会效果的统一，根据《民法通则》《合同法》规定的原则和精神，《合同法解释（二）》第 26 条规定：“合同成立以后客观情况发生了当事人在订立合同时无法预见的、非不可抗力造成的不属于商业风险的重大变化，继续履行合同对于一方当事人明显不公平或者不能实现合同目的，当事人请求人民法院变更或者解除合同的，人民法院应当根据公平原则，并结合案件的实际情况确定是否变更或解除。”对于上述解释条文，各级人民法院务必正确理解、慎重适用。如果根据案件的特殊情况，确需在个案中适用的，应当由高级人民法院审核。必要时应报请最高人民法院审核。按照该上述《通知》，引用此条处理土地承包经营权流转费纠纷案件应先行报至高级人民法院审核。

（四）审判实践中应把握的原则

法律规范的目的在于定纷止争，而不是因此引发更多的争端。情事变更原则之宗旨在于透过法理消除当事人之间利益显失平衡的局面，但质言之，处于显失平衡局面的仍为特定当事人之间的利益关系，所以，在没有当事人申请的情况下，人民法院不得主动援引情事变更原则。另一方面，还要看纠纷产生的原因是什么、原约定是否造成当事人间权利义务显失平衡的结果等。不能动辄变更当事人的约定，践踏合同的严肃性。因此，在理解和适用情势变更原则时，需要明确以下几个问题：

（1）严格掌握适用的条件和范围：①适用该条规定仅限于农业税减免、农业补贴等国家基本农业政策的重大调整造成当事人之间权利义务明显失衡这一情形。对于因市场行情等其他因素变化而引起的利益变化，不应适用。②当事人之间的流转合同虽是无偿的，但对流转期限有明确约定，且期限即将届满（一般指自起诉时起剩余期限不满2年）的，当事人请求变更或解除合同的，不予支持。③对2004年12月以后签订的土地承包经营权流转合同，因国家惠农政策已经实施，尽管惠农力度不断提高，但合同当事人对该情势已有预期，情势变更原则没有适应之余地。

（2）原告要求解除合同，而被告同意变更合同的，以支持变更为原则。审理中应当释明，如当事人坚持要求解除合同，应当驳回原告解除合同的诉讼请求。

（3）判决变更或解除合同的效力溯及至当事人主张权利之日（一般指起诉之日）。当事人就已经履行完毕的部分提出主张的，不予支持。

（4）在判决解除合同时，争议土地上的农作物未到收获期的，合同应在该收获期届满后解除；合同解除，另一方反诉要求承包人对其在土地上的合理投入给予适当补偿的，应予支持。

（5）辨法析理，让当事人理解法律规定，在此基础上做深入细致的调解工作，尽量以调解方式解决土地承包经营权流转费纠纷，做到案结事了，以维护土地承包经营权流转秩序，维护农村稳定大局。

四、中国银行股份有限公司天津市分行诉天津宝硕门窗发展有限公司借款合同纠纷案

案情

原告：中国银行股份有限公司天津市分行

被告：天津宝硕门窗发展有限公司

2005年10月19日，原告中国银行股份有限公司天津市分行（以下简称“中行天津分行”）与天津宝硕门窗发展有限公司（以下简称“天津宝硕”）签订了050583号《人民币借款合同》，借款金额为人民币6400万元，借款期限为60个月，浮动利率年率5.85%，利率水平实行一年一定，天津宝硕每季支付一次利息，并分4次还清全部贷款本金。即2007年12月31日前还款1000万元，2008年12月31日前还款1800万元，2009

年12月31日前还款1800万元，贷款到期日前还款1800万元。同时约定天津宝硕未按约定期限还款且未就展期事宜与中行天津分行达成协议，该行有权就贷款逾期部分从逾期之日起按照贷款逾期利率计收罚息，直至完全清偿本息为止；贷款逾期罚息利率为本合同约定的借款利率的基础上加50%；如天津宝硕未按期足额付息，该行有权就到期未付利息部分按照与贷款本金相同的罚息利率按季计收复利。合同中同时约定有“借款人逾期未付本金或利息”或“保证人、抵押人、质押人在担保合同项下发生违约事件，影响借款人履行本合同项下的义务”等情形，中行天津分行有权宣布合同项下的借款本息全部立即到期。同日河北宝硕股份有限公司（以下简称“河北宝硕”）承诺为该笔贷款提供连带责任保证。

2006年8月28日，中行天津分行与天津宝硕又签订050583-D《抵押合同》，并办理了抵押登记。该合同约定，天津宝硕以其部分设备为上述贷款提供抵押担保，担保范围包括因借款合同而产生的借款本金、利息（包括法定利息、约定利息、复利、罚息）、违约金、赔偿金、实现债权的费用（包括诉讼费用、律师费用、执行费用等）以及因债务人违约而给债权人造成的损失和其他所有应付费用，抵押期间为自合同生效之日至2010年12月31日止。

上述两份合同均有各方当事人签字盖章予以确认。此后，中行天津分行依约放款，天津宝硕于2006年8月28日两次还款共计7 290 801.41元后未再履行还款付息义务，截至2007年12月31日，尚欠借款本金56 709 198.59元，利息6 027 667.72元。

河北省保定市中级人民法院已于2007年1月25日受理“河北宝硕破产案”，2007年12月26日裁定批准该公司重整草案并终止重整程序。在本案审理过程中，河北宝硕破产管理人致函法院，证实中行天津分行已向其申报债权，待本案抵押财产处置完毕后，破产管理人将依法对上述债权作实际分配。

原告中行天津分行诉称：因被告天津宝硕未能如期履行还款付息义务，故请求人民法院判令：①被告偿还贷款本金56 709 198.59元及截至2007年12月31日所欠贷款利息6 027 667.72元和至实际给付日相应利息、罚息；②确认抵押合同有效，被告依法承担抵押担保责任；③本案诉讼费用由被告承担。

被告天津宝硕辩称：抵押财产属海关监管财产，依法不能抵押，抵押合同应确认无效。同时，该笔借款保证人河北宝硕已进入破产程序，原告已申报债权，不应再向被告主张。

天津市高级人民法院认为，双方当事人签订的借款合同及抵押合同合法有效，应受到法律保护。中行天津分行已依约放款，天津宝硕应按期履行还款付息义务。现该公司未能清偿借款本息，中行天津分行要求依约提前收回贷款本息并主张由天津宝硕承担抵押担保责任的诉讼请求，应得到支持。天津宝硕认为抵押财产属海关监管财产应确认抵押合同无效的主张，因无事实依据不能得到支持；其关于中行天津分行已在连带责任保证人“河北宝硕破产案”中申报债权，不应再向其要求还款的抗辩理由，因河北宝硕破产管理人将在本案终结后，视天津宝硕在本案中的受偿情况再对其所申报的债权作最终确认，符合法律的相关规定，并未造成债权的重复确认，故该抗辩理由无法律依据，亦不能得到支持。

据此，天津市高级人民法院依照《中华人民共和国民法通则》第108条及《中华人民共和国担保法》第28条第1款、第53条的规定，于2008年9月25日判决：

(1) 被告天津宝硕门窗发展有限公司于本判决生效后10日内立即给付原告中国银行股份有限公司天津市分行贷款本金

56 709 198.59 元及至 2007 年 12 月 31 日止的利息 6 027 667.72 元及到实际给付日的逾期利息、罚息（按中国人民银行的相关规定执行）；

（2）确认本案抵押合同有效；原告中国银行股份有限公司天津市分行在上述给付事项范围内对抵押财产享有优先受偿权。如果未按本判决指定的期间履行给付金钱义务，应当依照《中华人民共和国民事诉讼法》第 229 条之规定，加倍支付迟延履行期间的债务利息。

一审判决后双方当事人均未提起上诉，一审判决已发生法律效力。

法理评析

本案虽然是一起普通的借款案件，但是关于连带责任保证人进入破产程序，债权人在破产程序中已经申报债权，同时，债务人又对债权设定了抵押担保，如何处理债权人的诉讼请求，涉及担保法律制度和破产法律制度的适用。

双方争议的焦点在于：中行天津分行在保证人河北宝硕破产程序中申报债权的情况下，是否仍然有权向债务人天津宝硕主张债权。

首先，按照《担保法》第 18 条的规定，连带责任保证的债务人在主合同规定的债务履行期届满没有履行债务的，债权人可以要求债务人履行债务，也可以要求保证人在其保证范围内承担保证责任。本案中，原告中行天津分行与被告天津宝硕订立的借款合同系双方当事人真实意思表示，合法有效，双方应当依合同履行义务。按照双方合同中的约定，借款人逾期未付本金或利息的，出借人有权宣布合同项下的借款本息全部立即到期。这就意味着，虽然合同有分期还款的约定，但只要债务人未能如期偿付部分到期债权，债权人就有权主张返还所有尚未偿付的本金及利息，包括按照分期付款的约定尚未到期的部分债权。合同订立后，中行天津分行依约放款，但天津宝硕自2006年8月之后即未偿付任何本金及利息，违反合同的约定，中行天津分行有权依照合同约定主张所有未偿付的本金和利息均为到期债权，并请求偿付。与此同时，案外人河北宝硕对天津宝硕的债务承担连带责任保证。按照《担保法》的上述规定，中行天津分行不仅有权向债务人天津宝硕主张上述债权，还有权向连带责任保证人河北宝硕主张。

但是，本案的问题在于：在天津宝硕违约之前，保证人河北宝硕已经进入破产程序，当时中行天津分行已经向河北宝硕的破产管理人申报了本案涉及的债权，该破产程序正在进行中，此时，中行天津分行又对债务人提起诉讼是否于法有据？

《担保法》第18条赋予了债权人选择的权利，但并未明确其是否可以同时行使权利。有观点认为，依《担保法》本意，主合同约定的债务履行条件成就时，债权人有选择在连带保证人破产程序中受偿或要求主债务人偿还债务的权利，为充分保护债权人的利益，也应赋予其向二者同时主张的权利。既然两个权利可以同时行使，那么，人民法院可以分别审理，彼此并行不悖。由此，中行天津分行一旦选择向二者同时主张，破产程序、借款诉讼均应对债权人的债权予以确认，对于债权人可能获得双倍受偿的情况，可以通过执行程序，或者通过不当得利返还等途径另行解决。

笔者认为，从法理上看，当事人在享有选择权的同时，一般也享有同时主张的权利。从这个角度看，债权人同时向债务人和连带责任保证人主张债权，并无问题。且在一般情况下，债权人同时主张权利是将债务人和连带责任保证人作为共同被告，向人民法院提起诉讼，人民法院可以在一个案件中，对当事人的权利义务作出明确的裁决。但在实践中，同时主张权利却可能引发一些问题，尤其是在本案中，破产案件和借款案件分别由不同的法院审理，如果规定债权人在破产程序中申报全额债权的同时，在借款诉讼中主张全部本息，在证据充分的情况下，破产债权和借款本息应全部得到法院的支持，那么，就会造成债权人仅基于一个借款合同便获得两份全额债权确认的生效判决。在这种情况下，如果破产程序先进行完毕，且有破产财产可供分配，债权人即可依破产债权全额要求取得相应比例的破产财产，此后又转向债务人要求其履行全部债务，从而造成双重受偿的结果。如果借款诉讼首先进行完毕，尔后进入破产程序进行财产分配，不仅会形成债权人双重受偿，还会造成债权人从债务人处实际受偿后，仍在破产程序中以全额债权参与分配，损害其他破产债权人的权益。虽然人民法院可以在执行过程中充分注意避免债权人重复受偿，但是对于类似本案这样的破产案件与借款案件分别由不同法院受理的情况，仅依靠在执行中解决冲突难度较大，更重要的是，这样仍不能根本解决两份法律文书对同一债权重复确认的尴尬局面。

因此，笔者认为，首先应肯定债权人依法享有选择权，其可选择向连带保证人、债务人任意一方主张权利，也可选择向双方同时或者分别主张。但如果债权人已经向一方主张权利，又对另一方提起诉讼的，人民法院受理后，应当在不能与前一诉讼合并的情况下中止审理，待前一诉讼裁判之后，再继续审理。由此，债权人在连带保证人破产程序中申报债权，此后再向债务人提起借款之诉的，人民法院应当受理。但在通常情况下，应在受理后中止审理，等待破产案件处理结果，根据债权人在破产程序中的受偿状况确定债务人偿还责任范围。

由此可见，中行天津分行在申报债权之后，仍然有权对债务人天津宝硕提起借款诉讼，人民法院受理本案符合法律规定。但是，本案并未等待保证人河北宝硕破产程序终结即作出判决，是否违反上述原则？

笔者认为，前述有关后受理的案件应当等待前受理的案件审理终结后再行继续审理的原则也存在例外情形。比如，本案中中行天津分行的债权不仅由河北宝硕提供了保证，还由债务人天津宝硕设定的抵押权作为担保。而《担保法》第 28 条第 1 款规定，同一债权既有保证又有物的担保的，保证人对物的担保以外的债权承担保证责任。《物权法》第 176 条更加明确规定，被担保的债权既有物的担保又有人的担保的，债务人不履行到期债务或者发生当事人约定的实现担保物权的情形，债权人应当按照约定实现债权；没有约定或者约定不明确，债务人自己提供物的担保的，债权人应当先就该物的担保实现债权；第三人提供物的担保的，债权人可以就物的担保实现债权，也可以要求保证人承担保证责任。提供担保的第三人承担担保责任后，有权向债务人追偿。上述规定表明，在既存在保证又存在债务人以自己的物设定的物的担保的情况下，保证人的责任范围有赖于债务人的物保责任范围的确定。因此，本案债权人中行天津分行向债务人天津宝硕提起的借款诉讼虽然发生在其申报债权的连带保证人河北宝硕破产程序之后，但由于债务人天津宝硕以自己的财产提供了抵押担保，而借款诉讼中债权人中行天津分行对抵押担保责任一并提出了主张，抵押担保责任的范围又应依赖于债务人责任范围的确定，依据上述法律规定，本案借款案件应先行判决，在确认债务人责任范围基础上，确认抵押担保的效力及责任范围，此后再由连带保证人承担剩余责任。同时为避免债权重复确认，借款案件审理过程中天津市高级人民法院向河北宝硕破产管理人告知了债务人抵押担保的相关情况，管理人也明确表示待抵押财产处置完毕后，再依法对债权人中行天津分行申报的保证债权作实际分配，从而在依法充分保障各方权利的同时避免了债权的重复确认。

此外，虽然本案并不涉及、但是与本案有关联的一个问题是，保证人河北宝硕进入破产程序时，中行天津分行的债权尚未到期，其向保证人河北宝硕主张债权，在破产程序中申报债权是否有法律依据？

按照《担保法》的规定，连带责任保证的债务人在主合同规定的债务履行期届满没有履行债务的，债权人可以要求债务人履行债务，也可以要求保证人在其保证范围内承担保证责任。而在债权尚未到期的情况下，由于债务人是否履行义务及如何履行义务尚不可知，债权人无权向连带保证人主张保证责任。但是本案中，债务履行期限届满前连带保证人河北宝硕进入了破产还债程序。虽然“河北宝硕破产案”发生于现行《企业破产法》颁布之前，当时的法律对于保证人、破产债权人债权的申报、处理等均未作出明确规定，而《担保法》及其司法解释也主要强调的是债务人破产相关债权的处理，亦未涉及保证人破产情况。但是，由于破产制度严格强调程序性，对于破产债权的申报、确认、破产财产的分配均作出了明确的时间限制，一旦错过法定期间，权利人就无权再行主张。所以，要求债权人中行天津分行等待债务履行期限届满再向连带保证人主张权利，显然不利于保障债权人的利益。在此情况下，河北保定市中级人民法院按照最高人民法院当时对《破产法（试行）》的解释允许债权人中行天津分行在破产程序中申报债权，同时针对主债务履行期限仍未届满的特点，在破产债权确认过程中将此部分债权作了临时确认，以便等待主债务履行期限届满时针对债务履行情况作最终确认。对于这种对破产债权的临时确认，2008年6月1日开始实行的《中华人民共和国企业破产法》作出了相关规定。该法第59条规定："债权尚未确定的债权人，除人民法院能够为其行使表决权而临时确定债权额的外，不得行使表决权。"给予债权临时确认的优点在于其使得债权人既可积极参与破产程序，行使债权人会议表决权，保障自身利益，又可在保证责任最终确定时获得合理确认及分配、平衡保护破产债权人及担保债权人的利益。可以说，在旧法相关规定空白的条件下，新法的规定为这一问题提供了依据。据此，中行天津分行在债权尚未到期的情况下在保证人的破产程序中申报债权的请求应当得到支持。

五、刘培军与夏春德等买卖彩票合同案

案情

原告（被上诉人）：刘培军

被告（上诉人）：夏春德

被告：夏媛媛、安徽省体育彩票管理中心、安徽省体育彩票管理中心滁州分中心

一审法院查明的事实：安徽省体育彩票管理中心滁州分中心是安徽省体育彩票管理中心的分支机构。2005年元月，安徽省体育彩票管理中心与夏春德签订中国体育彩票代理销售协议。协议签订后，夏春德在沙河镇开办体育彩票网点（21005号机），并雇佣夏媛媛销售彩票。原告自2005年4月2日在夏春德处购买排列三玩法体育彩票（独胆包号法），即投入每倍200元，中奖每注1000元。双方口头约定原告在家时以现金结算，如在外地即电话通知投注待返回后结算。同年4月23日，原告

到21005号体彩点结算，当场付现金6400元，尚欠夏春德彩票款27 000元。原告要求继续投注45倍，包首“5”，夏媛媛谎称停机了，导致原告未能投注。当晚开奖，包首“5”出现。

原告刘培军在向被告夏春德、夏媛媛赊买体育彩票所形成的债务，已由被告夏春德为原告刘培军向安徽省体育彩票管理中心垫付。原告刘培军自2005年4月2日起，在沙河体彩网点投注排列三玩法。除4月4日未购买外，其投注包首“5”倍数依次为1、1、1、2、2、3、3、4、5、6、7、9、12、15、18、20、25、18、20、23，另4月20日~22日包首7、9各6倍，计231倍。

原告刘培军诉称：自2005年4月2日起，我一直在沙河体彩网点购买体彩排列三玩法（独胆玩法，包首5），即投入每倍200元，中奖金1000元。2005年4月23日，我到网点要求投注45倍，仍包首“5”，被告夏媛媛声称停机，我未能投注。导致我未能中奖金45 000元。现要求被告赔偿45 000元，并承担本案诉讼费用。

被告夏春德、夏媛媛辩称：原告自2005年4月2日买彩票起，并非每天仅包首“5”，经常变换买法。同时，原告欠我钱，“彩票事件经过”是受胁迫时出具给原告的。

被告安徽省体育彩票管理中心、安徽省体育彩票管理中心滁州分中心辩称：被告夏媛媛出具的“彩票事件经过”是受胁迫时出具的，不能作为定案的依据；彩票是特殊商品，购买过程中不允许欠费，原告欠费。请求驳回原告的诉讼请求。

一审法院认为：原告要求判令安徽省体育彩票管理中心及滁州分中心承担责任缺乏依据。原告自2005年4月2日起，在夏春德处购买彩票，并约定了投注、计算方式，故原告与21005号体彩点买卖合同关系能够成立。2005年4月23日，夏媛媛谎称停机，故意不给原告刘培军打体育彩票，其应对刘培军的损失依法承担赔偿责任。由于夏媛媛是夏春德所雇佣的人员，其行为造成的损害应由夏春德承担责任。但刘培军要求被告赔偿其购买彩票应支付的9000元，没有法律依据，故对原告的该项请求不予支持。依照《中华人民共和国合同法》第113条、《中华人民共和国民法通则》第106条、134条第1款第7项之规定判决：

（1）被告夏春德赔偿原告刘培军45 000元，扣除购买彩票款9000元，余款36 000元，于判决生效后立即支付；

（2）驳回原告刘培军对被告夏媛媛、安徽省体育彩票管理中心及滁州分中心的诉讼请求。

案件诉讼费用2700元，由原告刘培军承担540元，被告夏春德承担2160元。

一审宣判后，夏春德不服，提出上诉。

夏春德上诉称：上诉人与被上诉人之间的彩票买卖合同未成立，原审认定合同成立错误。请求驳回被上诉人的诉讼请求。

刘培军答辩称：一审法院认定事实清楚，彩票买卖合同是成立的。法院依据上诉人存在过错判令上诉人承担责任正确。请求驳回上诉人的上诉，维持原判。

安徽省体育彩票管理中心、安徽省体育彩票管理中心滁州分中心答辩称：原审判决我中心不承担责任正确。上诉人与被上诉人之间彩票买卖合同不成立，被上诉人的诉请不应当得到支持。请求驳回被上诉人的诉讼请求。

夏媛媛没有发表答辩意见。

二审法院查明的事实：2005年元月，安徽省体育彩票管理中心（甲方）与夏春德（乙方）签订《中国体育彩票代理销售协议》。协议约定：甲方同意乙方设置投注点销售中国电脑体育彩票；甲方出资购买销售设备和相关设施，租给乙方使用，乙方须交纳押金25 000元整，并承担适当的设备折旧费。协议期满，乙方不再续约的，甲方将收回销售设备和相关设施，设备与设施如无损坏且未发生违约的，甲方一次性退还押金；乙方佣金为销售额的7%（如遇国家政策变动，甲方有权依据国家规定对佣金比例进行调整，并提前通知乙方）……协议签订后，夏春德在滁州市南谯区沙河镇开办体育彩票网点，该网点编号为21005，由其女儿夏媛媛销售体育彩票。刘培军自2005年4月2日在夏春德处购买排列三玩法体育彩票（独胆包号法），即投入每倍200元，中奖每注1000元。刘培军与夏春德口头约定被上诉人在家时以现金结算，如在外地即电话通知投注待返回后结算。自2005年4月2日至2005年4月22日，除4月4日外，刘培军连续20天购买包首"5"彩票，最高投注为25倍，即买5000元，若当天包首"5"出现，投注人即中奖25 000元，扣除购买彩票款5000元，获利20 000元。同年4月23日，刘培军来到夏春德体彩点结算彩票款，当场付现金6400元，尚欠夏春德代垫彩票款27 000元，但没有出具欠条。夏媛媛因担心刘培军继续赊欠，即称停机了。当晚开奖，包首"5"出现。双方由此发生纠纷。夏春德向刘培军索要欠款，刘培军则要求夏春德赔偿其买彩票的全部投入。后双方经协商，夏春德按刘培军书写的《彩票事情经过》抄写一份，并由其女儿夏媛媛签名。刘培军向夏春德出具欠彩票款27 000元的欠条。

二审法院审理认为：彩票是国家为支持社会公益事业而特许专门机构销售，供人们自愿选择和购买，并按照事前公布的规则取得中奖权利的有价凭证。彩票是一种特殊商品，其买卖行为属实践性民事法律行为，即以彩票的交付为合同成立要件。2005年4月23日，刘培军前往夏春德彩票点，因夏媛媛称已停机没有购得彩票，所以刘培军与夏春德本次买卖彩票合同没有成立。原审认定上诉人与被上诉人之间彩票买卖合同成立错误。上诉人认为原审法院认定合同成立错误的上诉理由成立。导致本次买卖合同没有成立的责任在于被上诉人，即自2005年4月2日至2005年4月22日，刘培军与夏春德之间口头约定被上诉人在家时以现金结算，如在外地即电话通知投注待返回后结算。但刘培军出差回来后并没有按照口头约定将上次所欠彩票款33 400元付清，仅付6400元，尚欠27 000元。而当晚购买投注为45倍的彩票还需9000元，被上诉人称其当天有能力支付彩票款显然不符合常理。夏嫒嫒以撒谎的方式拒绝刘培军购买彩票虽然不妥，但其主观不存在恶意，如刘培军确信当晚包首“5”能够出现，其完全可以到其他彩票点购买。因而，夏嫒嫒的行为与刘培军是否能中奖没有必然的因果关系。综上，刘培军没有实际出资向上诉人购得当晚中奖彩票，其向上诉人主张获奖利益没有事实和法律依据。一审判决认定事实错误，依法予以改判，上诉人请求驳回被上诉人刘培军的诉讼请求本院予以支持。依照1991年《中华人民共和国民事诉讼法》第153条第1款第1、3项的规定，判决如下：

（1）维持滁州市南谯区人民法院［2006］滁南民二初字第29号民事判决第2项；

（2）撤销滁州市南谯区人民法院［2006］滁南民二初字第29号民事判决第1项；

（3）驳回被上诉人刘培军对上诉人夏春德的诉讼请求。

一审案件受理费2700元，二审案件受理费2250元，均由被上诉人刘培军承担。

《合同法》及相关法律对买卖彩票及纠纷的处理均无明确规

定。本案争议的焦点是原告没有实际出资购得当晚中奖彩票，其主张获奖利益是否应当予以支持？

要解决这一问题，首先，应明确彩票的性质和特征。国家民政部将彩票定义为：国家为支持社会公益事业而特许专门机构销售，供人们自愿选择和购买，并按照事前公布的规则取得中奖权利的有价凭证。从上述定义可以看出，彩票既是有价证券，也是一种商品，可以自由购买。实践中，我们知道彩票属于特种商品，只有民政和体育部门才可以发行即发行部门特定化，由民政和体育部门委托特定的单位或人销售，一旦选定购买后即不准许退换，是一种期待权利，中奖后才具有真正的权利意义，不中奖就是普通的纸张。

其次，买卖彩票属于什么样的民事法律行为？买过彩票的人都知道，彩票是购买人当即现金购买，彩票点当即出票。这种买卖行为当属实践性民事法律行为即以彩票的交付为合同成立要件，只有彩票交付给购买人，双方的买卖关系才成立。而本案于2005年4月23日，刘培军前往夏春德彩票点，因夏媛媛称已停机没有购得彩票，可见本次双方买卖合同并没有成立。而在实践性合同中，交付标的物只是先合同义务，违反该义务不产生违约责任，可构成缔约过失责任。

再次，导致本次买卖彩票合同没有成立的责任。即谁在缔约过程中存在过错。刘培军并没有按照口头约定将上次所欠彩票款付清，尚欠27 000元。而当晚购买投注为45倍的彩票还需9000元，刘培军称其当天有能力支付彩票款显然不符合常理，夏春德有理由对其履约能力产生怀疑。诚然，夏媛媛以撒谎的方式拒绝刘某购买彩票确有不妥，但其主观不存在恶意。假如原告付清了欠款，持现金购买彩票，夏春德显然不会拒绝原告。所以本案原告在缔约过程中对合同不能成立应负主要责任。

最后，原告的诉请违背公平原则。买卖彩票合同是射幸合同，合同当事人一方支付的代价所获得的只是一个机会——可能获得远远大于投资的奖金，但中奖率极低，所以投资彩票风险巨大。假设当晚出现的中奖号不是“5”，被告的拒绝则可让原告少损失 9000 元。原告如能确信当晚能够中奖，其完全可以到其他彩票点购买。原告当晚没有实际出资 9000 元购买彩票，即没有承担不能中奖的风险，而主张当晚中奖彩票权利，权利义务显然不对等。所以，原告的诉请不符合民法公平原则。

综上，笔者认为，刘培军没有实际出资购得当晚中奖彩票，而主张获奖利益没有事实和法律依据。二审法院判决驳回刘培军的诉讼请求正确。

六、韩祥根与李鹏飞不当得利纠纷案

案情

原告（被上诉人）：韩祥根
被告（上诉人）：李鹏飞

宁波市北仑区人民法院经审理查明：2007 年 3 月底，被告李鹏飞到原告儿子投资的宁波市鄞州韩诚机械电器有限公司工作。2007 年 4 月 14 日，原告用被告的身份证在鄞州银行开户，并以被告名义存进 30 000 元，后原告将存折交给被告。2007 年 8 月 24 日，被告从鄞州银行取出原告存入的该 30 000 元。2007 年 9 月初，被告与宁波市鄞州韩诚机械电器有限公司解除了劳动关系。2008 年 1 月 15 日，原告以借贷纠纷为由，起诉要求被告李鹏飞归还借款 30 000 元，后以证据尚不充分为由，申请撤回对被告李鹏飞的起诉。现原告以不当得利为由要求被告归还人民币 30 000 元。

被告李鹏飞辩称：基于同一事实，原告已经第二次起诉被告，第一次起诉时原告认为被告向原告借款，并且口头提出借款要求，而这一次又说是原告主动将款借给被告，基于此，被告怀疑原告陈述的真实性。原告是出于其真实的意思表示将30 000元打入被告的账户，被告得到该30 000元有合法的根据，不构成不当得利。该30 000元其实是原告向被告归还原先的借款，2007年4月初原告去进货，对被告说需要几万资金能否暂时周转一下，十来天可以归还，被告把自己积蓄的30 000元借给了原告，后原告于2007年4月14日通过银行归还了本案争议的30 000元。要求驳回原告的诉讼请求。

北仑区人民法院经审理认为，原告韩祥根将钱存入被告李鹏飞的存折和被告已取得了该款的事实双方均无异议。原告主张其实为了被告能安心工作，才以个人名义借给被告的，但其提供的证据不足以认定借款关系，被告主张是用于归还原告先前的借款，但未提供证据，原告将钱存入被告存折并由被告取得该款，原告的行为构成了民事上的给付，必然有其目的和原因，在双方对自己的主张均不能提供证据证实的情况下，“被告获得利益没有法律上的根据”这一要件事实真伪不明。目前相关法律法规对不当得利纠纷中得利人取得利益没有合法根据的举证责任分配未作出明确规定，但原告主张得利的被告取得利益无合法依据系消极事实，得到利益的被告一般应当提供取得该利益在法律上或双方约定上的依据，否则应承担不利的后果。被告主张原告的给付用于归还此前的借款，但未提供任何证据，基于原告的经济条件、被告到宁波市鄞州韩诚机械电器有限公司上班时间较短的事实，原告向被告大额借款也不合生活常理。综上，由于被告取得该款没有法定或双方约定的依据，原告要求被告返还不当得到的请求，本院予以支持。依据《中华人民共和国民法通则》第92条、《最高人民法院关于民事诉讼证据的若干规定》第7条的规定，判决如下：

被告李鹏飞在本判决发生法律效力之日起5日内返还原告韩祥根不当得利款30 000元。

宣判后，原审被告李鹏飞不服，向宁波市中级人民法院提起上诉称：①被上诉人要求返还不当得利款，理应由被上诉人举证证明上诉人取得该利益无法律上或双方约定上的依据。②上诉人与被上诉人是民间借贷，只有借条，被上诉人归还借款后，上诉人将借条还给了被上诉人，故没有其他证据证明借款曾经发生。③一审认为基于被上诉人的经济条件、上诉人到宁波鄞州韩诚机械电器有限公司上班时间较短，被上诉人向上诉人大额借款不符合常理，这属于任意猜测，明显偏袒被上诉人。④被上诉人曾以借款起诉，关于30 000元的给付原因，前后矛盾，不足为信。故请求二审法院撤销原判，依法改判，驳回被上诉人的诉讼请求。

被上诉人韩祥根辩称：①原判由上诉人一方就其获利有合法依据承担举证责任并无不妥。②上诉人对于其主张的被上诉人曾经向其借款30 000元，应该提供相关证据，即使如上诉人所称借条已归还，上诉人也应该提供其他间接证据，但是没有提供。③原判对本案的分析符合生活常理，即使被上诉人进货缺款，也应当向公司领款，以其个人名义向上诉人借款不符合常理。④当初上诉人向被上诉人借款30 000元用于建房，因为上诉人后来否认了曾借过款，所以被上诉人认为该笔款项支付错误，故以不当得利起诉。原审法院认定事实清楚，适用法律正确，请求二审法院依法驳回上诉人的上诉请求，维持原判。

宁波市中级人民法院与一审法院认定事实一致。

宁波市中级人民法院审理后认为，双方当事人争议的焦点是被上诉人是否可以基于不当得利请求权要求上诉人返还30 000元，即本案的事实是否符合不当得利的法律构成要件。首先，不当得利是指没有合法根据（法律上的原因），取得利益，造成他人损失。双方当事人对于被上诉人已给付上诉人30 000元（不存在给付对象错误或金额错误的情形）均无异议，而基于给付的不当得利中“无法律上的原因”是指给付欠缺原因。本案中，被上诉人曾以借款纠纷起诉，后以证据尚不充分为由撤诉，在二审期间，被上诉人亦陈述上诉人因建房需要向其借款30 000元，后因上诉人否认借款，被上诉人才以不当得利起诉。本院认为，根据被上诉人的单方陈述，被上诉人当初给付上诉人的30 000元属于借款（这仅为被上述人的陈述，本院在本案中对其真实性不予评价）。因此该笔给付并非欠缺法律上的原因，即使上诉人否认该款为借款，本案也无适用不当得利之余地，因为不当得利制度有严格的构成要件及适用范围，它并非凌驾于其他民法制度之上的负有衡平调节任务的高层次法律，公平原则已具体化于它的构成要件之中。被上诉人表示因为上诉人后来否认了曾借过款，便以不当得利起诉，这是被上诉人企图利用不当得利制度来追求其主观上的“公平结果”，与不当得利制度的固有功能和立法本意不符。

其次，基于给付的不当得利中“无法律上的原因”即给付欠缺原因并非单纯的消极事实，法院在认定有无法律上的原因时，应予以具体化和类型化，使不当得利请求权建立在一个客观上可供检验的构成要件上。被上诉人作为不当得利请求权人，应当对欠缺给付原因的具体情形负举证责任。因为被上诉人乃主动给付该款，是使财产发生变动的主体，应当由其承担举证不能的风险。而本案中，被上诉人不但没有对于欠缺给付原因的具体情形予以举证证明，反而一再陈述当初上述人乃向其借款，因此对于被上诉人主张的上诉人受领30 000元无法律上的原因，本院难以采信。原审法院认定的基本事实清楚，审判程序合法，但对法律的理解存在偏差，致判决失妥，应当予以纠正。上诉人之上诉理由成立，本院予以支持。依然2007年《中华人民共和国民事诉讼法》第153条第1款第2项之规定，判决如下：

(1) 撤销宁波市北仑区人民法院［2008］甬仑民一初字第386号民事判决；

(2) 驳回被上诉人韩祥根的诉讼请求。

一审案件受理费550元，减半收取275元，二审案件受理费550元，均由上诉人负担。

本判决为终审判决。

法理评析

我国法律关于不当得利的规定只有两个条文，《民法通则》第92条规定：没有合法根据，取得不当利益，造成他人损失的，应当将取得的不当利益返还受损失的人。《意见》第131条规定：返还的不当利益，应当包括原物和原物所生的孳息。利用不当得利所取得的其他利益，扣除劳务管理费用后，应当予以收缴。根据以上规定，不当得利的构成要件应为：①取得不当利益；②造成他人损失；③得利人取得利益没有合法根据。

不当得利的构成要件中，“没有合法根据”的证明责任应由哪一方承担，由于法律规定不明确，理论上对证明责任分配存在认识上的分歧。本案一审、二审因对其证明责任分配不同，产生不同的判决结果。结合本案的审判，我们认为应从三方面进行探讨：①不当得利诉讼中“没有合法根据”证明责任的承担；②原告陈述的事实和理由系借款，但以不当得利起诉法院应如何处理；③如何应对当事人在不当得利诉讼中的诚信问题。

（一）“没有合法根据”证明责任的承担

在当前的司法实践中，一种观点认为，不当得利证明责任的分配中，“没有合法根据”属于消极的事实，应当由被告承担证明责任。此种观点的依据有三：一是原告对消极的事实无法举证；二是从公平的角度看，被告收到原告给付的利益，应当说明其接受给付的依据；三是能证明收受利益原因的相关证据多在被告的控制之中，从离证据远近的角度看，应当由被告承担证明责任。此种观点乍看似乎很公平，但仔细分析就会发现其中存在诸多错误。

首先，“没有合法根据”并非均系消极事实。无合法根据既有自始的无合法根据，亦有嗣后的无合法根据。如在基于合同的给付而产生的不当得利诉讼中，如果合同被宣告无效、被撤销或被解除，原有给付因失去合同的支持而变为不当得利。此时“无合法根据”即“失去合法根据”实际上是积极的事实，此时由原告承担证明责任有何不妥呢？依罗森贝克的权威学说，只要是属于权利发生规范的构成要件事实，即使是消极事实，原告的证明责任也不能免除。正如本案二审法官认为的，基于给付的不当得利中“无法律上的原因”即给付欠缺原因并非是单纯的消极事实，法院在认定有无法律上的原因时，应予以具体化和类型化，使不当得利请求权建立在一个在客观上可供检验的构成要件上。

其次，让原告承担“没有合法根据”的证明责任没有不公平。本案原告自己为被告开立账户并存入30 000元，后将存折交给被告，被告收取行为并非主动所为，即便造成给付错误则也是原告自己的行为造成的。不当得利诉讼中，被告收取原告给付的利益有诸多原因，未必均属不当，在给付原因未查明之前，假定被告收取的是不当利益，而原告是受害者的做法是先入为主、有责推定，有悖于司法规律与法官操守。按王泽鉴的债法理论：给付不当得利请求权人乃使财产发生变动的主体，控制财产资源变动者承担举证责任，实属合理。在不当得利诉讼中，不是所有案件均会进入到真伪不明状态。在诉讼中法院还可能运用高度盖然性证明标准对原告提交证据和被告提交证据的证明力进行比较或通过被告自认、事实推定的方法来认定“没有合法根据”的事实。因此，认为原告承担“没有合法依据”的证明责任不公平的论点不能成立。

最后，让原告承担“没有合法依据”的证明责任也是有法律依据的。依据《证据规定》第2条，当事人对自己提出的诉讼请求所依据的事实或者反驳对方诉讼请求所依据的事实有责任提供证据加以证明。由此，我们可以得出不当得利诉讼中由原告承担“没有合法依据”的证明责任的结论。由被告承担“没有合法依据”的证明责任，实质上是倒置了不当得利的证明责任，而举证责任倒置需要有法律的明确规定。本案一审依据《证据规定》第7条规定：“在法律没有具体规定，依本规定及其他司法解释无法确定举证责任承担时，人民法院可以根据公平原则和诚实信用原则，综合当事人举证能力等因素确定举证责任的承担。”该条规定赋予了法官一定的自由裁量权，但该条规定只能是一个有限制条件的例外，不能随意滥用。首先，无司法解释或法律规定方可适用，而根据《证据规定》第2条可以确定不当得利的证明责任，该条件并不具备；其次，是必须依据公平原则和诚实信用原则适用，如前所述，不当得利证明责任加给原告没有不公平；最后，法院还必须综合当事人举证能力等因素适用，不当得利诉讼中原告实际上的举证能力未必弱于被告，原告作为财产起始的控制方，其自己的行为致财产发生转移，某种角度讲举证能力应强于被告。

（二）原告陈述的事实和理由系借款，但以不当得利起诉法院应如何处理

本案原告曾以借贷纠纷为由起诉要求被告归还借款，后以证据尚不充分为由，申请撤回对被告的起诉，之后原告又以不当得利为由要求被告归还该款。当事人（包括其代理律师）在决定其诉讼策略时要选择风险最小、投入少的诉讼理由及诉讼请求。在双方因基础关系产生纠纷时，已付钱一方要通过诉讼讨回该钱款时，首先面临的就是案由（请求权基础）的选择问题。如果当事人错误地认为选择不当得利诉讼可以实现举证责任倒置，则当事人必然倾向于选择提起不当得利诉讼，而不是从基础法律关系提起诉讼。法院一旦以不当得利立案，原告方为了与主张的诉讼理由相一致，往往会故意隐匿与基础法律关系相关的重要证据，给法院查明案件的客观事实带来极大困难。正如本案二审认为的被上诉人表示因为上诉人后来否认了曾借过款，便以不当得利起诉，是被上诉人企图利用不当得利制度来追求其主观上的“公平结果”，与不当得利制度的固有功能和立法本意不符。

法院对该类诉讼应该做到：发现原告虽以不当得利起诉，但实际上双方另有基础法律关系时，因为基础法律关系的性质是不当得利确定的先决条件，必须首先审理基础法律关系，然后才能确定是否构成不当得利。法官应进行释明，告知原告可以变更为按基础法律关系起诉，并按基础法律关系提出请求，同时重新给予双方新的举证期限。也可告知当事人可以在申请本案撤诉后，再按基础法律关系起诉。如果在法官释明后原告仍坚持以不当得利起诉，法院应当判决驳回其诉讼请求。

（三）如何应对当事人在不当得利诉讼中的诚信问题

在不当得利诉讼中极易发生的情况是，原告的给付行为有

法律上的原因（如借贷、赠与、合伙、投资等），相关的证据就在原告手中，但原告出于诉讼策略甚至是诉讼欺诈的考虑，诉称无合法根据。原告以不当得利为由起诉，如由被告就是否有合法根据举证，不但会使其难以举证，而且会给被告带来巨大、不公平的风险，同时有诱导当事人滥用不当得利诉讼进行诉讼欺诈的危险。

法院释明后，原告仍坚持以不当得利起诉，法院驳回原告基于不当得利的诉讼请求后，为提倡当事人诚实信用，应明确规定原告不得再基于基础法律关系就同一诉讼请求再行起诉。从法理而言，在判决发生法律效力后，原告就同一被告、同一事实、同一诉讼请求不能再行起诉，否则，有违“一事不再理”的基本法理。因此，在不当得利诉讼被判决驳回后，原告不享有依据基础法律关系再行提起诉讼的权利。此结果似乎对原告过于严苛，但当事人进行诉讼，本应依诚实信用原则而行。原告违反诉讼中的诚实信用原则，对案件事实做虚假陈述，选择虚假案由，导致败诉后果实属咎由自取。否则，如果允许原告就同一被告、同一事实、同一诉讼请求再行起诉，不仅判决难有确定之日，而且会助长不诚信的诉讼行为。将有限的司法资源浪费在恶意诉讼的当事人的反复诉讼上，不仅会违反诉讼效率的要求，也与民事诉讼通过国家强制力解决民事纠纷的目的背道而驰。

七、无锡恒茂时代不动产经纪有限公司诉张某某、顾某某居间合同纠纷案

案情

原告：无锡恒茂时代不动产经纪有限公司

被告：张某某、顾某某

张某某与顾某某系夫妻。2010 年 8 月，张某某、顾某某通过无锡恒茂时代不动产经纪有限公司（以下简称“恒茂公司”）获得前宋巷 180 号 702 室的房源信息。后张某某、顾某某在恒茂公司工作人员的陪同下查看了前宋巷 180 号 702 室房屋及其他房源，张某某作为甲方在恒茂公司提供的《看房确认单》上签字确认，落款日期为 2010 年 8 月 25 日。《看房确认单》中明确：自本确认书签字 3 个月内，甲方承诺不得与以乙方所介绍之房屋产生除乙方为中介方之外的其他任何形式的成交（包括私下与房主成交或通过其他中介公司成交等），或将房屋信息告知他人成交。如有违反，则甲方必须支付该房屋信息服务费的 2 倍给乙方作为违约补偿金；房屋买卖服务费收取标准为成交价的 2%。2010 年 9 月 3 日，张某某、顾某某与前宋巷 180 号 702 室原产权人陈某某、谈某某签订了《房屋转让协议》，约定房屋成交价 160 万元，并通过无锡市房屋置换中心有限公司办理了产权过户手续，双方各交纳了代理费人民币 250 元。2010 年 9 月 30 日，顾某某、张某某与陈某某、谈某某签订《存量房买卖合同》，约定房屋成交价为 812 900 元。恒茂公司获知张某某、顾某某已购买前宋巷 180 号 702 室房屋的事实后，于 2010 年 12 月起诉，要求张某某、顾某某按照服务费的双倍标准支付违约金人民币 32 516 元。审理中，恒茂公司根据张某某、顾某某提供的《房屋转让协议》，变更诉讼请求，要求张某某、顾某某支付中介费人民币 32 000 元。张某某、顾某某则认为恒茂公司的诉讼请求没有依据，可以酌情支付恒茂公司劳务费人民币 500 元。审理中，双方当事人对于原房屋产权人陈某某、谈某某不承担中介费的表示均予以认可。双方当事人对于《看房确认单》中服务费即为中介费均无异议。

原告恒茂公司诉称：张某某、顾某某需要购买二手房，恒茂公司为其提供了无锡市前宋巷180号702室的房源，2010年8月25日，张某某签下《看房确认单》。后张某某、顾某某以该房不合意为由，告知恒茂公司不能成交，但张某某、顾某某于2010年9月30日与前宋巷180号702室的原产权人以人民币81.29万元的价格达成房屋转让协议，逃避了应当向恒茂公司支付的服务费，现要求张某某、顾某某按照服务费的双倍支付违约金人民币32 516元。

被告张某某、顾某某辩称：双方是于2010年8月26日去前宋巷180号702室看房的，但张某某、顾某某在8月25日就签下了《看房确认单》，恒茂公司事后也未将《看房确认单》交给张某某、顾某某。《看房确认单》中提到了信息服务费和服务费，但对信息服务费的收费标准没有约定，也没有提请张某某、顾某某注意相应的条款，恒茂公司诉讼请求没有法律依据，要求驳回恒茂公司的诉讼请求。

江苏省无锡市南长区人民法院经审理认为：居间合同是居间人向委托人报告订立合同的机会或者提供订立合同的媒介服务，并由委托人支付报酬的合同。张某某、顾某某根据恒茂公司提供的关于前宋巷180号702室房屋的房源信息与原产权人签订房屋转让协议，恒茂公司与张某某、顾某某之间已形成居间合同关系，张某某、顾某某应向恒茂公司支付相应的报酬。张某某、顾某某认为《看房确认单》并未一式2份交给张某某，恒茂公司也未提请张某某、顾某某注意相应的条款等理由不能免除张某某、顾某某支付报酬的义务。根据《看房确认单》的约定，服务费的收取标准为房屋成交价的2%，符合法律规定，但服务费应向交易双方收取，因双方当事人对于原产权人不承担中介费的表示无异议，可视为恒茂公司放弃了要求原产权人承担中介费的请求。考虑到恒茂公司仅提供信息，未实际操作张某某、顾某某的购房协议等，中介费可酌情少收。

据此，江苏省无锡市南长区人民法院依照《中华人民共和国合同法》第424条、第426条第1款的规定，于2011年7月25日作出判决：

张某某、顾某某于判决发生法律效力后10日内支付无锡恒茂时代不动产经纪有限公司人民币15 500元。

一审宣判后，双方当事人在法定期限内均未提出上诉，判决已经发生法律效力。

法理评析

本案是一起典型的居间合同纠纷案。在现实生活中，委托人利用居间人提供的信息私下与他人订立合同的行为较为普遍，这种行为在行业内称为“跳单”。本案的主要争议有以下几点：

（一）原被告双方是否形成居间合同法律关系

根据《合同法》规定，居间合同是居间人向委托人报告订立合同的机会或者提供订立合同的媒介服务，委托人支付报酬的合同。本案中，恒茂公司带领张某某、顾某某实地考察前宋巷180号702室，即提供了房源信息，原、被告双方对于《看房确认单》上张某某的签字没有异议，该《看房确认单》可以视为一份居间合同。因此，张某某、顾某某与恒茂公司之间已形成居间合同法律关系。

（二）原被告签订的《看房确认单》是否属于格式合同及其效力

房地产中介公司为了维护其权益，通常在居间合同中规定：委托人除了与该中介机构交易外，在一定期限内不得以其他形式与该房产发生交易，否则需承担违约责任。而委托人往往以此规定为格式条款，对其不产生效力为由进行抗辩。从形式上看，此类规定是房产中介机构为重复使用而预先拟定，并在订立合同时未与对方协商的条款，属于格式条款。只要此类条款不存在免除一方责任、加重对方责任、排除对方主要权利的情形，就不属于《合同法》第40条合同格式条款无效的情形，对合同当事人而言就具有法律约束力。

就本案来看，《看房确认单》约定“自本确认书签字3个月内，甲方承诺不得与乙方所介绍之房屋产生除乙方为中介方之外的其他任何形式的成交（包括私下与房主成交或通过其他中介公司成交等），或将房屋信息告知他人成交。如有违反，则甲方必须支付该房屋信息服务费的双倍给乙方作为违约补偿金；房屋买卖服务费收取标准为成交价的2%”。该条款旨在保护中介公司作为居间人依法应享有的权益，防止当事人利用已经获得的服务进行私下交易的背信行为。其虽是格式条款，但并不存在免除一方责任、加重对方责任、排除对方主要权利的情形，不属于《合同法》第40条合同格式条款无效的情形。进一步而言，在居间合同履行的过程中，恒茂公司也的确提供了房源信息，因而对张某某、顾某某之后的交易行为做出一定范围的限制，也符合民法的公平原则，所以该条款对张某某、顾某某具有法律约束力。

（三）被告是否构成违约，如果构成，那么其应承担的中介费数额是多少

居间人促成合同成立后，委托人应当按照约定支付相应的报酬。本案中，张某某、顾某某根据恒茂公司提供的房源信息私下与原产权人签订房屋转让协议，违反了居间合同中关于“不得与乙方所介绍之房屋产生除乙方为中介方之外的其他任何形式的成交”的约定，属于违约行为，应向恒茂公司支付相应

的中介费。张某某、顾某某认为《看房确认单》并未一式两份交给张某某，恒茂公司也未提请张某某、顾某某注意相应的条款等理由不能免除张某某、顾某某支付报酬的义务。《看房确认单》约定服务费的收取标准为房屋成交价的2%，符合法律规定，但服务费应向交易双方收取，因双方当事人对于原产权人不承担中介费的表示无异议，可视为恒茂公司放弃了要求原产权人承担中介费的请求。考虑到恒茂公司仅提供信息，并未实际操作张某某、顾某某的购房协议等情形，中介费可酌情少收。最终法院判令张某某、顾某某支付恒茂公司中介费人民币15 500元，是比较合理的。

本案与最高人民法院第1号指导案例即“上海中原物业顾问有限公司诉陶德华居间合同纠纷案”（最高人民法院审判委员会讨论通过、2011年12月20日发布）虽同属房屋买卖居间合同“跳单”违约纠纷，但二者解决的诉讼争点并不相同，单纯从技术上判断，也不属于《最高人民法院关于案例指导工作的规定》第7条规定的“类似”案件。

就当事人诉辩情况看，本案的诉讼争点是：“居间人未将其与委托人签订的《看房确认单》格式文本交给委托人，也没有提请委托人注意相应的条款，是否属于《合同法》第40条合同格式条款无效的情形?”

第1号指导案例的诉讼争点是：“在卖方将同一房屋通过多个中介公司挂牌出售后，买方通过其他公众可以获知的正当途径获得相同房源信息，并与其他中介公司订立房屋买卖合同的行为，是否违反其与本案原告中介公司签订的《房地产求购确认书》第2.4条的约定?”

本案的诉讼争点属于约定条款效力问题；第1号指导案例的诉讼争点属于是否构成违约问题。由于争点不同，法院审判的对象及裁判理由均不相同。由此可见，诉讼争点比对，是判断指导案例与待决案件“类似”与否的核心内容和关键环节。

第1号指导案例确认的裁判要点是：“房屋买卖居间合同中关于禁止买方利用中介公司提供的房源信息却绕开该中介公司与卖方签订房屋买卖合同的约定合法有效。但是，当卖方将同一房屋通过多个中介公司挂牌出售时，买方通过其他公众可以获知的正当途径获得相同房源信息的，买方有权选择报价低、服务好的中介公司促成房屋买卖合同成立，其行为并没有利用先前与之签约中介公司的房源信息，故不构成违约。”本案属于指导案例裁判要点所确认的前提条件那类情形，与指导案例指明的参照要点不属于“同类”问题。

需要指出的是，本案判决中有关“中介费”的认定与《看房确认单》关于“房屋信息服务费”“房屋买卖服务费”的约定究竟是什么关系？与《合同法》第426条关于“平均负担居间人的报酬”的规定又是什么关系？本案判决没有直接回应居间合同委托人的主张，即《看房确认单》没有约定“信息服务费”的收费标准问题，而是用《合同法》第426条规定来限制《看房确认单》关于“房屋服务费”的约定，以确定违约损害赔偿数额，即所谓的“中介费”。这个诉讼和审判思路，应建立在当事人有关这些问题的诉辩主张与理据基础之上，诉讼争点有待进一步明确，裁判推理和说理还有深入、细化的余地。

综上，法院通过判决承担违约责任来宣示“跳单”行为的违法性，有利于引导交易主体在经济交往中遵守诚实信用原则，维护交易的稳定性和安全性。

第四编

一、华赞诉美国中国项目咨询公司将有其在内的合影照片印在资料上散发侵害肖像权案

案情

原告：华赞

被告：中国项目咨询公司

原告华赞为美国未来趋势国际集团的主席兼总裁。1998 年 5 月 2 日，原告所属集团聘用温跃宽担任其国际策略专家，并由其负责筹建集团公司所属的上海代表处信息部。聘用期间，温跃宽随同原告出访美国，与原告等 4 人一起和美国国家贸易局局长卡罗尔·T. 克劳福德（Carol T. Crawford）女士合影留念。1999 年 10 月，被告成立上海办事处，由温跃宽担任该办事处的首席代表。被告上海办事处成立时，将该办事处首席代表温跃宽随原告等人出访美国期间与美国国家贸易局局长的上述合影照片一并印在该办事处的资料上对外广为散发。原告以被告擅自使用其肖像用于其商业目的为由，向上海市第一中级人民法

院提出诉讼。

原告诉称：由于被告的侵权行为，致被告成功地将原属原告的大量客户转移至被告处，故请求判令被告停止侵权，赔礼道歉，赔偿原告精神损失人民币 200 万元。被告经合法传唤，未到庭参加诉讼。

上海市第一中级人民法院经缺席审理认为：肖像可以分为个人肖像和集体肖像。个人肖像中肖像权人的人格权是独立存在的，一旦发现侵权事实，肖像权人即可根据法律规定主张其权利。而在集体肖像中，由于各肖像权人在照片中均享有独立的人格权，其转化（或派生）出的物质利益为全体肖像权人所共有，其肖像的权益被全体肖像权人的权益所涵盖，其个人特征难以在集体肖像中凸显，故不具有人格权存在之基础。原告一人对其肖像权的主张，不能反映全体肖像权人的利益。被告未征得原告的同意，在其含有商业目的的宣传资料中，使用包含原告的集体肖像的行为虽欠妥，但没有对原告的个体肖像进行恶意毁损、玷污及丑化，并未侵害原告的肖像权。依照《中华人民共和国民法通则》第 100 条之规定，该院于 2000 年 4 月判决：驳回原告的诉讼请求。

法理评析

（一）肖像权之一般理论

肖像权为人格权之一种。肖像是通过绘画、造像、雕塑、录像、电影艺术等形式，使公民的外貌在物质载体上再现的视觉形象。法律意义上的肖像为自然人人格的组成部分，肖像所体现的精神特征从某种程度上可以转化或派生出公民的物质利益。法律保护公民的肖像，是基于公民的精神利益、人格利益，肖像权人对自己的肖像享有专有权。肖像权人既可以对自己的肖像权利进行自由处分，又有权禁止他人在未经其同意的情况下，擅自使用其专有的肖像。《民法通则》第100条规定：“公民享有肖像权，未经本人同意，不得以营利为目的使用公民的肖像。”《意见》第139条明确规定：“以营利为目的，未经公民同意利用其肖像做广告、商标、装饰橱窗等，应当认定为侵害公民肖像权的行为。”未经肖像权人的同意，擅自使用他人的肖像，除法律明文规定的阻却违法事由的以外，均构成侵害公民的肖像权。

在司法实践及法学理论上，阻却违法事由包括以下几种：①为社会公共利益而使用肖像的行为，如公安机关发布通缉令而使用人犯的肖像；②为公民本人利益而使用肖像的行为，如公民因亲人走失对外发布寻人启事而使用肖像；③为社会新闻报道而使用肖像的行为，如为弘扬社会正气或揭露社会丑恶现象而使用公民肖像；④善意使用政治家及社会明星肖像的行为。

我国法律对侵害公民肖像权的行为并不以营利目的为构成要件。在司法实践中，对侮辱性地使用他人的肖像，不论是否有营利的目的，均构成对他人肖像权的侵害，这是由肖像权所体现的精神特征所决定的。

（二）集体肖像之合理使用与肖像权保护

肖像可区分为个人肖像与集体肖像。个人肖像之肖像权人的人格权是独立存在的，一旦发生侵权的事实，肖像权人即可以依据法律规定向侵权行为人主张其权利。集体肖像是各权利人的独立肖像的集合体，具有独立性与同一性之二重特征。在抽象的法律意义上，各权利人就其在集体肖像中之个人肖像所享有的精神利益及转化（或派生）的物质利益是独立、可分的，各肖像权人在相片中均享有独立的人格权。在物理上，集体肖像又具有不可分的特质，故在使用集体肖像中特定的个人肖像时不可避免地会连带使用到其他人的肖像。

我国法律对侵害个人肖像权行为的特征、构成要件、法律后果等作出了规定，但对集体肖像中的一人（或集体中的数人）使用集体肖像是否对其他集体肖像成员的肖像权构成侵害，尚无明文规定。1887 年，法国巴黎高等法院曾作出了这一方面的判例。某著名演员要求法院判决照相馆撤去其所陈列的包括自己肖像在内的合影照片。法院认为，一人关于其肖像所有的利益，为全体的利益所压倒，一人之个性为全画面所掩蔽，而人格权失其存在之基础，包括该演员在内的集体合影照片无撤回的必要，遂驳回其诉讼请求。该判例为以后诸多立法所采纳，其要旨可归纳为：个人肖像中，其肖像权人可以依据法律主张肖像权；集体肖像中，各肖像权人不得主张肖像权。此理论虽解决了集体肖像的肖像权问题，但存在一个重大缺陷，即集体肖像中任何人的肖像权都无法得到保护。在行为人恶意使用集体肖像权时，这一缺陷更加明显。所以，该理论又包括一个例外，即使用人如针对集体肖像中特定的人，有恶意毁损、玷污或丑化等行为，此时特定人的人格权的比重程度足以涵盖全体肖像权人，其肖像权受到侵害便是显而易见的，故应当认定为侵害肖像权。

从肖像权的法律特征看，既然肖像权属于人格权的组成部分，其精神特征可以转化（或派生）出物质利益，个人的肖像中，其肖像权人的人格是独立存在的，那么一旦发生侵权的事实，肖像权人即可以依法律规定主张其权利。在集体肖像中，各肖像权人虽然在相片中均享有独立的人格权，但全体肖像权人对该集体肖像享有无法分割的精神利益和物质利益。此时，不能因为一个人的利益而使全体肖像权人的利益受损。因此，在界定集体肖像的肖像权时，既要使集体肖像中各成员的肖像权得到充分、有效的保护，又要保证集体肖像各成员对集体肖像有合理的使用权。如果使用集体肖像中任何一人的肖像即对其他合影者构成侵权，则该集体肖像势必难以进行利用，这对合影者来讲过于苛刻，也不符合经济效益。因此，必须在合影者的肖像权和合影者对肖像的使用权之间取得平衡，方能既保证合影者对肖像的合理使用，又不至于害及其他合影者的人格权。个人肖像由于其法律意义与物理特质的同一性，并不牵涉第三人之利益，使得其法律保护比较便捷、充分。集体肖像由于其法律意义与物理特质相分离，且牵涉第三人（其他合影者）之利益，故须在第三人与权利人之间为利益之平衡。因此，就单个的肖像权人而言，个人肖像与集体肖像的法律保护程度是不一样的，集体肖像的法律保护程度要低于个人肖像。也即集体肖像中之个人的肖像权应受一定限制，此种限制以确保全体合影者对集体肖像的合理使用为限。

（三）侵害集体肖像中个人肖像权故意之认定

行为人之过错是其承担侵权责任的必要条件。在侵害肖像权之行为中，行为人的主观心理状态均为故意，故意是侵害肖像权行为的构成要件之一。所谓故意，即行为人明知是他人肖像而欲使用的主观心理状态。此处之明知，指对他人身份的明知。判断使用集体肖像的行为是否侵害了集体肖像中特定个人的肖像权，除了行为人客观上具有使用集体肖像的行为外，还要看行为人故意的指向。如果行为人只是为了使用集体肖像中特定个人的肖像而使用集体肖像，则不具有使用该特定个人之外的其他合影者肖像的故意，因而对该特定个人之外的其他合影者不构成侵权。判断行为人故意的指向，可以从行为人对照片的文字说明或从其使用照片的意图来进行。本案中，被告使用该集体肖像是为了突出被告与美国国家贸易局局长卡罗尔·

T. 克劳福德（Carol T. Crawford）女士的关系，其行为故意指向美国国家贸易局局长卡罗尔·T. 克劳福德（Carol T. Crawford）女士，而非原告华赞。故被告虽在客观上具有使用包括原告华赞在内的集体肖像之行为，但主观上并无使用原告华赞肖像之故意。对原告华赞而言，被告之行为不构成侵权，也即被告之行为未侵害原告华赞之肖像权。至于被告之行为是否侵害了美国国家贸易局局长卡罗尔·T. 克劳福德（Carol T. Crawford）女士的肖像权，则是另一问题。如果认定被告的行为对原告华赞构成侵权，则所有合影者均可向被告追究侵权责任，势必害及集体肖像成员合理使用集体肖像的权利。故法院驳回原告的诉讼请求，既合于法理，又能实现当事人利益之平衡。

二、吴淑英、曹俊芳诉北京周林频谱集团总公司侵害肖像权、名誉权纠纷案

案情

原告（上诉人）：吴淑英、曹俊芳

被告（被上诉人）：北京周林频谱集团总公司

1991 年 6 月初，原告吴淑英因患类风湿病在山西医学院第二附属医院内科免疫科住院治疗。期间，正值周林频谱在全国搞技术推广。吴淑英在该院治疗的同时，曾用周林频谱仪对其膝关节部位进行照射治疗，病情确有好转。为了保留医疗学术资料，主治大夫给吴淑英拍摄了三张彩色照片，即吴淑英由子女曹俊芳搀扶的照片一张，吴淑英双腿、脚的照片一张，吴淑英本人站立的照片一张。1994 年 3 月，被告北京周林频谱总公司（以下简称“周林公司”）未经原告吴淑英、曹俊芳的同意，将照片印刷制作成图片广告的一部分，予以张贴，并将其

中两张照片收集在《生物频谱医学创始人周林》的画册内局部散发。被告在使用上述照片时，在照片下方将原告吴淑英的病情误写为“骨关节结核患者”或“骨结核性关节炎患者”。1995年3、4月间，原告发现该图片广告。尔后新闻界将该情况披露，经双方当事人交涉，被告向原告表示了歉意，并由其子公司——山西周林频谱公司——于1995年4月5日发出通知，将图片广告及画册上原告的照片和所配文字全部覆盖，对涉及原告肖像权的图片采取了相应的补充措施。

原告以被告周林公司未经本人同意，擅自将原告的照片公开张贴、散发，并将吴淑英患×××病进行公开，侵犯了原告的肖像权和名誉权为由，向太原市中级人民法院起诉要求被告承担民事责任，赔偿经济损失12万元。

被告周林公司辩称，公司未经原告许可使用其照片作为广告图片的一部分，承认侵犯了二原告的肖像权，但对此公司已一再道歉并愿意承担合理的经济赔偿责任，并已于1995年4月5日停止侵权行为，采取了一定的补救措施。经与原告曹俊芳协商经济补偿问题，因原告提出的金额过高，而未达成协议。

太原市中级人民法院经审理认为，被告未经原告许可擅自使用其照片作为广告图片的一部分，侵犯了二原告的肖像权，对此行为被告应承担民事法律责任。原告诉请被告侵犯其肖像权，理由正确，应予支持。被告应酌情赔偿原告经济损失，但原告诉请被告侵犯其名誉权及要求赔偿其经济损失12万元，因理由不足，不予支持。依照《中华人民共和国民法通则》第120条的规定，于1996年12月3日判决如下：

（1）被告北京周林频谱集团总公司停止对二原告肖像权的侵害，赔偿原告吴淑英损失3000元，赔偿原告曹俊芳1000元。

（2）驳回二原告的其他诉讼请求。

宣判后，吴淑英、曹俊芳不服，以原审判决没有认定侵害名誉权，没有认定侵权的范围，对承担民事责任的方式确认过少、赔偿数额过低为由上诉至山西省高级人民法院。

山西省高级人民法院经审理认为，被上诉人周林公司未经上诉人吴淑英、曹俊芳的同意，以营利为目的，擅自使用他们的肖像作为图片广告的一部分，并将其收集到介绍个人成就专辑的彩色画册内，侵犯了二上诉人的肖像权，上诉人请求司法保护应予支持。被上诉人侵犯上诉人肖像权的行为，虽然也对上诉人的名誉有所影响，但尚不符合侵犯名誉权的法律构成要件，故本院不予认定。被上诉人图片广告的传播范围，经本庭认证，应为山西、陕西、黑龙江等北方省份及南方的云南省。上诉人主张 12 万元的赔偿金，由于没有法律和足够的证据，本院不予支持。庭审中，上诉人主张因被上诉人侵犯肖像权，给上诉人造成经济损失 8000 余元，经认证，其请求部分合理，被上诉人应酌情补偿。由于被上诉人周林公司已向上诉人赔礼道歉，并就涉及上诉人肖像权的图片广告采取了相应的补救措施，故一审判决周林公司承担停止侵害、赔偿损失之责任，基本事实清楚，适用法律得当。依照 1991 年《中华人民共和国民事诉讼法》第 153 条第 1 款第 1 项、《中华人民共和国民法通则》第 120 条之规定，于 1997 年 4 月 23 日判决如下：

（1）维持太原市中级人民法院［1996］并民初字第 146 民事判决；

（2）由被上诉人周林公司酌情补偿上诉人吴淑英、曹俊芳经济损失 7000 元。

《民法通则》规定公民享有肖像权、名誉权等人身权。本案

中，原告吴淑英、曹俊芳诉称被告北京周林频谱集团总公司侵犯了其肖像权和名誉权，要求被告承担相应的民事责任。法院在审理时就要查清事实，认定被告的行为是否侵害了原告的肖像权、名誉权。

肖像权是指公民通过造型艺术或其他形式在客观上再现自己形象所享有的专有权。公民肖像权的内容主要包括：①肖像拥有权，即公民有权拥有自己的肖像。未经公民的许可，他人不得拥有该公民的肖像，也不得损坏他人的肖像。②肖像的制作权，即决定是否制作，如何制作肖像的权利。③肖像使用权，即决定是否使用，如何使用肖像的权利。未经本人同意，他人不得使用其肖像。从各国民事立法关于肖像侵权的规定来看，有些国家明确规定肖像权是公民的一种权利，有些国家则并未予以明确规定。但不论怎样，各国法律均对肖像权给予了保护，只是有的侧重于财产利益的保护，如美国 1938 年“Flake 诉 Greensboro News Co. 案”就肯定了肖像的财产权益。笔者认为，我国民法应当是侧重于从人格利益方面保护肖像权，肖像如同姓名一样，属于公民人格的一部分，具有专有性。然而，《民法通则》第 100 条却规定：“公民享有肖像权，未经本人同意，不得以营利为目的使用公民的肖像。”由此可见，在我国民法上要构成侵犯公民肖像权的行为，应具备两个法律要件：一是未经本人同意使用了公民的肖像；二是以营利为目的。这显然又与我国民事立法保护肖像权的本意不太切合。不错，常见的侵犯公民肖像权的行为，主要是未经本人同意，以营利为目的使用他人肖像作商业广告、商品装潢、书刊封面及印刷挂历等。但是，也有不以营利为目的使用他人肖像的情况，如利用某人的肖像作公益指示标志或宣传，在这种情况下是否构成侵权？肖像权人是否可以阻止未经许可地使用其肖像呢？显然，法律这样规定势必会导致一些无视公民肖像权的现象蔓延，这不符合《民法通则》立法本意。我们认为，侵犯肖像权的行为不在于是否以营利为目的，而在于不尊重公民对其肖像使用的决定权，因而《民法通则》第100条应当取消“以营利为目的”的规定。对于侵犯肖像权的行为，受害人可自力制止也可依法请求加害人停止侵害、赔礼道歉、消除影响或赔偿损失等。本案中，被告周林公司未经原告吴淑英、曹俊芳的同意，擅自使用他们的肖像作为图片广告的一部分予以张贴，并收集在介绍个人成就的《生物频谱医学创始人周林》专辑画册内，侵犯了二人的肖像权，对此，周林公司也予以承认，因此原告依法请求司法保护应予以支持。当然，周林公司确实以营利为目的擅自使用了原告的肖像，即使按现行民法也已属侵权。但是我们认为，从法理上讲，审理本案，可以不考虑周林公司是否以营利为目的。

名誉权是指公民或法人对自己在社会生活中所获得的社会评价即自己的名誉，依法所享有的不可侵犯的权利。《民法通则》第101条对侵害名誉权的规定是：“公民、法人享有名誉权，公民的人格尊严受法律保护，禁止用侮辱、诽谤等方式损害公民、法人的名誉。”《意见》第140条规定：“以书面，口头等形式宣扬他人的隐私，或者捏造事实公然丑化他人人格，以及用侮辱、诽谤等方式损害他人名誉，造成一定影响的，应当认定为侵害公民名誉权的行为。”根据上述规定，人民法院审理侵害公民名誉权纠纷案件，在确认当事人的行为是否侵权时，应从以下几个方面加以认定：①行为人确有损害他人名誉的事实，即以书面、口头等形式宣扬他人隐私，或者捏造事实公然丑化他人人格，以及用侮辱、诽谤等方式损害他人名誉；②主观上有过错，包括故意和过失；③行为违法；④损害行为与后果之间有因果关系。凡是具备以上条件的，均应当认定为侵害他人名誉权的行为，侵权人应当承担相应的民事责任；凡是不具备以上条件的，均不能认定为侵害他人名誉权的行为。本案中，被告周林公司没有侵害原告名誉权的行为，不存在损害原告名誉的事实，周林公司虽然使用了原告的照片，并配有文字，但这些行为均未给原告名誉带来任何影响，也就是说根本不存在原告名誉受到损害的后果，因而周林公司的行为不符合侵犯名誉权的构成要件，所以被告并没有侵害原告的名誉权。

本案庭审中，被告周林公司承认侵犯了二原告的肖像权，并当庭向二原告赔礼道歉，法庭予以认可。对于经济赔偿问题，原告主张 12 万元的赔偿金，没有法律依据和足够的证据。而原告主张因被侵犯其肖像权给原告造成经济损失八千余元，其请求合理，被告应予酌情补偿。一审法院判决被告赔偿二原告经济损失 4000 元后，二审法院继而判决被告酌情补偿二原告经济损失 7000 元，合理合法，应予肯定。

三、冒凤军诉中国电信集团黄页信息有限公司南通分公司等隐私权纠纷案

案情

原告（上诉人）：冒凤军

被告（被上诉人）：中国电信集团黄页信息有限公司南通分公司

原告冒凤军诉称：2010 年年初开始，被告单位在原告乡镇所属村居的电信用户大量发放 2010 年电信乡情网号簿，该号簿除了刊登了包括原告在内的该镇所属村居电信用户详实的姓名、住址和电信号码信息外，还充斥着大量商业广告。原告见到该号簿后遂电告被告客服热线要求被告停发该号簿，但交涉未果。

原告认为，原告的姓名、家庭住址及家庭号码是原告个人享有的、与公共利益无关的个人信息，是原告对私人活动和私有领域进行支配的一种隐私权，两被告未经原告许可擅自印发该乡情网号簿，且用于商业用途的行为侵害了原告的合法权益，故诉至法院，请求判令两被告：①停止发放该乡情网号簿；②收回已发放的该乡情网号簿；③在南通范围内登报向原告赔礼道歉；④赔偿原告精神损失费 100 元；⑤承担本案诉讼费用。

被告电信集团南通分公司、电信如皋分公司辩称：①私人电话号码本身并不是隐私权，因为电话号码是社会的公共资源；②提供号簿列名服务是原告的需求，是其自主选择，亦是其真实意愿的表示。而且被告后来对于需要特殊保密进行登记等又专门进行了公告；③根据现行法律及司法解释，并没有对隐私权保护作出专门性规定，原告所诉无法律依据。综上，原告的诉求缺少事实与法律依据，请求法院判令驳回原告全部诉讼请求。

江苏省如皋市人民法院审理查明：2010 年上半年，两被告为了方便原告所在乡镇所辖村内电话用户查阅电话号码，加强沟通、联系等，从而印制并在该镇无偿发放了乡情网号簿，该号簿中冒凤军所属村组页载有“冒凤军……88××××”。

2010 年上半年期间，原告冒凤军收到两被告编印、制作的该乡情网号簿一册后，认为该号簿载有其本人姓名、家庭固定电话号码及住址，侵害了其隐私权，为此向被告投诉要求取消登载，后因交涉未果，从而向法院提起诉讼。

另查明，2009 年 1 月 2 日，原告冒凤军在电信公司办理新装住宅电话（88××××）及宽带人网业务时，开通了号簿列名服务、114 列名服务。

江苏省如皋市人民法院认为：本案的争议焦点是被告将冒

凤军的姓名、家庭固定电话及住址这组个人信息登载于电话号簿并在原告所在乡镇辖区范围内免费发放的行为，是否侵害了冒凤军的个人隐私。

首先，两被告作为电信职能部门，在实现了村村通电话、宽带的原告所在乡镇辖区内，为了便利电话用户查找号码，依据一定行业规程将符合条件的电话号码，以村（社区、居）为单位按组别顺序将用户姓名、电话号码及地址列明印制成号簿，并向该辖区内电话用户无偿发放，是其履行职责所需。

其次，两被告印发号簿利用冒凤军的个人信息是经冒凤军事先同意。如何编印电话号簿，国家电信主管部门有明确规定，用户名称、电话号码和简要地址是必备要素，涉案号簿中的地址只对应到村组并未具体到用户的门牌号码，仅凭此并不必然指向特定的个人，故应认定是符合规定的简要地址。两被告的主观目的是编印号簿，在冒凤军同意的事项范围内使用其个人信息，并无不当。

再者，对于两被告编印、发放号簿的行为，冒凤军未能提供证据证实对其造成损害后果。

综上，冒凤军的主张于法无据，对其相关辩解意见及全部诉讼请求均不予支持。据此，江苏省如皋市人民法院依照2007年《中华人民共和国民事诉讼法》第64条，《最高人民法院关于民事诉讼证据的若干规定》第2条之规定，于2011年3月21日判决驳回冒凤军全部诉讼请求。

宣判后，冒凤军不服，上诉称：本人虽然在办理新装业务时与电信如皋分公司签订的合同中载有114列名服务、号簿列名服务等内容，但原审法院据此即认定两被上诉人印发涉案号簿利用本人的个人信息经过本人事先同意显然错误；同时原审法院认定本案所涉号簿因未列明号簿中列名人员的住宅门牌号码即符合简要地址错误，传统黄页号簿中的地址也仅列到乡镇一级，涉案号簿已经列至村组，明显超出了“简要地址”的范围；原审法院认定电信集团南通分公司、电信如皋分公司未对本人造成损害后果系认识错误，只要两被上诉人把本人的隐私公开，即构成了侵权；原审法院认定电信集团南通分公司、电信如皋分公司编纂号簿系履行职责明显偏袒被上诉人，两被上诉人系独立的企业法人，其所依据的行业规程应当在现行法律框架下进行，本人与被上诉人系合同关系，理应接受《合同法》的调整，本号簿为乡镇号簿，违反了电话号簿的版本种类，应为非法刊印；根据合同相对性原则，本案中两被上诉人系两个独立的企业法人，本人与电信如皋分公司签订了合同，但与电信集团南通分公司无关，两公司联合编印涉案号簿显然共享了本人在内的广大电信用户的客户资料，原审对此事实也未能查清，故请求二审撤销原判，依法改判。

电信集团南通分公司、电信如皋分公司答辩称：原审认定事实清楚，适用法律正确，程序合法，请求二审维持原判。

江苏省南通市中级人民法院经审理确认了原审查明的事实。

江苏省南通市中级人民法院认为：电信如皋分公司与冒凤军签订合同中约定为冒凤军开通号簿列名服务及114列名服务，是双方真实意思表示，该合同内容合法有效。中国电信作为中国电信号簿编纂的职能部门，有职权和职能根据规定程序和客观需要来编印和发放电话号簿。电信集团南通分公司、电信如皋分公司在编印该“电信乡情网号簿”时利用了该信息资源，应当认定系合法利用。本案中编印号簿的两单位均为通信职能部门，符合电信号簿编纂资格，在编印过程中也不存在泄露客户资料的事实，而且在编印电话号簿前已经履行了公告告知义务，要求对个人信息有特殊保密要求在10日内至电信部门或当地村委会办理相关手续，也已经履行了征求意见手续。虽然传统黄页编印习惯未列至组级地址，但本案中该号簿为原告所在乡镇所属村组的电话号码簿，如果仅列至镇级地址显然无法体现号簿的特征和作用，本案中的号簿对传统号簿列明的地址出现了突破，既是一种客观上的需要，也是信息公开的一种尝试，在相关行政规章未作出明确规定前，确认超出了简要地址范畴没有依据。本案中电信集团南通分公司、电信如皋分公司在一定范围和限度内公开冒凤军的部分信息资料，主观上没有侵权的故意和过失，客观上是为了响应政府号召，完善和健全农村信息服务平台，且在号簿发放过程中做到了签名发放、无偿发放，编印号簿既不是为谋利，也不是向无关的第三者透露相关信息资料，从侵权的构成看也不能认定侵害冒凤军的隐私权。原审判决认定事实清楚，适用法律正确，审判程序合法，判决内容合理，应予维持。江苏省南通市中级人民法院遂依照2007年《中华人民共和国民事诉讼法》第153条第1款第1项之规定，判决驳回上诉，维持原判。

法理评析

（一）个人家庭地址、门牌号码、家庭电话等在一定意义上具备个人隐私的表征

自美国学者萨缪尔·D. 沃伦和路易斯·D. 布兰代斯提出隐私权一说以来，这一概念已被世界各国广泛采用。随着现代科技日新的月异，人与人之间的交往日益密切和频繁，信息媒介的不断更新，人们的私生活空间日益受到压缩，对个人私密生活的关注也愈发强烈，对隐私权的认知也在不断深入，现在隐私权已经发展为一项重要的人格权益。

我国在司法理论和实务上对隐私权的认识起步较晚，最初

的理解一般限于个人私生活秘密，即所谓的隐私。比如，有关个人身体健康、人格尊严等方面的信息，通常对于这些信息的侵害，往往会带来受害人社会评价的降低、造成人格尊严的损害等。对这类隐私权益的保护一般以通过保障名誉权的方式来进行，《意见》第140条、《最高人民法院关于审理名誉权案件若干问题的解答》第7条第3款等即规定对未经他人同意，擅自公布他人的隐私材料或者以书面、口头形式宣扬他人隐私，致他人名誉受到损害的，按照侵害他人名誉权处理。但随着法律研究的深入，越来越多的隐私利益开始得到社会的认可，个人私密信息的外泄容易导致生活的不便，但并不必然导致名誉权受损，对隐私权的保护不应再局限于名誉权范围。《侵权责任法》在名誉权之外首次以法律的形式明确了隐私权，然而，对于隐私权的范围并没有明确规定，当我们遇到隐私权受侵害的案例时，只能个案斟酌。

关于隐私权的范畴，王利明先生指出，隐私权作为一项基本人权，涵盖了个人的私生活整体，包括私人生活秘密、私生活空间以及私生活的安宁状态。我们认为，除传统意义上的个人生活私密以外，对某些涉及私生活领域的个人信息（比如家庭地址、门牌号码、工作单位、电话号码等）予以擅自发布、不当使用虽不必然会给当事人带来精神痛苦，但是有可能影响到他人的私人生活空间，干扰正常的生活秩序。这些信息在某些情况下可以被认定为个人隐私，非法收集、不当使用有可能会侵害他人的隐私权。

（二）本案经当事人同意印制电话号簿的行为不构成侵害隐私权

当然，判断是否构成侵害隐私权，还要结合具体案情进行分析。一般来说，除法律有明确规定外，认定行为构成侵权应当同时具备行为的不法性、损害结果、不法行为和损害结果之间的因果关系以及过错四要件。本案中，两被告的编纂行为不具有违法性、主观上不存在过错，而且也没有证据表明造成了危害结果，因此冒凤军关于编纂电话号簿的行为侵害其隐私权的理由不能成立。

1. 编纂电话号簿的行为本身不具有不法性

首先，信息来源上具有合法性。现今，各式各样的非法收集、买卖个人信息的行为随处可见。但本案不同，电信部门作为办理电信业务的职能部门，在为当事人办理电话、宽带等业务的过程中不可避免地需要收集到当事人的身份信息、家庭地址、电话号码等必需材料，其信息来自于正当渠道。

其次，根据《邮电部关于电话号簿业务经营管理的暂行规定》第3条规定："电话号码是国家的信息资源，由国家通信主管部门管理。编印电话号簿是电信部门的基本业务之一，必须纳入主业管理，……公开向社会提供的电话号簿必须统一由电信通信部门的电话号簿公司或相关局的电信营业部门负责编印和经营，其他任何单位和个人均不得编印和经营电话号簿。"也就是说，电信部门作为电信号簿编纂的职能部门，其有职权和职能根据规定程序和客观需要来编印和发放电话号簿。因此，编纂电话号码簿具有用途上的合法性。

2. 不存在过错

首先，从冒凤军开通的号簿列名服务、114列名服务等来看，印发号簿利用冒凤军的个人信息事先已经过其同意。两被告在编纂电话号码簿时，除了编纂按照规定所必需的姓名、家庭号码、简要地址外，编印过程中不存在泄露客户资料的事实，故应当认定电信公司尽到了保密义务。

其次，电信公司在编印电话号簿前已经履行了公告告知义务，要求对个人信息有特殊保密要求在10日内至电信部门或当地村委会办理相关手续。编印号簿前征求每个人的意见，在传统号簿编纂过程中没有先例，在客观上也不太可能。

最后，关于号簿中列明地址的问题。行政部门的规章中虽然允许在电话号簿中列出简要地址，但对此未能做出解释。按照传统黄页编印习惯，未有列至组级地址是客观事实，但本案中该号簿为原告所在乡镇所属村组的电话号码簿，如果仅列至镇级地址显然无法体现号簿的特征和作用，本案中的号簿对传统号簿列明的地址出现了突破，既是一种客观上的需要，也是信息公开的一种尝试，在相关行政规章未能对此作出明确规定前，在未明确最详细地址的情况下确认超出了简要地址范畴也没有依据，只能确认该地址为简要地址。

3. 不具备损害结果

通过本案的审理，冒凤军亦未能提供证据证实电信集团南通分公司、电信如皋分公司编印、发放号簿对其造成了损害后果。

因此，本案冒凤军主张电信集团南通分公司、电信如皋分公司编印并在东陈镇范围内发放登载有其姓名、家庭电话号码及地址的电话号簿的行为侵害了其隐私权，于法无据，其相关辩解意见不应予以支持。

四、王菲诉张乐奕名誉权纠纷案

案情

原告（被上诉人）：王菲
被告（上诉人）：张乐奕

北京市朝阳区人民法院经审理查明：王菲与死者姜岩系夫

妻关系。2007 年 12 月 29 日晚，姜岩跳楼自杀死亡。姜岩生前在网络上注册了名为“北飞的候鸟”的个人博客，并进行写作。姜岩在博客中以日记形式记载了自杀前两个月的心路历程，将王菲与案外女性东某的合影照片贴在博客中，认为二人有不正当两性关系，自己的婚姻很失败。姜岩的日记显示出了丈夫王菲的姓名、工作单位地址等信息。2007 年 12 月 29 日，姜岩跳楼自杀死亡后，姜岩的网友将博客密码告诉了姜岩的姐姐姜红，姜红遂将姜岩的博客打开。

张乐奕系姜岩的大学同学。得知姜岩死亡后，张乐奕于 2008 年 1 月 11 日注册了非经营性网站，名称与姜岩博客名称相同，即“北飞的候鸟”。张乐奕、姜岩的亲属及朋友先后在该网站上发表纪念姜岩的文章。张乐奕还将该网站与天涯网、新浪网进行了链接。

姜岩的博客日记被一名网民阅读后转发在天涯网的社区论坛中，后又不断被其他网民转发至不同网站，姜岩的死亡原因、王菲的“婚外情”行为等情节引发了众多网民的长时间、持续性关注和评论。许多网民认为王菲的“婚外情”行为是促使姜岩自杀的原因之一。一些网民在参与评论的同时，在天涯网等网站上发起了对王菲的“人肉搜索”，使王菲的姓名、工作单位、家庭住址等详细个人信息逐渐被披露；一些网民在网络上对王菲进行指名道姓地谩骂；更有部分网民到王菲和其父母住处进行骚扰，在王家门口墙壁上刷写、张贴“无良王家”“逼死贤妻”“血债血偿”等标语。直至本案审理期间，许多互联网网站上仍有大量网民的评论文章。

王菲认为“北飞的候鸟”网站上刊登的部分文章中披露了其“婚外情”以及姓名、工作单位、住址等信息，并包含有侮辱和诽谤的内容，侵犯了其隐私权和名誉权。文章包括：

(1)《哀莫大于心死》一文。该文于2008年1月11日由张乐奕根据姜红口述整理而成，文章采用按照时间排序的方式向读者介绍了姜岩自杀事件发展的过程。在文章前部，张乐奕写道："这里的留言是开放的，不会像天涯那里被封贴。"其在介绍事件的人物时写道："姜岩：因为婚姻出现第三者而且无法承受丈夫及丈夫一家的屡次打击，在2007年12月29日晚上23：00选择自杀的女孩儿；王菲：姜岩的丈夫……"张乐奕将姜岩博客中王菲与东某的合影照片在该文中再次进行粘贴，将王菲与姜岩的住所地址、王菲的工作单位名称及地址进行了披露，描述了姜岩的姐姐姜红亲历的姜岩两次自杀行为及死亡的全部细节和过程，表达了对王菲及其家人极度不满的态度。王菲主张"北飞的候鸟"网站在刊登该文时使用了王菲的真实姓名，粘贴了王菲与东某的照片，对其隐私权构成了侵犯。

(2)《静静的》一文。该文中有"我曾经设想过无数次再见到他的场景，我想，无论怎样，我都一定会先狠狠抽他几记响亮的耳光……只会在父母的羽翼下苟且的可怜虫而已"一段文字，并使用了王菲的真实姓名。王菲主张"北飞的候鸟"网站将带有这种侮辱性文字的文章予以刊登且披露王菲的姓名构成对其名誉权的侵犯。

(3)《心上的月光》一文。王菲主张"北飞的候鸟"网站在刊登该文时披露了王菲的真实姓名，构成侵犯其隐私权。

另外，张乐奕在"北飞的候鸟"网站上撰写了《青春透明如醇酒，可饮可尽可别离》一文，回忆了其与姜岩的交往过程。王菲认为该文可以证明张乐奕与姜岩藕断丝连，是影响王菲与姜岩夫妻感情的因素之一。

另外，张乐奕在管理网站过程中，曾经删除了部分网友的留言，并在网站上留言，倡导网友"不要在这里报复性地贴任何人的通信方式、家庭住址，网络上有太多的地方可以搜索到，不要再让他们出现在这里”。

2008年3月11日，王菲委托北京市方圆公证处对从互联网中下载的“北飞的候鸟”网站、大旗网和天涯网三个网站中与本案相关的网页进行了证据保全，花费公证费2050元。

王菲为了证实由于此事被工作单位盛世长城国际广告有限公司辞退而产生工资损失，向本院提供了工资清单及盛世长城国际广告有限公司在《大家好，我是姜岩的姐姐》一帖中回复的帖子。该帖内容为：“……在得知此事原委之后，公司即决定让王菲、东某两名员工暂时停止工作，以妥善处理此事。其后不久，他们二人即向公司提请辞职，公司已予以批准。”王菲的工资清单显示其2007年12月的月工资收入为19 300元。

本案审理过程中，王菲承认与东某确实曾有“婚外情”。

2008年1月19日，王菲（作为乙方）与姜岩的父母（作为甲方）签订关于姜岩后事处理的协议书。该协议第三部分第1条内容为“对于婚后乙方的不忠行为及以后发生的不幸事件，乙方向甲方表示诚挚的歉意”。

北京市朝阳区人民法院经审理认为，我国《婚姻法》规定，夫妻应当相互忠实。根据王菲的当庭的自认及王菲与姜岩父母的协议内容，可以证实王菲与案外人东某确有不正当男女关系，王菲的行为违背了我国的法律规定。根据姜岩的日记显示，姜岩因此遭受了巨大伤害，承受了巨大精神痛苦。王菲的这一行为不仅违背了法律规定，也背离了社会道德标准，本院予以批评。

公民享有名誉权，禁止用侮辱、诽谤、泄露他人隐私等方式损害公民的名誉。我国《互联网信息服务管理办法》及《互联网电子公告服务管理规定》规定，互联网信息服务提供者应当向上网用户提供良好的服务，并保证所提供的信息内容合法。任何人不得在电子公告服务系统中发布含有侮辱或者诽谤他人、侵害他人合法权益的信息。电子公告服务提供者发现其电子公告服务系统中出现明显属于上述信息内容的，应当立即删除，保存有关记录，并向国家有关机关报告。

张乐奕作为姜岩的大学同学，在得知姜岩自杀身亡后，为了祭奠姜岩，抨击王菲的不忠行为，注册了“北飞的候鸟”网站。张乐奕在注册网站后，应当依法管理网站，对该网站中发布的帖子内容负责。

本案双方争议的焦点在于，张乐奕将王菲的真实姓名、工作单位、家庭住址、与其他女性有“婚外情”的信息在“北飞的候鸟”网站中进行披露，是否侵犯了王菲的隐私权和名誉权。

（一）张乐奕的行为侵害了王菲的隐私权和名誉权

隐私一般是指仅与特定人的利益或者人身发生联系，且权利人不愿为他人所知晓的私人生活、私人信息、私人空间及个人生活安宁。隐私权一般指自然人享有的对自己的个人秘密和个人私生活进行支配并排除他人干涉的一种人格权。采取披露、宣扬等方式，侵入他人隐私领域、侵害私人活动的行为，就是侵害隐私权的行为。

公民的个人感情生活，包括婚外男女关系问题，均属个人隐私范畴。在正常的社会生活中，此类情况一般仅为范围较小的相对特定人所知晓。正常情况下，当事人一般不愿也不会向不特定的社会公众广为散布。本案中，张乐奕基于与姜岩的同学关系，知晓了王菲存在“婚外情”的事实，张乐奕在姜岩死亡后，不仅将此事实在“北飞的候鸟”网站上进行披露，还将该网站与其他网站相链接，扩大了该事实在互联网上的传播范围，使不特定的社会公众得以知晓，张乐奕的行为构成对王菲隐私权的侵害。

此外，在社会生活中，公民为了交往的需要，常常主动将姓名、工作单位、家庭住址等个人信息告知他人，这些个人信息有时也会被他人通过一定途径知晓和利用。这些个人信息的披露、使用等行为是否构成侵犯隐私权，应当视行为人对这些信息的取得方式、披露方式、披露范围、披露目的及披露后果等因素综合认定。

本案中，张乐奕对王菲的婚姻不忠行为持否定、批判的态度。其在网站上主动披露此事实和王菲的个人信息之前，明知披露对象已超出了相对特定人的范围，而且应当能够预知这种披露行为在网络中可能产生的后果。因此，张乐奕在网络中披露王菲"婚外情"和个人信息的行为，应属预知后果而有意为之。王菲的"婚外情"、姓名、工作单位等信息被披露，成为网民知晓其真实身份的依据之一，引发了众多网民的批评性言论及不满情绪，乃至形成了爆发和蔓延之势。因此，张乐奕在披露王菲婚姻不忠行为的同时，披露王菲的姓名、工作单位名称、家庭住址等个人信息，亦构成了对王菲隐私权的侵害。

名誉是指社会对特定民事主体品德、才能以及其他素质的客观、综合的评价。名誉权是指民事主体就自身属性和价值所获得的社会评价和自我评价享有的保有和维护的人格权。

张乐奕披露王菲的上述隐私内容后，在造成众多网民在不同网站上持续发布大量批评和谴责性言论的同时，引发了众多网民使用"人肉搜索"的网络搜索模式，搜寻与王菲及其家人有关的任何信息，并逐步演变成对王菲进行密集的、长时间的、指名道姓的谩骂，甚至发生了网民到王菲及其父母住所张贴，刷写侮辱性标语等极端行为。张乐奕的披露行为对王菲的影响已经从网络发展到现实生活中，不仅严重干扰了王菲的正常生活，而且使王菲的社会评价明显降低。这种侵害结果的发生与张乐奕的披露行为之间存在直接的因果关系。因此，应当认定张乐奕以披露王菲隐私的方式造成了对王菲名誉权的侵害。

关于王菲所称的“北飞的候鸟”网站上刊登的部分文章捏造事实，构成诽谤、侮辱的诉讼主张，本院进行了相关事实的审查。庭审中，就上述问题王菲未提供证据证明真实情况，本院无法认定是否属于捏造事实，即无法认定张乐奕对王菲构成诽谤。

另外，王菲认为“北飞的候鸟”网站登载的《静静的》一文中的一段文字对其构成了侮辱。本院认为，该文章系姜岩的亲属在姜岩不堪王菲的婚姻不忠行为而自杀后，发表的谴责王菲，宣泄个人感情的文章，该文章的文字并无异常过激之处。张乐奕在“北飞的候鸟”网站上登载该篇文章的行为不构成对王菲的侮辱。

（二）关于张乐奕的侵权赔偿责任的承担

张乐奕作为“北飞的候鸟”网站的注册管理者，在自己管理的网站上撰写文章、登载网民的文章，享有言论自由的权利。但张乐奕的这些行为均应建立在遵守法律法规的基础之上，并以不侵害他人的合法权益为前提。本案中，张乐奕刊载的文章内容侵犯了王菲的隐私权和名誉权，在产生了严重后果以后及王菲起诉后，张乐奕作为网站的管理者还不予以妥善处理，因此张乐奕应当承担相应的侵权民事责任。具体方式包括停止侵害，将网站中的侵权信息（包括侵权文章及侵权图片）删除，赔礼道歉及赔偿相应损失。

张乐奕在“北飞的候鸟”网站上刊登《哀莫大于心死》《静静的》《心上的月光》三篇文章的行为均构成侵权，应予删除。因王菲未主张《青春透明如醇酒，可饮可尽可别离》一文侵犯其隐私权、名誉权，故对于该文章本院不要求张乐奕删除。

关于王菲要求的误工费损失。王菲提供的其原工作单位在网络上所发帖子的内容显示是王菲主动离职，而不是单位将其辞退，故此项诉讼请求证据不足，本院不予支持。

关于王菲要求的公证费用。因网络中的内容始终处于不断更新的状态，王菲为搜集证据而对相关网页采用公证的形式予以固定，因此而支出的费用属于取证的合理支出，王菲要求张乐奕承担部分公证费的诉讼请求合理，本院予以认可。

关于王菲要求的精神损害抚慰金。王菲因为此事件遭受到舆论压力，承受了较大精神痛苦，张乐奕应赔偿其精神损害抚慰金。但是，考虑到以下事实的存在，张乐奕的赔偿责任应予适当减轻：①在张乐奕披露相关情况之前，姜岩的博客已经打开，并为公众知晓，张乐奕的行为是事件影响进一步扩大的其中一个因素，并非唯一因素；②张乐奕在网站管理过程中，有主动删除部分侵权信息的行为；③在张乐奕的披露行为之外，同时还存在其他途径的披露行为，如姜岩的博客、其他网站上网民的“人肉搜索”等；④王菲的婚姻不忠行为属实，且为社会道德规范所否定。因此，王菲精神损害抚慰金的具体数额，由本院综合上述因素酌情确定。

综上，依据《中华人民共和国民法通则》第 101 条、第 134 条第 1 款第 1、7 项，《最高人民法院关于确定民事侵权精神损害赔偿责任若干问题的解释》第 1 条第 2 款之规定判决如下：

(1) 被告张乐奕于本判决生效后 7 日内停止对原告王菲的侵害行为，删除刊登在“北飞的候鸟”网站（http://orionchris.cn）上的《哀莫大于心死》《静静的》《心上的月光》三篇文章及原告王菲与案外人东某的合影照片。

(2) 被告张乐奕于本判决生效后七日内在“北飞的候鸟”

网站（http://orionchris.cn）首页上刊登向原告王菲的道歉函，刊登天数不得少于10天，道歉函的内容由本院核定；否则本院将本案判决书主要内容刊登于其他媒体上，费用由被告张乐奕承担。

(3) 被告张乐奕于本判决生效后7日内赔偿原告王菲精神损害抚慰金5000元。

(4) 被告张乐奕于本判决生效后7日内赔偿原告王菲公证费用684元。

(5) 驳回原告王菲其他诉讼请求。

一审宣判后，张乐奕不服，上诉到北京市第二中级人民法院。

张乐奕上诉称：①王菲就其违背道德的行为不享有隐私权，对姜岩自杀这一公众事件的披露符合公众利益，王菲的个人信息在“北飞的候鸟”网站开办前已被他人披露，该已为社会公众知情的信息不再构成隐私；②网友对王菲的谴责是因其不法行为引发，“人肉搜索”以及部分极端行为与“北飞的候鸟”网站缺乏因果关系，王菲的社会名誉与其言行相当，不存在被损害的情况；③原审法院认定姜岩的博客是姜红打开、未查清天涯网及其他网站先于“北飞的候鸟”网站披露事件经过的事实属认定事实不清；④原审判决删除全部三篇文章不合理、判决张乐奕承担高额精神损害抚慰金不合理。请求二审法院查清事实，正确适用法律，依法改判驳回王菲的全部诉讼请求。王菲不同意原判。

北京市第二中级人民法院经审理认为，公民依法享有名誉权，公民的人格尊严受法律保护。根据查明的事实可以确认，王菲在与姜岩婚姻关系存续期间与他人有不正当男女关系，其行为违反了我国法律规定，违背了社会的公序良俗和道德标准，使姜岩遭受巨大的精神痛苦，是造成姜岩自杀这一不幸事件的因素之一，王菲的上述行为应当受到批评和谴责。但应当指出，对王菲的批评和谴责应在法律允许的范围内进行，不应披露、宣扬其隐私，否则构成侵权。张乐奕作为姜岩的大学同学，在姜岩自杀后以祭奠姜岩、抨击王菲不忠行为为目的设立“北飞的候鸟”网站，将王菲的姓名、工作单位、家庭住址、照片及与他人有“婚外情”等王菲不愿让不特定的社会公众知晓的私人信息在网站中向社会公众披露，并通过该网站与其他网站的链接，扩大了王菲私人信息向不特定社会公众传播的范围，对部分网民向王菲发起“人肉搜索”、谩骂王菲、骚扰王菲及其父母正常生活的不当行为有相当的推动和促进作用，严重干扰了王菲的正常生活，造成了对王菲社会评价的明显降低。张乐奕作为“北飞的候鸟”网站的管理者未尽到应尽的管理责任，泄露王菲个人隐私的行为已构成对王菲的名誉权的侵害，张乐奕应当对此承担相应的民事责任。张乐奕以王菲就其违背道德的行为不享有隐私权，其对姜岩自杀这一公众事件的披露符合公众利益为由认为其不构成名誉权侵权，缺乏法律依据，本院不予采信。另外，相关证据虽能证明在张乐奕2008年1月11日开办“北飞的候鸟”网站前，部分网民已在其他网站披露了姜岩自杀事件的经过，期间对王菲的个人情况已有披露，但应当指出，他人对王菲个人信息的披露并不意味着张乐奕可以继续对此予以披露、传播，他人此前对王菲个人信息的披露不影响张乐奕侵犯王菲名誉权的事实成立，故张乐奕以其他网站先于“北飞的候鸟”网站披露事件经过、相关信息已不具备私密性为由不同意承担侵权责任，没有法律依据，本院亦不予采信。原审法院认定张乐奕侵犯了王菲的名誉权事实清楚，适用法律正确，本院予以维持。在此基础上，原审法院根据双方当事人的过错及相关具体情况，适当减轻了张乐奕的赔偿责任，判令张乐奕删除侵权的三篇文章及相关照片，判令张乐奕赔礼道歉并酌情判令张乐奕赔偿王菲相应的精神损害抚慰金及公证费并无不当，本院亦予以维持。

据此，二审法院判决：驳回上诉，维持原判。

法理评析

本案是“人肉搜索第一案”的3个案件中唯一一个经过二审审理的案件，本案经过一、二审历时近两年、以二审法院维持原判告终。这也宣告了本案的一审判决生效，其中确立的法律规则得到了认可。而本案判决中明确提出并界定了隐私权的概念，将隐私权和名誉权予以分别考量，前瞻性地契合了《侵权责任法》的规定，并通过法律保护网络时代的隐私权，这些颇有创见的判决内容值得进一步解说和研究。

（一）关于隐私权的分析

第一，隐私权是否有独立于名誉权的内涵？作为一个常见的名词，“隐私”并不为国人所陌生，而《民事诉讼法》《刑事诉讼法》《未成年人保护法》等十多部我国的法律、司法解释也都提到“隐私”，但是却没有任何一部法律提出了“隐私的概念”，也没有一部法律明确提出“隐私权”（即将实施的《侵权责任法》除外）。现代汉语将“隐私”解释为“不愿告人的或不愿公开的个人的事”。本判决则提出了隐私的概念，而且将其赋予法律上更加可操作的意味，“隐私一般是指仅与特定人的利益或者人身发生联系，且权利人不愿为他人所知晓的私人生活、私人信息、私人空间及个人生活安宁”。

对于隐私权，我国只是在最高法院的两部相关司法解释《关于执行〈民法通则〉的若干问题的若干意见》（修改稿）和

《关于审理名誉权案件若干问题的解答》中将侵犯隐私的行为作为“侵害名誉权”处理。而本判决则将隐私权与名誉权分别予以叙述和说理，并认为“张乐奕的行为侵害了王菲的隐私权和名誉权”。那么，隐私权到底是什么，是否从属于名誉权，隐私权是否有其独立的价值和内涵呢？

隐私权与名誉权二者都是与精神利益有关但不体现直接财产内容的人身权利，都属于人格权，存在一定的内在联系。侵害他人的隐私权有时会导致名誉权受损害的结果，而侵害他人名誉权的行为可能包含了侵犯隐私权，但并非所有侵犯隐私权的行为都构成对他人名誉权的侵犯，隐私权的存在有其独立价值。一方面，隐私权主要是指权利主体的个人信息不被非法获取和公开，私人生活不受非法干扰，个人私事的决定不受非法干涉的权利。侵犯隐私权的行为不一定会影响名誉，例如，偷看他人信件或者日记是典型的侵害隐私权的行为，但如果侵权人并没有利用这些信息造谣、诽谤，则并没有造成名誉权的损害。另一方面，侵权人采取无中生有、侮辱、诽谤等方式贬损他人的人格，从而使被侮辱人的名誉受到损害，但未必会侵害其隐私权，例如，贾某因对单位领导李某不满，到处宣扬其与单位女青年有不正当男女关系，经核查，纯属捏造。贾某散布谣言的行为造成李某社会评价的降低，明显侵犯了其名誉权，但由于贾某散布的是虚假情节，并非李某不愿他人知晓的私生活，因此与隐私权无关。而正是由于隐私权与名誉权在性质、侵权方式、侵权结果、处置权（隐私权具有相对性，权利人可以放弃部分隐私权）、责任方式乃至主体（名誉权的主体可能是法人或者自然人，而隐私权主体只能是自然人）上的种种差异，两者不能混同，更不能互换。因此，本判决能在名誉权之外，明确提出和确认隐私权，体现了我国对个人民事权利保护的一个进步。

第二，隐私权的保护范围是否涵盖个人信息？本判决在突破隐私权从属于名誉权传统观念的同时，又比较清晰和完整地阐述了隐私权的范围，“隐私权一般指自然人享有的对自己的个人秘密和个人私生活进行支配并排除他人干涉的一种人格权”。并且明确地将“公民的个人感情生活”和特定情况下的“个人信息”纳入了隐私权保护的范围。由于现行法律和司法解释对隐私权没有进行界定，那么本判决对隐私权的界定是否具有合理性呢？

隐私权的客体通常包括通信秘密和个人生活秘密。个人生活秘密与保护公民个人的私生活、日记、财产状况、生活习惯、往事以及不愿他人知悉的有关事实。对于公民的个人感情生活属于公民个人的隐私这点，学界不存在争议，唯独对于特定情况下的“个人信息”能否纳入隐私权的保护范围存在不同意见。有学者认为，“电话号码、家庭住址、工作单位等个人信息与人格尊严没有任何直接关系，完全是某主体特定时期与外界交往所不可或缺的信息，尽管它们也具有个人属性，但是，公布或知悉这些个人信息并不会对主体的人格尊严或精神利益造成任何直接损害”，因而不属于隐私的范畴。笔者认为这种观点值得商榷，滥用个人信息的行为会构成侵犯个人隐私权：①“隐私权的价值在于个人自由和尊严的本质，体现个人自主，不受他人的操纵及支配。”正是隐私的存在使人具有内心的安宁，而基于隐私权的这一价值考量，公布个人信息打破了被披露者的内心安定，使其感到自己生活在随时会受人侵扰的赤裸之中，因此侵犯了隐私权。②住址、电话等信息虽然具有相互沟通、交流的功能，但这些信息都属于与公共利益无关，而从属于个人，具有隐私的性质。③网络时代侵权者的低成本，可能会造成受害者较大的影响，因此，应当从严认定隐私权的范围。例如，于小姐一段时间以来，不停地接到暧昧电话的骚扰，不堪其扰，后来发现是由于在淘宝购物给了商家“差评”，商家为了报复于小姐，将其电话公布在某色情网站上。④隐私权人的披露不能否定这些信息的隐私性。人们出于沟通需要印制和发放名片，其发放对象仍然具有相对特定性，如其主动公布，也可以视为是对隐私权的放弃，但不能因此就认为，接到名片的人可以随意将这些信息公布。正如心理医生应当为患者保守秘密，而不能因为患者将隐私内容告知医生，具有传播的可能性而否认其隐私的属性。⑤禁止公布个人信息与“舆论监督”无关，有学者认为，“基于言论自由和舆论监督而对特定自然人的某些个人信息的使用是正当的和必需的。如果按照主流观点，势必会剥夺社会公众的言论自由和舆论监督权”。然而，笔者认为，即使不公布个人的住址、电话、肖像等信息，舆论监督仍然可以对某种行为和某个人实施监督、批评，监督不以公布某人的私人信息为要件。而如果这个人涉及公众人物或者政府官员，那么这些信息是否属于隐私就另当别论了。因此，本判决认为，“这些个人信息的披露、使用等行为是否构成侵犯隐私权，应当视行为人对这些信息的取得方式、披露方式、披露范围、披露目的及披露后果等因素综合认定”是比较妥当和正确的。

（二）网络时代言论自由的特点及规制

第一，“人肉搜索”是否侵权？虽然这是作为“人肉搜索”的第一案，但本案中张乐奕并不是因为参与“人肉搜索”而侵权和赔偿。本案中，张乐奕实施了公布王菲的隐私等行为而造成侵权。本判决并没有彻底否定“人肉搜索”，而是有意无意地回避了“人肉搜索”这一问题。从根本上说，“人肉搜索”是利用现代信息科技，变传统的网络信息搜索为人找人、人碰人、人挤人、人挨人的关系型网络社区活动，它只是一种信息搜寻方式，是自动搜索引擎的补充。广义的“人肉搜索”并不只是用来跟踪人，多数情况下可以用来互相学习、信息共享，目前的“谷歌（Google）”“百度知道”“QQ 问问”“新浪爱问”“雅虎知识人”等问答社区都可以说是广义上的“人肉搜索”，这种意义上的人肉搜索既包括针对某种事件、知识的搜索也包括针对特定主体、特定人的信息搜索。因此，我们完全没有必要谈“人肉搜索”色变。但是从狭义上说，人肉搜索仅指针对特定主体感兴趣而进行的搜索。而这因其往往涉及被搜索主体的隐私或者名誉，最易侵犯当事人的人格权利，极易演变为“网络暴力”。一般来说，被搜索人的信息，必然包括该人的姓名、工作单位、家庭住址、电话号码等一般个人信息，有的甚至还涉及私生活等与人格尊严有直接关系的个人信息。本案中，张乐奕正是将王菲的“婚外情”以及大量的个人信息公布于其“北飞的候鸟”网站上，从而侵犯了王菲的隐私权。因此，人肉搜索不一定侵犯隐私，但侵犯隐私权的确是“人肉搜索”所经常遇到的一个问题。不仅如此，由于人肉搜索所依赖的网络社区或论坛具有开放性和交互性特征，如同本案一样，一旦参与评论者众多，尤其是涉及对他人的行为评价，还可能涉及侮辱、诽谤，即引发名誉侵权和肖像侵权问题。

第二，网络时代隐私权的保护。“人肉搜索”不一定侵权，但在网络的背景下，一旦通过“人肉搜索”或者其他网络平台侵害了受害人的隐私，那么这种侵权造成的不良后果，或者说损害，在网络的放大作用下，会对受害人造成更加巨大的损害。在网络环境下，由于信息传播的速度和范围远远超过了线下传统媒介和信息流通渠道，点滴信息有可能聚合起来产生对当事人不利的影响和后果。更严重的是，由于这些信息都可以在网上搜索到，当事人的电子档案也将永远留在网上漫长时间而遭受不安、痛苦和折磨。

具体说来，网络时代侵犯隐私权的行为具有以下特征：一是侵权产生的便宜性。一方面，中国互联网和个人电脑普及率的大幅提高，为侵犯网络隐私的行为创造了物质条件。另一方面，网络使得公民对其个人信息的控制力大大减弱，造成信息不对称，而更新的技术（包括一些高科技的软件、“病毒”）使他人能够借助于网络轻而易举地获取他人电脑中的个人信息及隐私资料；二是网络隐私权被侵犯后果严重。由于网络环境具有高度开放性和易传播性，网络信息的发布已经成为信息传播最快、范围最广的途径之一，而网络的这一特征，对当事人隐私权可能造成最为严重和难以弥补的侵害；三是侵权主体众多，保护难度大。网络的虚拟性、开放性特征还使得网络隐私权的侵权主体众多，保护难度大。例如本案中，人肉搜索的发起者、人肉搜索的回答者、信息的整理、传播者以及网站本身都有可能成为侵权主体，侵权主体的众多和不特定的特性又给网络侵权的维权蒙上了阴影；四是侵权行为取证难。网络隐私权的纠纷一旦形成诉讼，又会面临取证难等问题，因为侵权信息的发布都在网页上，受害者一般无法第一时间获知侵权的事实，而当信息传播，不良影响造成后又会在瞬间被侵权者删除，受害人知道被侵权时，网站可能已经删除或者修改相关网页。受害人难以进行证据保全，胜诉的难度很大。而对于隐私信息发布者，由于大多数网名都是采用昵称或者匿名上网，更加难获知侵权者的真实身份，更不用说举证证明其侵权行为了。本判决书的“审理查明部分”中就多次描述了“一些网民”、“部分网民”、“大量网民”的侵权行为，但是由于他们人数众多，而且隐藏在虚拟的网络背后，王菲没有办法将他们一一告上法庭。

法院正是基于网络时代隐私权保护巨大的难度，试图规制这种网络时代隐私保护与侵权者之间力量的失衡，对张乐奕这种在网络上公布他人隐私的行为予以限制。本案中，虽然王菲有“婚外情”的不道德行为在先，在张乐奕之前，一些网民已经在天涯网等网站上发起对王菲的“人肉搜索”，使王菲的姓名、工作单位、家庭住址等详细个人信息逐渐被披露，而且张乐奕只是众多侵犯王菲隐私权网民中的一个。法院仍然认为：“他人对王菲个人信息的披露并不意味着张乐奕可以继续对此予以披露、传播，他人此前对王菲个人信息的披露不影响张乐奕侵犯王菲名誉权的事实成立”。个人信息的发布应以不损害隐私权人的意愿和利益为前提，不当的发布行为，不仅会侵犯处于“婚外情”漩涡中的王菲的隐私权和名誉权，更重要的是，它还会以同样的方式对每一个人的个人隐私和信息构成潜在的威胁和侵犯，基于这些理由，法院认为应当制止和规制这种网络侵权行为。由此，法院认定张乐奕的行为构成隐私权、名誉权的侵害、要求张乐奕停止侵害、正式道歉，并赔偿5000元精神损害抚慰金也就顺理成章了。

（三）侵权责任法视角下的网络侵权

2010年7月1日起《侵权责任法》实施，而该部法律中对本案的判决思路和结果多有应和。

（1）《侵权责任法》第2条规定，“侵害民事权益，应当依照本法承担侵权责任。本法所称民事权益，包括生命权、健康权、姓名权、名誉权、荣誉权、肖像权、隐私权，婚姻自主权、监护权、所有权、用益物权、担保物权、著作权、专利权、商标专用权、发现权、股权、继承权等人身、财产权益”。这标志着我国从法律上正式确立了隐私权概念。也就是说，如果说法院在判决张乐奕侵犯了王菲的隐私权时，本身并没有既定法律规定的话，从2010年7月1日起，隐私权本身有了制定法的明确保护，并且法律明确将隐私权与名誉权并列，从根本上否定了原先两个司法解释将隐私权作为名誉权的一种进行保护的形式，赋予隐私权以独立的民事权益的地位。

（2）《侵权责任法》更加明确了网络用户与网络服务提供者的侵权责任。该法第36条规定："网络用户、网络服务提供者利用网络侵害他人民事权益的，应当承担侵权责任。网络用户利用网络服务实施侵权行为的，被侵权人有权通知网络服务提供者采取删除、屏蔽、断开链接等必要措施。网络服务提供者接到通知后未及时采取必要措施的，对损害的扩大部分与该网络用户承担连带责任。网络服务提供者知道网络用户利用其网络服务侵害他人民事权益，未采取必要措施的，与该网络用户承担连带责任。"本法条清晰地界定了网络用户和网络服务提供者以及两类网络侵权主体的法律义务和责任。根据《侵权责任法》，本案中张乐奕作为"北飞的候鸟"网站的注册者和经营者，他其实扮演了两种侵权角色，一是网络用户，二是网络服务提供者。作为前者，他在《哀莫大于心死》《静静的》以及《心上的月光》等文章中，不仅披露了王菲婚姻中的不忠行为，将姜岩博客中王菲与东某的合影照片再次进行粘贴，并且披露了王菲的真实姓名、住所地址、王菲的工作单位名称及地址，也通过披露王菲隐私的方式直接侵害了王菲的名誉权。而作为网络服务提供者，其他网友在"北飞的候鸟"网站上披露王菲通信方式、家庭住址等隐私信息以及大量辱骂王菲的言论，张乐奕明知这些行为具有侵害他人民事权益的违法性，而"未采取必要措施"，也应与这些侵权的网络用户承担连带责任。也就是说，虽然本案在一、二审判决时，《侵权责任法》尚未颁布，但是，法院判决张乐奕网络中的行为侵犯了王菲的隐私权，所以应当承担停止侵害、赔礼道歉、赔偿损失等民事责任，已经前瞻性地应和了《侵权责任法》的立法精神。

综上所述，本案法官在对隐私权的界定和网络隐私权保护的尺度上，体现了较高的法律技艺，本案的判决可以成为我国网络侵权案件的一个经典案例。

第五编

一、张光诉山东高阳建设有限公司、淄博集成房地产发展有限公司侵权责任纠纷案

案情

原告（被上诉人）：张光

被告（上诉人）：山东高阳建设有限公司、淄博集成房地产发展有限公司

一审法院查明，2010年11月26日1时30分许，原告张光驾驶鲁CWH25号“太阳牌”125型普通二轮摩托车沿淄博市淄川区沿河街由北向南行驶至青岛一建建筑工地门前时，与被告山东高阳建设有限公司在此施工时所留土堆相刮，导致原告张光所驾驶的摩托车翻倒，而后原告张光的头部又与公路东侧被告淄博集成房地产发展有限公司的“上湖御园”住宅小区的广告牌下方外露的角铁部位接触，致使原告张光头部严重受伤，车辆损坏。

另查明：2010年12月15日淄博市公安局交警支队淄川大

队作出淄公交（川）认定［2010］第2010120023号道路交通事故认定书一份，该认定书对事故发生的时间、地点、经过进行了陈述，并对事故形成的原因进行了分析，认定张光承担事故的主要责任，山东高阳建设有限公司承担事故的次要责任。庭审中原告表示，该认定书责任划分方面不符合事实。被告山东高阳建设有限公司对事故认定书本身没有异议，但对于责任划分有异议，认为该认定书对现场没有作出客观全面的调查，没有作出合理的认定。被告山东高阳建设有限公司对该认定书提出复核申请，淄博市公安局交通警察支队以原告亲属已向淄博市淄川区人民法院提出诉讼且法院已经受理为由，决定不予受理。

原告受伤后被送往淄博市淄川区医院住院治疗，原告住院24天，共计花费医疗费77 067.80元。

原告张光诉称：2010年11月26日1时30分许，原告驾驶摩托车行驶至事故地点时，因被告山东高阳建设有限公司在此施工时所设置的土堆形成的路障，致原告所驾驶的摩托车翻倒，在车上的原告受重力弹出后摔至淄博集成房地产发展有限公司制作的广告牌下方外露的角铁部位，致使原告头部严重受伤。上述被告在通行道路上施工作业，设置广告物品，不仅未办理许可手续，形成通行障碍后，也未及时消除安全隐患，设置警示标志，其违法过错行为极为明显，是造成本次事故的直接原因。为此，原告诉至法院，要求两被告共同赔偿原告医疗费、住院伙食补助费共计8万元。

被告山东高阳建设有限公司辩称：①原告在本次事故中有重大过错，应当承担事故的主要责任。具体原因在交通事故责任认定书中已认定。原告未取得驾驶证、未戴头盔，夜间行驶没有注意安全是造成事故的主要原因。②在本次事故中，发生地点两被告均存在没有征得交通管理部门的批准设置障碍的行为，该行为只是造成原告受伤的次要原因，请求法庭根据事故现场情况分清具体的责任。

被告淄博集成房地产发展有限公司辩称：①原告称被告在未办理许可手续的情况下设置广告物品，与事实不符。事实恰恰相反，被告是在办妥有关许可手续后才设置广告的。②原告称“被告的广告物品形成通行障碍”与事实不符。事实上，被告的广告物品是一围栏物体，该围栏大约 3.27 米高，95 米长，是其项目施工现场和沿河街的分隔物体，该围栏以东是施工现场，以西是沿河街，对任何有基本视力的使用者均远近可见，并无占用沿街任何空间，对沿河街的通行并无造成任何障碍。③原告称“其被摔至被告的广告围栏下方外露的角铁部位（即广告围栏的支脚），致使头部严重受伤”，缺乏事实根据，不足采信。事故发生后，原告被被告项目施工的人员发现躺在沿河街路中央，当时原告不省人事，面朝广告牌，头在南脚在北，身体稍弯，身体大致与广告围栏平行，其头部受伤流血，广告围栏支脚从地面起算约高 30 厘米，原告的头部距离最近的广告牌支脚约 2.2 米。沿河街路面粗糙，广告围栏无一支脚有任何碰撞痕迹。以一般物理学知识推断，如果头部撞击在广告围栏并被反弹，其头部不可能远至 2.3 米处，而其身体不可能与广告围栏呈平行之状。若其头部确实在撞击后反弹至 3 米之外，广告围栏支脚不可能没任何痕迹。④根据《中华人民共和国道路交通运输管理条例》第四章第 20 条第 10 项规定：“驾驶和乘坐二轮摩托车须戴安全头盔。”事故发生时，原告并没有戴安全头盔，违反了前述规定，造成其头部受伤。因此，原告对其蒙受的身体损害，有着不可推卸的责任。

一审法院认为：

(1) 原、被告责任的承担问题。根据《最高人民法院、公安部关于处理道路交通事故案件有关问题的通知》第4条规定，人民法院在审理交通事故损害赔偿案件时，经审查认为公安机关作出的责任认定不妥，则不予采信，以人民法院审理认定的案件事实作为定案依据。公安机关道路交通事故认定书中认定的事实清楚，但是确定张光承担事故的主要责任，被告山东高阳建设有限公司承担事故的次要责任，有不妥之处，本院不予采信。

根据《中华人民共和国侵权责任法》规定，被侵权人对损害的发生也是有过错的，可以减轻侵权人的责任。原告在夜间行驶时观察路面情况不够，未降低行驶速度，未戴安全头盔，是造成原告受到人身损害的原因之一。被告山东高阳建设有限公司作为施工方，没有征得交通管理部门的批准设置障碍，将施工中产生的土石堆放在道路上，并且未在距离施工作业地点来车方向安全距离处设置任何明显的警示标志，未采取必要的防护措施，是原告受到人身损害的原因之一。被告淄博集成房地产发展有限公司未经工商管理部门批准并登记，在道路上设立广告牌，违反了有关法律规定，也是造成原告受到人身损害的原因之一。《中华人民共和国侵权责任法》规定，二人以上分别实施侵权行为造成同一损害，能够确定责任大小的，各自承担相应的责任；难以确定责任大小的，平均承担赔偿责任。两被告之间相比较，被告山东高阳建设有限公司明显应当承担主要责任，被告淄博集成房地产发展有限公司应当承担次要责任。结合原、被告对于本事故发生所起的作用程度，本院酌定原告张光承担40%的责任，被告山东高阳建设有限公司承担40%的责任，被告淄博集成房地产发展有限公司承担20%的责任。

(2) 关于被告的赔偿费用。原告主张医疗费77 067.80元，住院24天，按每天30元计算，住院伙食补助费720元，符合有关法律规定，被告应当予以赔偿。对于原告的诉讼请求，本院部分予以支持。

综上所述，依照《中华人民共和国民法通则》第106条、第119条，《中华人民共和国侵权责任法》第12、16条，最高人民法院《关于审理人身损害赔偿案件适用法律若干问题的解释》第3、17条、第23条及有关法律的规定，判决如下：

(1) 被告山东高阳建设有限公司赔偿原告张光医疗费30 827.12元。

(2) 被告山东高阳建设有限公司赔偿原告张光护理费288元。

以上两项共计31 115.12元，被告山东高阳建设有限公司于本判决生效后10日内付清。

(3) 被告淄博集成房地产发展有限公司赔偿原告张光医疗费15 413.56元。

(4) 被告淄博集成房地产发展有限公司赔偿原告张光护理费144元。

以上两项共计15 557.56元，被告淄博集成房地产发展有限公司于本判决生效后10日内付清。

(5) 驳回原告张光的其他诉讼请求。

一审判决后，山东高阳建设有限公司不服上诉称：被上诉人张光无证驾驶、未戴安全头盔、夜间未降低车速以及酒后驾驶是发生本案事故的主要原因，张光应对自身伤害承担主要责任。一审判决我公司承担40%的赔偿责任，该责任比例过高。请求查清事实后减轻我公司的赔偿责任。

淄博集成房地产发展有限公司不服上诉称：我公司经淄博市淄川区城市管理执法局的批准设置涉案广告围栏，我公司未经工商部门的登记设置广告围栏的行为与本案事故的发生没有直接的因果关系，我公司不是侵权主体，不应当承担赔偿责任。一审认定事实不清，适用法律错误，请求二审法院查清事实后撤销原判，依法改判我公司不承担赔偿责任。

被上诉人张光辩称：一审判决认定事实清楚，适用法律正确，划分责任比例恰当，请求二审法院驳回上诉，维持原判。

二审法院在审理本案过程中，被上诉人张光提出申请，自愿放弃对上诉人淄博集成房地产发展有限公司的诉讼请求。

二审法院认为：《中华人民共和国侵权责任法》第 91 条规定，在公共场所或道路上挖坑、修缮安装地下设施等，没有设置明显标志和采取安全措施造成他人损害的，施工人应当承担侵权责任。本案中，上诉人山东高阳建设有限公司在事故地点施工时未设置明显的警示标志或采取安全措施，导致驾驶摩托车至此的被上诉人张光身体受到损害，山东高阳建设有限公司应当承担侵权责任。一审依据本案事实判决山东高阳建设有限公司承担本案 40%的赔偿责任，并无不当。山东高阳建设有限公司关于一审判决确定其承担的赔偿责任比例过高的上诉理由，本院不予支持。张光自愿放弃对淄博集成房地产发展有限公司的诉讼请求，系对自己权利的处分，符合法律规定，本院予以支持，因此，张光应自行承担 60%的事故责任，本院不再判决淄博集成房地产发展有限公司承担赔偿责任。据此，依照《中华人民共和国民事诉讼法》第 152 条、第 153 条第 1 款第 1 项、第 158 条之规定，判决如下：

（1）维持山东省淄博市淄川区人民法院［2011］川民一初字第 336 号民事判决第 1、2、5 项，即：“（1）山东高阳建设有限公司赔偿张光医疗费 30 827.12 元；（2）山东高阳建设有限公司赔偿张光护理费 288 元。以上两项共计 31 115.12 元，山东高阳建设有限公司于本判决生效后10日内付清；(5) 驳回张光的其他诉讼请求”。

(2) 撤销山东省淄博市淄川区人民法院［2011］川民一初字第336号民事判决第3、4项，即：“(3) 淄博集成房地产发展有限公司赔偿张光医疗费15 413.56元；(4) 淄博集成房地产发展有限公司赔偿张光护理费144元”。以上两项共计15 557.56元，淄博集成房地产发展有限公司于本判决生效后10日内付清。

本案是涉及无意思联络的数人侵权责任承担问题。《侵权责任法》第12条规定：“二人以上分别实施侵权行为造成同一损害，能够确认责任大小的，各自承担相应的责任；难以确定责任大小的，平均承担赔偿责任。”本条是关于无意思联络数人侵权在累积（竞合）因果关系的情形下如何承担责任的规定，这是为区分共同危险行为和并发侵权行为而单独规定的竞合侵权行为，行为人各自分别承担责任，即限制连带责任的适用。

《侵权责任法》第11条规定：“二人以上分别实施侵权行为造成同一损害，每个人的侵权行为都足以造成全部损害的，行为人承担连带责任。”该条规定了并发侵权行为即聚合（等价）因果关系的情形下行为人应承担连带责任。

竞合侵权行为的构成要件：①数人无意思联络。②分别实施侵权行为。③造成同一损害结果。④数个侵权行为是损害发生的共同原因或者竞合原因。数个侵权行为是损害发生的竞合原因，又称“多因一果”致人损害，其构成要件如下：①各行为人的行为均为作为行为，对损害结果的发生均有原因力。②各行为人的行为相互间接结合。③各行为人没有共同的意思联络。

④损害结果同一。

本案中，因山东高阳建设有限公司（以下简称“高阳公司”）在事故地点施工时未设置明显的警示标志或采取安全措施，淄博集成房地产发展有限公司（以下简称“集成公司”）未经工商管理部门批准并登记，违法在道路上设立广告牌，两公司的违法行为偶然结合，导致驾驶摩托车至此的张光身体受到损害。高阳公司和集成公司的行为对张光的人身损害均有原因力，其行为“相互继起，各自独立，但互为中介”，都是构成张光人身损害的直接原因，两公司没有共同的意思联络，其原因力可分，符合“多因一果”类型的竞合侵权行为的构成要件，高阳公司和集成公司应承担按份责任。综合比较本案两公司的过错大小及违法行为对损害结果发生的原因力比例，高阳公司的过错程度及对张光人身损害的原因力比集成公司要大。因此，一审法院判决高阳公司承担40%的赔偿责任，被告集成公司承担20%的赔偿责任。二审期间，张光自愿放弃对集成公司的诉讼请求，系对自己权利的处分，符合法律规定。

另外，一审法院在本案中根据《最高人民法院、公安部关于处理道路交通事故案件有关问题的通知》第4条规定，对于公安机关做出的责任认定书不予采信。根据法院审理认定的案件事实，综合考虑原、被告的过错及其行为致损害结果的原因力比例，正确适用过失相抵原则，最后确认原告承担40%的赔偿责任，两被告承担60%的赔偿责任。

二、闫贵柱等诉喻小龙等交通事故人身损害赔偿纠纷案

案情

原告（上诉人）：闫贵柱、高素珍、闫久程

被告（被上诉人）：喻小龙、周元芳、喻婧雅

2009年7月19日23时20分许，喻立驾驶爱腾牌小客车（车牌津×××）沿天津市津滨高速公路由东向西行驶，因违反操作规范，致使车辆撞倒中央护栏后，翻滚于对行车道，喻立及其车内乘车人闫伟被甩出车外，喻立、闫伟经抢救无效死亡。公安交通管理部门认定，喻立负事故的全部责任，闫伟不负事故责任。喻立是闫伟之妻，二人系再婚，婚前各自生育有子女。闫贵柱、高素珍、闫久程等三人为闫伟之近亲属，喻小龙、周元芳、喻婧雅等三人为喻立之近亲属。事故发生后，闫贵柱等三人、喻小龙等三人因闫伟、喻立死亡而引发的继承事宜分别向天津市河东区人民法院提起诉讼。本案中，闫贵柱等三人因道路交通事故人身损害赔偿纠纷一案向天津市滨海新区人民法院提起诉讼。

闫贵柱、高素珍、闫久程诉称：要求作为喻立近亲属的喻小龙等三被告在继承喻立遗产范围内赔偿如下经济损失：死亡赔偿金428 600元、丧葬费21 491.5元、被扶养人生活费251 617元、精神损害抚慰金20 000元，以上共计721 708.5元。

喻小龙、周元芳、喻婧雅辩称：闫贵柱等三原告虽以侵权之债提起诉讼，但该侵权之债所应具备的不法侵害并不成立，该案实质为被继承人债务清偿纠纷。根据《婚姻法》的规定，夫妻为利益共同体，相互之间的损害行为除非有法律明文规定，否则不构成侵权，不存在法律意义上的侵权行为和损害赔偿责任问题。该起事故属一起交通意外事故，闫伟的死亡与喻立的驾驶行为虽存在因果关系，但导致闫伟死亡的直接原因是闫伟未系好安全带，因此造成的死亡后果应由其自行承担。另外，事故发生后，闫贵柱等三原告曾与喻小龙等三被告签订事故车辆调解协议，依据该协议，闫贵柱等三原告有取得保险公司对喻立、闫伟的赔偿金的权利。在此情形下，闫贵柱等三原告再行主张人身损害赔偿，于法无据。综上，请求驳回闫贵柱等三原告的全部诉讼请求。

天津市滨海新区人民法院认为，喻立作为驾驶人员，违反操作规范，致其本人、其夫闫伟死亡，其虽负事故的全部责任，但基于闫伟、喻立为夫妻的事实，由此引发的相关事宜的处理应适用《婚姻法》的规定。而《婚姻法》中并未将此种损害规定为一般意义上的侵权纠纷。闫贵柱等三人要求喻立的第一顺序继承人承担相应的赔偿义务，于法无据，不予支持。由此种损害引发的财产纠纷，实为因被继承人死亡而产生的继承纠纷，应适用《婚姻法》《继承法》的相关规定予以处理。鉴于闫伟的第一顺序继承人即本案的闫贵柱等三人就继承事宜已向相应的人民法院提起诉讼，双方诉争的财产事宜可在相应的人民法院解决。

据此，天津市滨海新区人民法院依照《中华人民共和国民事诉讼法》第 64 条、《最高人民法院关于民事诉讼证据的若干规定》第 2 条之规定，判决：驳回闫贵柱、高素珍、闫久程的诉讼请求。

一审判决后，闫贵柱、高素珍、闫久程不服，向天津市第二中级人民法院提出上诉，请求撤销原审法院判决，改判支持三上诉人的一审诉讼请求。主要理由：①三上诉人认为原审法院将此案归为婚姻家庭损害，并以《婚姻法》未规定一般损害为由驳回上诉人诉讼请求，属于适用法律错误。闫伟与喻立生前系夫妻关系，但夫妻关系和财产的共同性并不能否决其人格上的独立，其合法权益特别是生命权同样受法律保护，并不因夫妻关系而被排除在外。《婚姻法》第 46 条规定的重婚、家庭暴力等损害赔偿是婚姻家庭中常见的损害事实，但对其他违法损害事实，应依照第 49 条的规定，即“其他法律对有关婚姻家庭的违法和法律责任另有规定的，依照其规定。”本案是交通事故引发的赔偿纠纷，应依照《道路交通安全法》的规定，由喻立承担赔偿责任。本案案由是交通事故人身损害赔偿纠纷，原审法院将案由确定为婚姻继承关系纠纷，属于对法律的片面曲解。②《民法通则》系民事法律领域的基本法，并没有规定因侵权人与被侵权人之间存在夫妻等特殊关系而免除赔偿责任。闫伟和喻立生前留有遗产，且二人在交通事故中死亡，夫妻关系自然终止，喻立侵权造成的赔偿债务应由其继承人承担。《道路交通安全法》也没有基于夫妻关系的免责规定。本案的诉讼主体亦符合法律规定。③上诉人原审诉请的赔偿数额符合法律规定，应当予以支持。

喻小龙、周元芳、喻婧雅三被上诉人辩称：本案实质应为被继承人债务清偿纠纷。但该侵权之债的不法侵害前提并不存在，上诉人的诉请没有请求权基础，依法应当驳回。具体理由：《侵权责任法》是普通法，《婚姻法》是特别法，本案在法律适用上应优先适用《婚姻法》的规定。根据《婚姻法》的规定，我国实行一夫一妻的婚姻制度，夫妻为利益共同体，相互间有扶持、抚养的义务，相互之间的损害行为除非有法律明文规定，否则不构成侵权，不存在法律意义上的侵权行为和损害赔偿责任。就损害事实而言，喻立系为夫妻共同利益驾驶车辆，闫伟既是车辆的共有人，也是共同使用人和共同利益的受益人，根据权利义务相一致的原则，应当与喻立共同承担损害风险。

天津市第二中级人民法院认为，本案的争议焦点是喻立的行为对闫伟是否构成侵权，是否应承担侵权责任。由于本案发生在《侵权责任法》施行前，根据《最高人民法院关于适用〈中华人民共和国侵权责任法〉若干问题的通知》第 1 条的规定，本案应当适用侵权行为发生当时的法律规定。《民法通则》

第106条第2款规定："公民、法人由于过错侵害国家的、集体的财产，侵害他人财产、人身的，应当承担侵权责任。"该条规定了一般侵权责任，该项侵权责任的构成强调主观过错、侵权行为、损害后果及侵权行为与侵权结果之间的因果关系。但本案是一种特殊的侵权关系，闫伟与喻立在交通事故发生时，尚处于夫妻关系存续期间，适用一般的侵权处理原则，不符合案件自身的特点。虽然《婚姻法》第46条规定了重婚、有配偶与他人同居、家庭暴力以及虐待、遗弃家庭成员等四种侵权行为，但仅是为解决离婚损害赔偿问题作出的特别规定，并未涵盖夫妻间侵权行为的所有类型。基于夫妻之间是特殊的身份关系，夫妻双方以永久共同生活为目的，要求夫妻之间和谐互助、恩爱贤德，对彼此的行为应当有一定的宽容与谅解，对夫妻之间侵权行为不能仅从普通法理上评判，还应适用道德标准进行考量。因此，不宜因轻微过失或一般过失即认定夫妻侵权，而应限定于有故意或重大过失的情形。

就本案来讲，喻立的行为确实导致了闫伟死亡的严重后果，但不能因为后果严重或者交管部门认定喻立负事故全部责任就认定喻立对闫伟的死亡存在故意或重大过失，而应结合主客观因素进行具体分析。从喻立、闫伟二人共同外出，接待朋友并一同送朋友的情况看，喻立和闫伟夫妻关系融洽，恩爱和睦，应当排除故意制造交通事故的可能。关于喻立的行为是否存在重大过失问题，本案是一起单方交通事故。交管部门认定喻立负交通事故的全部责任，主要是基于喻立在事故中的单方作用作出的认定，且喻立在该起事故中不存在无照驾驶、酒后驾驶、超速驾驶、明知车况不良而驾驶等明显违章行为。交通管理部门在责任事故认定中以违反操作规范予以认定，不能认定喻立存在对危险结果有高度或然性认识的过失，故喻立在主观上不构成重大过失，其行为不构成夫妻间侵权行为，不应承担赔偿责任，原审判决结果并无不当。

综上，天津市第二中级人民法院依据2007年《中华人民共和国民事诉讼法》第153条第1款第1项的规定，判决：驳回上诉，维持原判。

法理评析

本案中，二审法院虽然维持了一审法院的判决结果，但在对侵权责任的认定上存在着不同的看法，主要区别在于一审法院认为对本案涉及的婚内侵权行为应适用《婚姻法》的相关规定，而二审法院认为对婚内侵权行为应适用《侵权责任法》的相关规定，由于本案中的侵权行为发生在该法实施之前，故本案应适用《民法通则》中有关侵权行为的规定。同时，我们认为，鉴于婚内侵权行为的特殊性，只有当行为人的主观过错程度达到故意或重大过失时，才构成侵权。

根据《民法通则》和《侵权责任法》的相关规定，一般侵权责任的构成包括主观过错、侵权行为、侵权结果以及侵权行为与侵权结果之间的因果关系四个要件。但本案中涉及的情况有其特殊性，侵权人与受害人是夫妻关系。在此情况下，适用一般的侵权行为规则进行处理，并不符合案件自身的特点。而我国尚未建立起婚内侵权制度，关于是否应该建立婚内侵权制度学界也存在两种观点：持反对意见的学者认为夫妻间可以存在侵权行为，但反对建立婚内侵权制度。主要理由是婚姻关系以爱情为基础，以夫妻双方相互理解、共同经营为继续下去的根本。如果建立婚内侵权制度则一旦一方提起诉讼，夫妻关系容易迅速恶化，不利于婚姻关系的和谐稳定。此外，我国实行夫妻共同财产制度，如果一方除了夫妻共同财产没有可供执行的其他财产的话，那么在承担损害赔偿责任时将出现用受害人的财产来承担受害人的损害后果的荒唐情形。而持赞成意见的学者则认为，建立婚内侵权制度有利于实现保护个人利益和构建稳定和谐的家庭关系之间的平衡。同时，随着男女平等观念以及崇尚独立人格保护的观念不断深入人心，在现代婚姻关系中，丈夫和妻子是彼此独立的人格，平等地享有法律权利承担法定义务。而且夫妻共同财产制度并不必然成为妨碍建立婚内侵权制度的理由，《婚姻法》以及婚姻法解释中都有确保夫妻婚内个人财产地位的相关规定。例如《婚姻法》第 19 条规定："夫妻可以约定婚姻关系存续期间所得的财产以及婚前财产归各自所有、共同所有或部分各自所有、部分共同所有。"可以预见，随着社会的发展，夫妻就婚前和婚内财产进行约定的情况会越来越多，夫妻间财产关系也将呈现出多元化的形态。

由于我国尚未建立婚内侵权制度，而司法实务中又会出现关于婚内侵权的认定问题，那么在具体案件中应该如何把握是一个亟待解决的问题。我们认为，在审判实务中可以有条件地认定构成婚内侵权。

（1）从现行法律规定看，无论是《民法通则》第 106 条还是《侵权责任法》第 6 条，都旨在规定一般侵权责任，上述条款对侵权责任的构成强调需具备侵权行为人的主观过错、侵权行为、损害后果及侵权行为与侵权结果之间的因果关系，但并未对侵权人与受害人之间的特定关系进行排除。换句话说，现行立法并没有关于特定主体间不能成立侵权行为的禁止性规定，这就为认定婚内侵权提供了可能。

（2）关于婚内侵权行为的处理不应单纯考虑适用《侵权责任法》或《婚姻法》。《婚姻法》第 46 条、《最高人民法院关于适用〈中华人民共和国婚姻法〉若干问题的解释（一）》（以下简称《婚姻法司法解释（一）》）第29条共同规定了婚内侵权的四种情况，且要求只有在起诉离婚时才能对上述侵权行为一并提出赔偿请求。上述规定充分考虑到了行为主体间的特殊关系对认定构成侵权责任的影响，对受害方追究侵权人法律责任设定了严格的条件，但其列举的四种行为偏重于对婚姻关系构成直接威胁的严重行为，而对于其他侵权行为未作具体规定。因此，《婚姻法》中关于侵权行为的特殊规定不能涵盖所有婚内侵权情况，故在处理相关案件时不能单纯适用《婚姻法》的规定。另一方面，在适用《民法通则》或《侵权责任法》处理婚内侵权案件时，也应充分考虑到《婚姻法》及相关司法解释体现出的立法精神，基于当事人间的特殊身份关系，本着维护家庭和睦，促进夫妻关系和谐的原则，不轻易认定构成婚内侵权。

（3）认定构成婚内侵权必须满足一定的条件，即侵权人的主观过错程度为重大过失或故意。在婚姻关系中，夫妻双方以永久共同生活为目的，这就要求夫妻之间恩爱贤德、互信互谅、和谐融洽。为维持稳定的婚姻关系，对彼此的行为应当有较大程度的宽宥与谅解。因此，夫妻之间侵权行为不能仅从一般侵权责任上加以评判，不宜因轻微过失或一般过失即认定构成夫妻侵权，而应将构成婚内侵权的主观过错限定于故意或重大过失，只有这样才能在维护家庭和睦与保障个体权利间实现平衡。

结合本案情况来看，妻子喻立的行为确实导致了丈夫闫伟死亡的严重后果，但从夫妻之间的关系以及妻子在发生交通事故时的主观状态我们可以发现，夫妻双方共同外出接送朋友，体现了恩爱、和谐的婚姻状态。在发生交通事故时妻子不仅不希望事故的发生，而且也不愿意事故的发生，妻子不存在故意制造交通事故的可能。同时，妻子在该起事故中没有无照驾驶、酒后驾驶、超速驾驶、明知车况不良而驾驶等明显违章行为。而丈夫乘坐妻子驾驶的机动车，对妻子表示出极大的信任，不能认定妻子喻立存在对危险结果有高度或然性认识的过失，不构成重大过失。基于此，妻子喻立的行为不构成夫妻间的侵权行为，不应承担赔偿责任。如果在我国建立婚内侵权制度，在主观过错认定上也应该以故意或重大过失为前提，而故意或重大过失认定应根据案件的具体情况，考虑相关因素甚至在特定场合还要结合法官的价值判断，进行综合判定。

三、石某某诉宜昌市鸦鹊岭鞭炮礼花厂产品责任纠纷案

案情

原告（被上诉人）：石某某

被告（上诉人）：宜昌市鸦鹊岭鞭炮礼花厂

2010年2月13日，原告石某某在位于宜昌市夷陵区鸦鹊岭镇的岳父母家中午吃团圆饭前，原告之岳父将从牧童村农家店严某某处购买的笛音雷燃放，燃放完之后原告之岳母将其放置在屋外。之后，原告两岁的女儿将燃放完毕的笛音雷拿到烤火的房间内，放置在火炉旁边。下午3时左右，原告之岳母看见房间的爆竹燃了，原告立即跑往房间，抢救当时正在房间的女儿，随后笛音雷发生爆炸，原告眼睛受伤。原告受伤之后，立即被送往三峡大学仁和医院检查治疗。2010年2月13日到2010年3月22日，原告在三峡大学仁和医院住院37天，诊断为左眼爆炸伤，左眼角巩膜裂伤，花费医药费10 441.76元，诊断证明全休两周。2010年5月20日，经宜昌仁和司法鉴定所鉴定，原告的伤残等级为七级，后期治疗费约需8000元。原告为鉴定支出挂号费9.5元、鉴定费1200元，两项共计1209.5元。原告于

2010年8月5日向宜昌市夷陵区人民法院提起诉讼，要求被告宜昌市鸦鹊岭鞭炮礼花厂与严某某承担连带赔偿责任。2010年8月9日，原告自愿撤回了对被告严某某的起诉。2010年9月8日，在庭审过程中，被告宜昌市鸦鹊岭鞭炮礼花厂申请对产品质量进行鉴定。宜昌市夷陵区人民法院依照法定程序将已经燃放过的烟花送往湖南省浏阳市国家烟花爆竹安全质量检测中心进行质量鉴定。该中心在经过认真核查后，经过专家讨论，表示对送检的烟花质量无法作出鉴定。

宜昌市夷陵区人民法院经审理认为，公民的人身权和财产权应该受到法律保护，生产者生产的产品存在缺陷，导致他人人身或财产损害的，应该承担相应的责任。本案属于产品责任纠纷，而非产品质量纠纷。产品责任纠纷是指因产品存在缺陷致人身、财产受损而引发的纠纷，属于侵权之诉；产品质量纠纷则是指因产品不符合标准而引发的纠纷，属于合同之诉。本案中，原告认为被告生产的笛音雷在质量上存在问题，以至于第二次燃爆，导致原告左眼所伤，原告据此向被告请求赔偿，提起的是侵权之诉，而非合同之诉。作为主张自己权利的一方，原告就产品存在缺陷（购买的笛音雷二次燃放）、受损事实（原告左眼受伤）、产品存在缺陷与造成受损事实之间存在因果关系提出了证据。被告认为笛音雷没有炸筒现象、没有漏底现象，燃放后内置小筒不可能存在，据此认为产品不存在质量问题，仅属于一种主观臆断的推测，不能推翻原告被笛音雷致伤的事实。被告出具了宜昌市产品质量监督检验所的四份检验报告，以此证明自己生产的产品在质量上不存在问题。产品合格检验报告只能证明产品符合国家有关法律法规、质量标准，并不能证明产品不存在缺陷。产品存在缺陷可以从两个方面进行认定：一是产品存在一种不合理危险；二是产品不符合法定安全标准。

对于符合法定安全标准，但具有不合理危险的产品，仍视为缺陷产品。换言之，有缺陷的产品肯定质量不合格，产品质量合格并不等于产品不存在缺陷。况且检查报告对产品采取的是抽样检查，某批抽样产品质量合格并不能据此认定原告购买的产品就为合格。综上所述，被告应该对此次事故承担责任。烟花爆竹属于危险易燃品，应该避免接触火源。本案中，原告的女儿将燃放完的笛音雷放置于火炉旁，导致笛音雷二次燃爆。作为女儿的法定监护人，原告没有尽到应尽的监护责任，具有非常明显的过错，应承担相应的责任。综合以上情况，宜昌市夷陵区人民法院认为，本案由原告承担30%的责任，被告承担70%的赔偿责任为宜。一审法院最终判决被告赔偿给原告各项费用合计146 951.54元。

此案上诉到宜昌市中级人民法院，在二审中，经二审法院主持调解，被告向原告支付115 000元补偿金，双方纠纷就此了结。

法理评析

产品缺陷的认定是处理产品责任纠纷的核心问题。

（一）何谓“产品缺陷”

《产品质量法》第46条规定，本法所称缺陷，是指产品存在危及人身、他人财产安全的不合理的危险，产品有保障人体健康和人身、财产安全的国家标准、行业标准的，是指不符合该标准。《产品质量法》是目前我国对产品缺陷认定普遍适用的法律。

根据《产品质量法》，产品存在缺陷可以从两个方面进行认定：一是产品存在一种不合理危险；二是产品不符合法定安全标准。对于产品符合法定安全标准，但是存在不合理危险的，仍然可认定产品存在缺陷。理由如下：

（1）从立法目的来看，《产品质量法》中对产品质量进行规制，主要目的在于确保生产的产品能够保障消费者的人身和财产安全。在现实生活中，产品符合国家安全标准、行业标准，却仍然造成消费者人身损害或财产损害的情况时有发生。在此种情况下，如果以产品符合国家安全标准、行业标准为由，就此认定产品生产者无责任，对消费者显失公平，不利于保护消费者的利益。

（2）从现行实践上来看，对于产品是否符合国家安全标准、行业标准，相关机构一般采取的是抽样检查、年检的方式，然后对于检查合格的产品发放产品合格证书或者其他证明。抽样检查只是从概括性上面检验产品的合格性，并不能代表生产者生产的每一件产品都是符合标准的，如果某件"残次"产品对消费者造成了人身和财产上的损害，不能以概括性的抽样样品的合格性否认某件"残次"产品对消费者造成的伤害。

（3）从国际立法上来看，对缺陷产品的认定一般为"存在不合理危险或欠缺应有的安全性"。美国在1965年的《第二次侵权法重述中》将缺陷定义为："对使用者或消费者或其财产有不合理危险的缺陷状态"；欧共体及其成员国家对产品缺陷采取的是"消费者有权期待安全"的标准，即生产者生产的产品必须提供人们有权期待的安全；日本在《制造物权法》中规定产品缺陷是指制造物欠缺通常应有的安全性。综上所述，产品符合法定安全生产标准并不等同于产品不存在合理危险，在产品符合法定安全标准，但是存在不合理危险的情况下，仍然可以认定产品缺陷的存在。

（二）产品缺陷的证明责任

对于产品缺陷的证明责任，有观点认为，应该采取举证责任倒置的方式，由生产者就产品不存在缺陷进行举证，消费者不用就产品存在缺陷承担举证责任。笔者不赞同这种观点。产品责任纠纷是指因产品存在缺陷致人身、财产受损而引发的纠纷，属于侵权之诉。就侵权之诉而言，原告一般应当就侵权行为、侵害结果、侵权行为与侵害结果之间的因果关系、侵权人主观上的故意或过失承担举证责任。由于产品责任纠纷采取的是无过错责任归责原则，因此原告无须就侵权人主观上的故意或过失承担举证责任。原告应该就产品存在缺陷、受损事实、产品存在缺陷与造成受损事实之间存在因果关系进行举证。再者，民法上规定的举证责任倒置的情形，并不包含产品责任纠纷。因此，对于产品缺陷的证明责任，不应该适用举证责任倒置。原告仍然应该就产品存在缺陷承担举证责任。

原告应该就产品的缺陷承担举证责任，其举证责任只要达到一般人可推定产品缺陷的标准即可。作为产品的使用者，原告并不具备专业的知识，无法从专业技术水平上去证明某件产品存在缺陷。原告作为一般消费者的个人，只能根据自己生活常识、一般经验，就产品存在缺陷承担一般的举证义务。本案中，原告认为笛音雷经过第一次燃放后，不应该二次燃放，就笛音雷第二次燃放提供证据，即从一般消费者的角度看已尽到了举证责任。其证据达到了一般证明力的标准。

原告就产品缺陷承担举证责任，并不影响被告就产品不存在缺陷承担举证责任，也不影响法官在本案中根据已知事实推定产品缺陷的存在。本案中，被告就产品不存在缺陷提出了自己的主张。此案还存在一个关键性问题，湖南省浏阳市国家烟花爆竹安全质量检测中心对送检的烟花爆竹经过认真核查后，表示对送检的烟花质量无法作出鉴定。没有相关产品鉴定机构对“肇事产品”的鉴定结论，如何断定产品是否存在缺陷？在此种情况下，就要依赖于法官依据法律规定，通过内心的良知、理性等对证据的取舍和证明力进行判断，按照内心确信原则作出最终的断定。本案中，原告就产品存在缺陷（购买的笛音雷二次燃放）、受损事实（原告左眼受伤）、产品存在缺陷与造成受损事实之间存在因果关系进行了举证。按照常理推断，笛音雷若无产品质量问题，应该在燃放后就完全燃尽，不可能第二次引炸。根据原告的诊断报告，原告所受伤为左眼爆炸伤，与笛音雷爆炸可能对人体造成的伤害一致。假设笛音雷不是因为存在产品质量问题而第二次引爆，也可以解释为爆炸的笛音雷存在着不合理的危险，以至于超过了消费者对产品预期的安全标准。因为在正常情况下，燃放完毕的笛音雷是不存在人身危险的。综上所述，法官根据证据之间的关系、生活经验、推理假设，认定笛音雷存在产品缺陷，支持了原告的主张。

四、尹鹤飞诉淮安市楚州区农村信用合作联社违反安全保障义务责任纠纷案

案情

原告（上诉人）：尹鹤飞

被告（被上诉人）：淮安市楚州区农村信用合作联社

淮安市楚州区人民法院经审理查明：原告尹鹤飞于2009年6月8日上午7时多与邻居一同持农业直补资金的存折到被告下属单位钦工信用社取款。到了信用社的营业时间，领款的人开始排队等候，队伍排的较长，后外面的人开始往大厅里挤，领款的队伍开始混乱。由于领款的人较为拥挤，里面已经领到款的人很难出来。在上午8时32分左右，有一个里面领到款的人猛地往外一挤，包括原告在内的好几个人都被挤倒，原告的身

体被踩踏。几分钟后，原告即感被踩踏的腹部疼痛，随即被送到钦工卫生院抢救治疗。

原告尹鹤飞诉称：2009年6月8日上午，原告与邻居一同持农业直补资金的存折到被告下属单位钦工信用社提款。原告先是排队等候，后由于人多拥挤，队伍被挤散。由于被告未能进行有效管理和采取安全措施，在拥挤过程中，原告被挤倒，致腹部被踩踏受伤。后原告被送到钦工卫生院住院治疗，现诉至法院，请求被告赔偿医疗费8329元、住院伙食补助费234元，共计人民币8563元，并承担本案诉讼费用。

淮安市楚州区人民法院经审理认为：公民的生命健康权受法律保护，公民、法人由于过错侵害国家的、集体的财产，侵害他人财产、人身的应当承担民事责任。本案中，被告作为国有金融机构，在经营过程中，应当对进入其经营场所的客户负有在合理限度范围内免遭人身损害的义务。而被告工作人员未能维持好秩序并在一定范围内防止危害的发生。故应认定被告在本案事故中，未尽到基本的安全保障义务。鉴于本案中导致原告尹鹤飞受伤系由于他人的实际踩踏即第三人的侵权行为所直接造成的，故信用联社在其能够防止或制止损害的范围内补充赔偿责任。被告承担补充赔偿后，可向实际侵权人追偿。另外，本案中，如果信用联社的工作人员在领款的队伍开始混乱的时候就出来维持秩序，尽到合理的安全保障义务，就不会发生领款队伍拥挤的现象，更不会出现后来的踩踏事件，原告尹鹤飞也不会受伤。故导致尹鹤飞受伤主要是由于信用联社未尽到安全保障义务导致领款队伍拥挤、现场混乱所引发的。据此，判决：

（1）被告淮安市楚州区农村信用合作联社补充赔偿原告尹鹤飞2569元，于本判决生效后10日内给付；

(2) 驳回原告尹鹤飞的其他诉讼请求。

上诉人尹鹤飞以赔偿太少向淮安市中级人民法院提起上诉，在淮安市中级人民法院主持下，上诉人与被上诉人达成调解协议如下：

被上诉人淮安市楚州区农村信用合作联社一次性给付上诉人尹鹤飞医疗费和住院伙食补助费合计5200元，该款于2010年3月30日前给付。

法理评析

本案中，淮安市楚州区农村信用合作联社未尽到合理的安全保障义务，应当对尹鹤飞所受的人身伤害承担相应的赔偿责任。

(一) 安全保障义务的主体应该包含信用社等金融机构

安全保障义务的设立是在诚实信用原则之下基于分配正义的需要发展起来的。其设置的法理依据主要有：

(1) 危险控制理论的要求。即从事特定社会活动的人对因从事该活动所使用的场所具有他人不可比拟的控制力。其最可能了解整个场所的实际情况、预见可能要发生的危险和损害，并且最有可能采取必要的措施防止损害的发生或者使之减轻。所以，其理应承担一种从事该社会活动的安全保障义务。相对于进入信用社等金融机构的客户而言，信用社明显对其营业场所具有他人不可比拟的控制力。因此，从这一点上讲，信用社等金融机构相对于客户是处于优势地位的一方，让其承担安全保障义务也符合实质平等的民法理念。

(2) 收益与风险相一致的要求。从事特定活动的人所从事的通常是一种营利性的活动，能够从中得到收益，从该社会活动中谋利对其课以相应的安全保障义务也是合理的。信用社等金融机构虽不同于商场、酒店等一般意义上的经营机构，但是它从事的也是营利性活动，能从该活动中获利。因此，从这一点上而言，让信用社等金融机构承担安全保障义务也合情合理。

（3）合理信赖原理的要求。即当事人双方在一定的社会接触基础之上，产生特别的关联关系，基于这种特殊的关系，一方当事人对他方当事人产生合理的信赖，相信自己在从事这种活动时自己的人身和财产不会受到侵害，那么该种信赖就应当受到法律的保障。基于客户与信用社特殊的关联关系，进入信用社等金融机构的客户亦是相信自己在其场所内从事相关活动时自己的人身是不会受到侵害的，从这个角度看，让信用社等金融机构承担安全保障义务也是符合诚实信用原则的。

（4）社会总成本最低的要求。从社会经济学的角度分析比较，安全保障义务人避免和减轻该“危险”发生的成本是最低的，对于节约社会总成本而言，其应当承担必要和适当的安全保障义务。试想，客户到信用社等金融机构办理业务，如果不能确信信用社等金融机构秩序和顾客的人身、财产安全，那么进入信用社等金融机构办理业务的客户就得雇佣保镖，无论对于顾客还是信用社等金融机构，都是既不方便又不经济。如果由信用社等金融机构配备专门的保安人员，那就显然既经济又合理。而且，1996年公安部、中国人民银行联合制定《关于印发公安机关与金融单位联网报警管理规定》，要求“营业网点大厅要配备专职保安人员守卫巡视”。商业银行应当依据规定，配备数量足够的、合格的保安人员，在营业区域进行巡逻，对于可能出现的危险采取必要的安全防范措施。同时，商业银行还应该对保安人员进行相关安全知识培训，以更好地履行商业银行的安全保障义务，其他岗位的工作人员也应进行必要的安全知识培训，以应对突发事件。综上，信用社等金融机构是安全保障义务的主体之一。毫无疑问，本案中楚州区农村信用合作联社应对尹鹤飞的人身损害承担责任。

（二）本案中楚州区农村信用合作联社应对尹鹤飞承担的责任是补充赔偿责任

违反安全保障责任义务的责任形态包括直接责任和补充责任。这两种责任形态主要是以是否存在第三者侵权来进行区分的。在没有第三人介入的情形下，安保义务人承担的是单独的责任，因安保义务人自身的行为而造成客户等人身、财产损害的，应由安保义务人自己承担责任。这种情况通常是因安保义务人在设施设备和服务管理等方面未尽到合理的安全保障义务造成的。在存在第三者侵权的情况下，安全保障义务人有过错的，应当在其能够防止或制止损害的范围内承担补充赔偿责任。安全保障义务人承担责任后，可以向第三人追偿。这种补充责任，是在安保义务人消极的未尽安全保障义务与第三人直接的加害行为相结合的情形下发生的。本案中，尹鹤飞受伤的直接侵权人是踩踏尹鹤飞的其他领款人，但是，如果信用社的工作人员在领款的队伍开始混乱的时候就出来维持秩序，尽到合理的安全保障义务，就不会发生领款队伍拥挤的现象，更不会出现后来的踩踏事件，尹鹤飞也不会受伤。所以，笔者认为，导致尹鹤飞受伤主要原因是楚州区农村信用合作联社未尽到安全保障义务导致领款队伍拥挤现场混乱，第三人的侵权只是尹鹤飞受伤的次要原因。

（三）原告尹鹤飞无需对其自身人身损害的发生承担责任

基于进入信用社等金融机构的客户相信其在从事相关活动时人身不会受到侵害，信用社等金融机构相对于客户是处于优势地位的一方等原因，在发生领款队伍混乱，出现推挤之时，应当由楚州区农村信用联社采取安全保障措施，而不能苛求客户自身在此时去采取安全措施。故笔者认为，在本案中，尹鹤飞不需要对其自身所受人身损害承担责任。

五、陈某某诉如皋市如城镇邓某小学、如皋市人民公园动物致人损害赔偿纠纷案

案情

原告（上诉人）：陈某某

被告（被上诉人）：如皋市如城镇邓某小学、如皋市人民公园

2003年10月28日，邓某小学在进行安全教育后，组织五、六年级5个班的学生去人民公园观赏秋色。下午3时左右，陈某某和几位同学来到公园内的动物园入口处，工作人员收取每位学生1元钱后，让这些学生进入了动物园。陈某某为给狗熊喂汽水，翻越狗熊前的防护栏杆，将拿着汽水瓶的左手伸进狗熊的铁栏栅，瞬间被一只狗熊咬住了左臂，挣扎中右手又遭另一只狗熊抓咬。陈某某被闻讯赶到的教师送往如皋市百信医院救治。经诊断，陈某某双上肢被咬伤后出现多发性骨折，出血性休克。当日，该院为陈某某施行抢救手术。同年12月12日，陈某某出院。其后，陈某某先后到如皋市博爱医院、如皋市人民医院、南通医学院附属医院、上海华山医院、上海长征医院等处就诊、治疗。邓某小学为此垫支医疗费17 944.40元，陈某某的父母从该校付款2000元。此外，如皋市如城镇中心初中从特困捐助款中给付12 000元，陈某某获得学生伤害保险赔款21 875.90元。2004年8月4日，陈某某以邓某小学未尽职责范围内的相关义务，人民公园在经营合同中未尽安全保障义务为由，向人民法院提起诉讼，要求二被告共同赔偿医疗费、交通费、住宿费、护理费、住院伙食补助费、营养费、未成年人教

育费书本补习费等各项损失158 971.20元，另赔偿精神损害费18万元。

被告邓某小学辩称：①原告不听学校的安全教育，不顾公园的有关警示标志，擅自翻越栏杆逗引狗熊而致伤，其自身有不可推卸的责任。②本校相对于原告及另一被告的责任而言仅处于次要地位，只应承担相应的补充责任。③原告部分诉讼请求缺乏事实和法律依据，部分诉讼请求数额偏高，请求法院依法核定。

被告人民公园辩称：①本园已尽安全警示义务。②本园对狗熊笼舍设置的防护措施得当。③原告的损害系其自身过错所致，本园不应承担责任。④被告邓某小学疏于管理，应负相应的责任。⑤原告部分诉讼请求不符合法律规定。综上，请求驳回原告对本园的诉讼请求。

审理中，经申请，南通市中级人民法院作出［2004］通中法医鉴字第113号法医学鉴定书，鉴定结论：原告双上肢咬伤后致左上肢功能严重障碍，评定为八级伤残。

经查，邓某小学组织五、六年级5个班的学生去公园，随行教师仅有5名，且在公园内任学生自由活动。人民公园在公园及动物园入口处设有游客须知标牌，在动物园内熊某处设有警示标牌，上有“观赏动物时，身体部位切勿越过护栏，防止动物伤害。爱护动物，不要向笼舍内乱抛杂物以及食物，不要逗引动物”等警示语。经现场勘验，熊某迎面为铁栏栅，栏栅间距6.5厘米，铁栏栅外1.2米处设有防护栏杆，栏杆高1.2米。

如皋市人民法院经审理认为，原告陈某某已12周岁，系小学高年级学生，已具备起码的安全常识及相应的认知能力。然而，在学校已进行安全教育，公园亦有安全警示标志的情况下，置危险于不顾，翻越护栏、逗引狗熊，以致造成被狗熊咬伤的惨剧。应当认定，原告自身的过错是导致事故发生的直接原因，其监护人应承担事故的相应责任。

被告邓某小学组织学生校外活动中，仅有5名教师随行，对5个班的未成年学生而言，显然偏少。且放任学生自由活动，对由此可能出现的安全隐患，未能采取相应的安全防范措施，如派教师把守动物园入口处等，故邓某小学在本起事故中存在明显过错，应承担与其过错程度相适应的责任。

被告人民公园虽履行了应尽的警示义务，但工作人员为招揽游人，以低于儿童票价的特殊收费让原告等学生进入动物园，并未对这些特殊游人予以特殊关注，应当认定人民公园尚未完全尽到合理限度范围内的安全保障义务，应承担事故的一定责任。

基于以上对事故责任的分析与认定，对原告伤害事故的责任承担比例确定为：原告法定监护人、被告邓某小学各承担四成责任，被告人民公园承担二成责任。原告因被狗熊咬伤所造成的符合法定赔偿范围的合理损失，由各责任方按责分担。在本起事故中，被告邓某小学和人民公园既无共同故意，也不存在共同过失，其各自行为亦并非直接或必然导致原告损害结果的发生，符合无意思联络的数人侵权的特征。对此，应由各行为人分别承担赔偿责任，不承担连带责任。

原告主张医疗费、住院伙食补助费、营养费、护理费、住宿费、交通费、购买书本和家教辅导费等，法院依法予以核定。原告主张的未成年人教育费用、电话费、复印费，因不属赔偿范围，故依法不予支持。原告因伤致残，属于损害后果严重的情形，其因此遭受的精神和肉体的痛苦是现实而毋庸置疑的，故其有权要求精神损害赔偿。但对精神损害赔偿的具体数额，则应根据当事人的过错程度、侵害的具体情节、侵权行为所造成的后果及承担责任的经济能力、受诉法院所在地的平均生活水平等因素综合考虑，酌情确定。据此，依照《中华人民共和国民法通则》第 12 条第 1 款、第 16 条第 1 款、第 18 条、第 98 条、第 106 条第 2 款、第 119 条、第 127 条、第 131 条；1991 年《中华人民共和国未成年人保护法》第 17 条；《最高人民法院关于审理人身损害赔偿案件若干问题的解释》第 1 条，第 2 条，第 3 条第 2 款，第 6 条第 1 款，第 7 条第 1 款，第 17 条第 1、2 款，第 18 条第 1 款，第 19 条，第 21 条，第 22 条，第 23 条，第 24 条，第 25 条，第 31 条；参照教育部《学生伤害事故处理办法》第 9 条第 1 款第 4 项、第 10 条第 1 款第 1 项之规定，于 2005 年 1 月 6 日判决：

（1）原告陈某某损失医疗费 38 995. 12 元，住院伙食补助费 1728 元，营养费 1200 元，护理费 12 363. 12 元。被告邓某小学赔偿：33 581. 70 元，被告人民公园赔偿 16 790. 85 元：其余损失由原告法定监护人陈某某 1、孙某某承担。

（2）被告邓某小学赔偿原告陈某某精神损害抚慰金 16 000 元，被告人民公园赔偿原告陈某某精神损害抚慰金 8000 元。

上述一、二项于本判决生效后 10 日内履行。被告邓某小学共给付某某陈某某赔偿款 49 581. 70 元，扣除其所垫付的医疗费及预付款计 19 944. 40 元，还应给付陈某某赔偿款 29 637. 30 元；被告人民公园共给付陈某某赔偿款 24 790. 85 元。

（3）驳回原告陈某某的其他诉讼请求。

一审判决后，原告陈某某不服，向江苏省南通市中级人民法院提出上诉。上诉称：①一审认定人民公园承担的责任明显偏低；②邓某小学未尽其职责范围内的管理义务；③上诉人的行为已经脱离了其父母监护的范围，上诉人及其法定代理人不应承担责任；④上诉人一家属于失地农民，残疾赔偿金标准应按城镇居民人均可支配收入的标准计算；⑤一审判决的精神抚慰金未考虑上诉人的监护人所遭受的精神伤害，数额偏低；⑥一审法院所采信的鉴定结论，未充分考虑上诉人左臂神经受损、肌肉萎缩所造成的负面影响，请求重新对伤残进行评定。综上，请求二审法院依法撤销一审判决，改判两被上诉人赔偿医疗费、交通费、住宿费、护理费、残疾赔偿金等合计137 808.12元；酌情增加精神损害抚慰金。

被上诉人邓某小学口头辩称：①一审判决要求学校派教师把守动物园入口处，明显不合理，判决学校承担40%的责任明显偏高；②根据最高人民法院相关规定，学校仅应当承担补充赔偿责任；③本案中，学校没有主动侵权，一审判决学校支付精神损害抚慰金于法相悖。学校的资金是财政拨款，无给付能力。一审判决邓某小学所承担的责任显失公平，请求二审法院适当减轻邓某小学的责任。

被上诉人人民公园口头辩称：①人民公园对熊某设置的防护措施得当，已尽安全警示义务；②人民公园优惠出售动物园门票与上诉人无视警示标志、擅自翻越熊某外防护栏之间无因果关系；③上诉人虽系限制民事行为能力人，但按其年龄和认知能力应当知道其翻越外护栏接近狗熊具有危险性，其损害是自身过错导致，人民公园不应当承担民事责任。请求驳回上诉人的上诉请求。

对陈某某要求重新进行伤残等级鉴定的申请，南通市中级人民法院经审查认为，根据《最高人民法院关于民事诉讼证据的若干规定》的有关规定，要启动重新鉴定的程序，陈某某需举证证明一审法院委托本院所作出的鉴定存在应予重新鉴定的法定情形，或存在可予重新鉴定的具体事由。现陈某某均未能举证证明，故对陈某某的申请本院不予采纳。

南通市中级人民法院经审理认为：

首先，关于一审对各方当事人的责任划分是否恰当的问题。本案事发时，陈某某已满12周岁，虽系限制民事行为能力人，但作为小学六年级的学生，应当具备与其年龄相应的识别能力。狗熊一般都具有攻击性，接近狗熊对自身的安全具有危险性，陈某某对此完全应当知晓。然陈某某仍翻越熊某前的防护栏、接近狗熊，且系在人民公园有醒目警示下所为，一审依据查明的事实和相应的法律规定，认定陈某某自身行为是导致事故发生的直接原因，并由其监护人承担事故的相应责任于法并无不合。邓某小学作为教育机构，更应清楚小学生的自制能力和自我保护能力不及成年人，在组织学生到人民公园进行校外活动时，更应加强管理，然邓某小学却在随行老师偏少的情况下，放任学生在人民公园里自由活动。一审认定邓某小学过错明显，判令其承担与其过错程度相适应的责任并无不当。人民公园作为动物饲养人和管理人，对其饲养和管理的动物造成他人损害的，应当承担民事责任。由于受害人存在明显过错，受害人所在学校也存在过错，一审判令人民公园承担部分民事责任也无不当。一审依据法律，结合各方当事人的过错，综合认定各方当事人的责任承担比例为陈某某的法定监护人、邓某小学各承担四成责任，人民公园承担二成责任并无不当。陈某某的该项上诉主张本院不予支持。

其次，关于陈某某残疾赔偿金损失的问题。陈某某的法定监护人在未能举证证明其身份系城镇居民的情况下，一审按照农村居民的标准计算陈某某的残疾赔偿金正确。

最后，关于一审判决赔偿精神损害抚慰金的数额是否恰当的问题。陈某某的伤已构成八级伤残，根据最高人民法院的相关司法解释，陈某某有权主张侵权人支付精神损害抚慰金。一审根据邓某小学和人民公园的过错程度、侵害的具体情节、侵权行为所造成的后果、侵权人的获利情况、承担责任的经济能力及当地人均生活水平等综合因素，酌情判令由邓某小学给付精神损害抚慰金16 000元，人民公园给付8000元并无不当。

综上，一审查明事实正确，实体处理并无不当，应予维持，陈某某的上诉无事实和法律依据，法院不予支持。据此，依照1991年《中华人民共和国民事诉讼法》第153条第1款第1项之规定，于2005年4月8日判决：驳回上诉，维持原判。

法理评析

本案在诉讼前就引起社会广泛关注。审理本案有以下几个问题值得探讨：

（一）邓某小学应否承担补充赔偿责任

邓某小学认为己方的责任与原告陈某某及被告人民公园相比，仅处于次要地位，只应承担相应的补充责任。要判定这一观点是否正确，就必须弄清什么是学校的补充赔偿责任以及该责任适用的条件。2004年5月1日起施行的《最高人民法院关于审理人身损害赔偿案件适用法律若干问题的解释》（以下简称《人身损害赔偿解释》）第7条第2款规定："第三人侵权致未成年人遭受人身损害的，应当承担赔偿责任。学校、幼儿园等教育机构有过错的，应当承担相应的补充赔偿责任。"（注：目前，《侵权责任法》对此规定有所变化。）根据该款规定，当学校之外的第三人进入学校或者在学校组织的校外活动中由第三人造成未成年学生人身损害时，以实施直接侵权行为的该第三人承担赔偿责任为一般原则。而如果因为学校没有尽到职责范围内的安全注意义务，履行教育、管理、保护职责不到位，客观上给第三人的侵权提供了条件和机会，由此造成了未成年学生受损害的后果，学校将对此承担补充赔偿责任。据此，学校承担补充赔偿责任的条件有：①针对未成年学生的侵权行为须由第三人直接实施。②学校客观上为第三人的侵权提供了机会。③第三人尚不能确定或第三人赔偿不能。这应当指尚找不出第三人、第三人实施损害行为后下落不明、第三人毫无赔偿能力或赔偿能力不足等情形。从表面上看，本案似乎符合适用补充赔偿责任的情形。侵权行为是由学校以外的第三人——“狗熊”——直接实施，客观上，由于学校的疏于管理使陈某某接近了狗熊，导致了伤害事件的发生。然而，作为狗熊饲养人和管理人的人民公园客观存在着，不存在下落不明或不能确定的情形，人民公园有自己的营业收入，是一个能独立对外承担民事责任的法人单位，亦无证据证明存在“赔偿不能”的情形。因此，本案并不符合适用补充赔偿责任的情形。

《人身损害赔偿解释》第 7 条第 1 款规定：“对未成年人依法负有教育、管理、保护义务的学校、幼儿园或者其他教育机构，未尽职责范围内的相关义务致使未成年人遭受人身损害，或者未成年人致他人人身损害的，应当承担与其过错相应的赔偿责任。”该条款根据“自己责任原则”明确了学校在未成年学生受损害事件中的过错责任原则。1991 年《未成年人保护法》第 17 条规定：“学校和幼儿园安排未成年学生和儿童参加集会、文化娱乐、社会实践等集体活动，应当有利于未成年人健康成长，防止发生人身安全事故。”教育部《学生伤害事故处理办法》第 9 条第 4 项规定“学校组织学生参加教育教学活动或者校外活动，未对学生进行相应的安全教育，并未在可预见的范围内采取必要的安全措施的”，造成学生伤害事故，学校应当依法承担相应责任的情形。

本案中，邓某小学在组织学生到人民公园活动前，虽对学生进行了安全教育，但作为教育机构应当知道未成年人的自制能力和自我保护能力有别于成年人。因此，除安全教育外，管理和保护措施必须到位。遗憾的是，被告邓某小学在此次活动的组织与保护上存在多处问题：①随行教师太少。5 个班有 300 多名学生，仅派 5 名教师随行，显然无法履行正常的管理和保护职责。②管理严重失控。5 个班的学生到公园后，老师即让他们自由活动，对于这些好奇强、自制力弱、自我保护意识弱的学生来说，自由活动增大了学生受伤害的系数。③保护措施不力。公园地方虽大、地形复杂，但易受到伤害的地点无非是水边、假山和动物园，在教师偏少的情况下，5 名教师应当适当分工，守住动物园入口，在水边、假山旁巡视，以确保学生安全，但学校并未如此，保护措施不力是明显的。基于以上三点，法院认定邓某小学在事故中存在明显过错，令其承担与其过错相适应的四成责任是恰当的。

（二）在受害人有明显过错的情形下，动物管理人、饲养人是否可以免责

《民法通则》第 127 条规定："饲养的动物造成他人损害的，动物饲养人或者管理人应当承担民事责任；由于受害人的过错造成损害的，动物饲养人或者管理人不承担民事责任；由于第三人的过错造成损害的，第三人应当承担民事责任。"（注：目前《侵权责任法》对此规定有所变化。）该条在明确动物饲养人或管理人对动物致害他人承担无过错责任原则的同时，又规定了两点免责事由，即受害人过错和第三人过错。无过错责任原则是指在法律有特殊规定的情况下，以已经发生的损害后果为价值判断标准，无过错的行为人也要承担民事责任的归责原则。动物致害他人中的免责条款之一为受害人过错。受害人的过错

应包括故意和过失。受害人有意伤害动物而迫使动物反抗致伤受害人的，是故意；受害人应当预见自己的行为可能会发生动物致害行为，因疏忽大意或轻信能够避免，以致发生这种危害的，如逗引、喂食动物（尤其是猛兽），应认定为过失。本案中，原告陈某某明知狗熊是猛兽具有很强的攻击性，仍抑制不住好奇，轻信能够避免其攻击，翻越护栏，接近狗熊并喂食其汽水，以致自己受到伤害，其主观上的过失是十分明显的。在受害人过错十分明显的情况下，作为狗熊饲养人和管理人的人民公园能否引用《民法通则》的上述规定免责呢?《民法通则》的该条规定明确动物饲养人、管理人的无过错责任原则，重在保护受害人的合法权益，说明在动物致害他人的情况下，动物饲养人、管理人即使无过错也要承担赔偿责任，有过错当然更应该承担赔偿责任。

所谓受害人过错免责的情形，应当适用于饲养人和管理人对损害行为的发生概无过错，损害行为完全由受害人自己造成的情形。如果损害虽由受害人造成，而管理人、饲养人同时也有过错，则只能相应减轻管理人、饲养人的责任，而不能免除其责任。因无过错责任相对于过错责任而言，其要求更严、责任更大，不可能在受害人稍有过错时即予免责，那样所承担的责任比一般过错责任更轻，这显然不符合立法的本意。综观本案，人民公园不能免责，因为作为狗熊的饲养人、管理人，其过错有二：①防护设施不足以保护未成年人。一是防护栏杆仅高1.2米，对于10周岁以上的未成人来说，翻越十分轻易；二是熊某铁栅栏间距过大，为6.5厘米，不足以阻隔未成年人的手臂伸入，如果铁栅栏外再设一层铁网，则可避免这种危险。②对未成年人的安全保护未尽注意义务。动物园有猛兽区这是公园工作人员明知的，未成年人好奇心强、自制力差，公园工作人员应当预见到几个未成年学生进入动物后可能会无视警示语而逗引动物，因为疏忽大意而没有派人在猛兽区巡视，以致发生了损害，其主观过失是存在的。考虑到公园的这两点过错，其对陈某某的受伤害行为不能免责，只能减轻其责任。法院最终确定其承担两成责任，是合乎法律、合乎情理的。

六、卞建彬诉新疆雅宝陶瓷有限公司环境污染损害赔偿纠纷案

案情

原告（被上诉人）：卞建彬

被告（上诉人）：新疆雅宝陶瓷有限公司

昌吉回族自治州中级人民法院经审理查明：卞建彬自1997年起在米泉市（现米泉区）三道坝私营工业区经营康牧种鸡养殖场，经营效益良好。2002年6/7月间雅宝陶瓷有限公司在距卞建彬鸡场二十余米处施工建厂。自建厂及正式生产以来，卞建彬饲养的种鸡出现产蛋率下降、产软壳蛋、患腹膜炎等现象。2002年10月30日，卞建彬委托新疆维吾尔自治区环境监测中心站对鸡场周围的噪音情况进行了监测：雅宝公司与鸡场相距22米；雅宝公司厂界外一米处白天噪声最高分贝79.5、夜间最高为80.1分贝；种鸡场场界内白天的噪声最高分贝为73.1分贝。2002年11月1日，昌吉回族自治州动物防疫站、昌吉回族自治州畜牧局的几位专家对养鸡场发生的损害出具了调查意见。该调查意见认为：该种鸡饲料配给合理，疫病防治程序符合种鸡场的要求，致使周围环境噪音太大，该鸡场出现的种鸡产蛋率下降，软壳蛋增多，属于噪音超标准所致。卞建彬遂提起诉讼，要求雅宝公司赔偿损失885 613元。诉讼期间，卞建彬委托

新疆农业大学动物科学系对噪声给鸡群造成的影响进行了鉴定。结论为：因强噪音应激，影响康牧种鸡场三群种鸡的健康和生产性能，三群种鸡的最高产蛋率分别为 63.4%、46.49%、40.7%，而在 2001 年该鸡场正常高峰产蛋率达到 85%左右，这么低的产蛋率使种鸡失去了原有的种用价值。雅宝公司提供了新疆化工设计研究院于 2002 年 7 月出具的《雅宝公司年产 120 万平方米釉面砖项目环境影响报告表》，该报告认为场界噪音在《城市区域环境噪声标准》中的三类区标准限值昼 65 分贝、夜 55 分贝之内，评价区域声环境质量较好。雅宝公司同时提供了北京农学院温书斋教授、中国农业大学动物科技学院王新谋、刘继军教授的证言，均认为噪声是产生应激的原因之一，但六七十分贝的噪音不致造成大群鸡发生腹膜炎和产蛋率降低的后果。农业部《畜禽场环境质量标准》（NY/T388-1999）规定，舍区生态环境质量噪声标准，雏禽为 60 分贝，成禽为 80 分贝。诉讼期间，法院重新委托昌吉回族自治州价格认证中心对康牧种鸡场的实际损失进行了鉴定。结论为：5500 套艾维因种鸡和 3000 套香港麻花种鸡直接财产损失和可得利益为 888 613 元。

重审期间，中国农业大学科技学院王新谋、刘继军教授重新出具的证言认为：新疆农业大学动物科学系材料中阐述的情况和结论，从专业角度看是合理的，虽然《畜禽场环境质量标准》规定，家禽舍内噪声标准为 80 分贝，但是由于鸡场的场址比较僻静，当外来噪声突然提高，鸡群在尚未适应时会出现不良反应。另外，针对《畜禽场环境质量标准》的适用与理解问题，农业部畜牧环境质量监督检验测试中心（该标准的有权解释部门）作了如下答复：此行业标准中规定的噪声标准为 80 分贝，但如果畜禽长期处于较高噪声（如 60 分贝以上）的环境中，则会对其生理机能产生影响，如出现体重和产奶、产蛋率降低等现象（影响程度有待进一步实验研究）。《畜禽场环境质量标准》适用于对畜禽场环境质量的监测、控制、管理及畜禽场环境质量评价，为畜禽生产的源头环境质量管理提供政策性依据，它属于行业环境质量标准，而不是污染物排放标准。雅宝公司为证明其排放的噪音符合排放标准，分别向法庭提交：农业部办公厅函，认为 NY/T388－1999 畜禽场环境质量标准为中华人民共和国推荐性农业行业标准，现行有效；国家环境保护总局函，认为《城市区域环境噪声标准》是针对人而制定，不涉及畜禽；全国畜牧兽医总站答复函，认为噪音对鸡造成的影响与其强度、持续时间、作用方式等有关，至于持续的且低于 80 分贝的噪音能否导致鸡产软壳蛋、产蛋率下降，以及患卵黄性腹膜炎尚缺乏科学依据。

原告卞建彬诉称：原告 1997 年以来，就在米泉市（今米泉区）三道坝私营工业区发展种鸡养殖事业，先后投入大量的人力、物力进行基础设施建设，截至 2002 年投入资金超过 100 万元。原告所进行的养殖业是从北京家禽育种有限公司购进艾维菌种鸡苗，经过饲养以后向养殖用户和市场提供种蛋和鸡苗。原告自 1997 年开始养殖以来，取得了很好的生产收益和社会效益，逐步赢得了市场的认可。原告饲养的种鸡从 20 至 25 周开始产蛋，到 67 周以后开始淘汰，每只种鸡平均产蛋量为 186.4 枚种蛋，原告的经营方式为 50%鸡蛋向市场直接销售，每枚售价 1.2 元；50%鸡蛋通过孵化后以每只 2.2 元的价格供应市场和养殖户。2001 年 6 月 13 日原告购进鸡苗 5000 套，2001 年 11 月 22 日购进鸡苗 2500 套，2002 年 3 月 30 日和 4 月 14 日分别购进鸡苗 3000 套。2002 年 6 月，被告在原告鸡舍 20 米处开始施工建厂房，所用机械设备和施工所形成的噪音，直接影响到原告所饲养的种鸡，被告投产后厂区的设备和设施所产生的噪音亦直接影响到原告饲养的种鸡。自被告开始修建工厂至投产以来，原告所购进的上述鸡苗都已开始产蛋，由于被告厂区的噪音使种鸡受到了噪音的应激反应，产蛋量明显下降，并有大量的软壳蛋，同时种鸡的受精率下降，合格种蛋明显减少，原告不得不对2001年6月购进的5000套种鸡和2001年11月22日购进的2500套种鸡提前淘汰，造成直接经济损失。

被告雅宝公司辩称：首先，该公司是米泉市（今米泉区）三道坝人民政府引进的一个民营企业。其设立、经营等一切手续合法有效，在生产过程中产生的噪音并没有违反国家农业部“畜禽场所环境质量标准”。农业部于1999年5月6日发布的“中华人民共和国农业行业标准”关于“畜禽场所环境质量标准”栏中规定：雏禽60分贝，成禽80分……原告委托的自治区环境监测中心站2002年10月29日至30日所测的数据内天最高为79.5分贝而且靠近被告厂界的噪音高于靠近原告的鸡舍区。被告生产的噪音没有超过标准，不存在违法的问题。其次，原告诉称种鸡产蛋率下降和发生卵黄性腹膜炎等损失与被告生产中产生的噪音不存在因果关系。原告提供了鉴定结论等，这些结论是不科学和无根据的，它们共同的特点是回避了多大的噪声才能对鸡的健康造成影响和危害。因此，原告的诉讼请求不能成立，应予以驳回。

昌吉回族自治州中级人民法院经审理认为，环境污染侵权民事责任作为一种特殊的侵权责任，适用无过错责任归责原则。根据《环境保护法》的规定，造成环境污染危害的有责任排除危害，并对直接受到损害的单位或者个人赔偿损失。《民事诉讼法》及相关的司法解释规定，环境污染损害赔偿案件，适用举证责任倒置规则。依据这些规定，雅宝公司应承担环境污染致财产损害的赔偿责任，就自己的排污行为与康牧种鸡场种鸡受损之间没有因果关系承担举证责任。从本案双方提供的证据来看，卞建彬已经证明了雅宝公司排放噪音的行为以及种鸡受损的事实。雅宝公司并不否认噪音对禽类的影响，只是认为自己排放的噪音在《城市区域环境噪音标准》中的三类区标准限值之内，并根据畜禽场环境质量标准，认为低于80分贝的噪音不会对禽类造成损害，并认为其噪音排放的标准符合《城市区域环境噪声标准》的要求，不应承担民事赔偿责任。我国法律规定的环境侵权免责事由中的三种情形为：①不可抗拒的自然灾害；②受害人的过错；③第三人的过错，并不包括符合噪音排放标准的免责情形。被告雅宝公司没有违反国家规定的噪音排放标准，只是不具有行政法上的违法性，不受行政处罚。而雅宝公司产生的噪音实际上造成了原告饲养鸡群的损失，具备民法上的违法性，不能排除其在民法上的赔偿责任，雅宝公司不能提供充分有效的证据证明其排放噪音行为与卞建彬原牧鸡场群鸡损失不存在因果关系，应认定构成环境污染侵权，其应承担赔偿责任。

昌吉回族自治州中级人民法院依照1989年《中华人民共和国环境保护法》第41条，《中华人民共和国民法通则》第117条、第124条，《中华人民共和国环境噪音污染防治法》第61条之规定，判决如下：新疆雅宝陶瓷有限公司赔偿卞建彬财产损失888 613元。

雅宝公司不服上诉称：①原判决认定事实不清，采信证据有误。卞建彬提供的证据，不能证明其所养的鸡产蛋率下降、患×××病是由雅宝公司排放噪音所致。首先，原审法院委托新疆农业大学动物科学系的所谓鉴定是没有“检材”的鉴定，应不予采纳。其次，原审委托昌吉回族自治州价格认证中心作出的价格鉴定结论，既无实物依据，又无相关资料，而且前后两次鉴定结论相差巨大，也应不予采纳。再次，原判决未正确理解“举证责任倒置”和“无过错责任”原则，在卞建彬没有任何事实依据的情形下就判令雅宝公司赔偿卞建彬的损失，上诉方不能同意。②原判决适用法律错误。农业部（NY/T388-1999）《畜禽场环境质量标准》明确规定，雏禽的舍区生态环境质量标准中噪音是60分贝，成年鸡是80分贝。这说明成年鸡舍区噪音在80分贝时对成年鸡是没有影响的。鸡场场界的噪音不论来自于何方，都未超过此标准。卞建彬自己委托的自治区环境监测中心站监测的数据亦证明，鸡场的白天、夜间的噪音均未超过80分贝。卞建彬从开始就要求我方赔偿266万余元，并未改变。而原判却认定“卞建彬要求雅宝公司赔偿损失888 613元”，这种认定没有任何根据。综上，卞建彬要求上诉方赔偿损失的证据不足，我方所排放的噪音与卞建彬鸡场的损失之间没有因果关系，故上诉人请求二审法院撤销原判，依法作出公正判决。

被上诉人卞建彬答辩称：①上诉人排放的噪音造成了被上诉人种鸡场受损，二者之间因果关系成立。根据有关法律规定，本案适用举证责任倒置的规则，上诉人没有举出其行为与损害结果之间不存在因果关系的有效证据。其一方面不否认自己排放噪音的行为，另一方面又不能举出有效证据证明被上诉人的损失与其排放的噪音无关。上诉人提交的所谓外地专家意见既没有法院的委托，也没有到现场实地察看和调查，同时也没有说明卞建彬饲养的种鸡受损的原因，应不予采纳。2003年10月22日农业部畜牧环境质量监督检验监测中心给新疆星河律师事务所的信函明确答复：《畜禽场环境质量标准》规定的标准“适用于对畜禽场环境质量的监测、控制、管理及畜禽场环境质量的评估，它属于行业环境标准，不属于强制性实施标准，更不是污染物排放标准；该标准中的噪音标准不能作为企业噪音是否超标的衡量标准。此行业标准中规定的噪音标准为80分贝，但如果畜禽长期处于较高噪音（如60分贝以上）的环境中，则会对其生理机能产生影响，如出现体重下降、食欲减退、产奶产蛋率降低等现象”。所以，上诉人不认可自己排污超标的事实，不执行其应执行的上述标准没有任何道理。②关于损失问题。根据北京家禽育种有限公司出具的购鸡证明和购鸡发票，被上诉人饲养的受上诉方噪音损害的种鸡有三批：第一批鸡（白羽种鸡）2001年11月购进，计2500套；第二批（白羽种鸡）2002年3月10日购进，计3000套；第三批鸡（麻羽种鸡）2002年4月14日购进，计3000套。由于损失计算涉及不同的核算方法，诉讼中卞建彬的赔偿请求有所变更，这是法律容许的。立案前卞建彬根据自己的损失，计算出了起诉的数额。为了确保受损数额被法院采信，考虑到损失的准确性和公正性，立案后卞建彬又申请由法院委托有关部门对实际损失再进行评估。昌吉回族自治州价格认证中心接受法院的委托后作出了《涉案物品估价鉴定结论书》，认定实际损失为2 667 324元。根据此认定，卞建彬对诉讼请求进行了追加。高级法院将此案发回重审时，原审法院要求卞建彬按照自己的经营方式50%种蛋、50%鸡苗的销售方式确定实际受损数额。卞建彬按法院的要求重新计算提出了219万元直接损失的计算表。重审中，原审法院又委托原物价中心重新估价，其结论为88万元。综上所述，上诉人排放噪音的行为直接导致已经存在多年的养殖场倒闭至今。其侵权损害事实清楚，证据充分，请求二审法院予以维持。

新疆维吾尔自治区高级人民法院经而审查明的事实除与原审法院已查明的相同外，另查明：

(1) 2002年12月，卞建彬向原审人民法院起诉，其在诉状中称：“……由于陶瓷厂发出噪音，原告不得不对2001年6月

13日购进的5000套种鸡和2001年11月22日购进的2500套种鸡提前淘汰，由于被告的行为所给原告造成的直接经济损失达1 933 779.9元；2002年9月9日原告购进的3400套种鸡现所受到的直接经济损失为89 000元。原告请求人民法院判令被告赔偿经济损失2 022 779.90元。”2003年3月15日，昌吉回族自治州价格认证中心应原审法院的委托，以100的种鸡（苗）经营方式计算出2001年11月22日、2002年3月30日和2002年4月14日所购三批种鸡的损失为2 667 324元。

（2）2004年2月19日，该院以［2003］新民一终字第161号民事裁定将本案发回原审法院重审。该裁定提出“卞建彬在诉状中称受损害的三批鸡分别是2001年6月13日、2001年11月22日和2002年9月9日购进，但鉴定的三批鸡分别是购于2001年11月22日、2002年3月30日和2002年4月14日。而且卞建彬的经营方式为50%销售种蛋，50%销售孵化后的种鸡苗，但评估单位均是按鸡苗的价格计算损失额，结论有失客观。”原审法院据此重新委托昌吉回族自治州价格认证中心进行损失价值评估，但在卞建彬没有变更诉讼请求及相关的事实与理由的情况下，仍以卞建彬鉴定申请所请求的鉴定范围，即：对2001年11月22日、2002年3月30日和2002年4月14日三批购进的8500套鸡委托鉴定，按50%销售种蛋、50%销售孵化后的种鸡苗的方式计算损失，结论为888 613元。其中，与卞建彬诉讼请求一致的2001年11月22日所购进的2500套种鸡的损失，以50%销售种蛋、50%销售孵化后的种鸡苗的方式计算，结果为271 645元。

新疆维吾尔自治区高级人民法院经审理认为，本案的争议焦点有二：①雅宝公司陶瓷厂发出的噪音与卞建彬康牧鸡场饲养的群鸡所受损害之间有无因果关系；②卞建彬康牧鸡场饲养的群鸡所受损失数额如何认定。

(1) 关于雅宝公司陶瓷厂发出的噪音与卞建彬康牧鸡场饲养的群鸡所受损害之间有无因果关系的问题。本案是因（噪音）环境污染而引起的特殊侵权诉讼案件，适用的是无过错责任的归责原则。受害人无需对加害人的主观过错进行证明，加害人也不得以自己没有过错进行抗辩。只要污染环境行为、损害、侵害行为与损害之间有因果关系即应认定构成环境污染侵权损害。《最高人民法院关于民事诉讼证据的若干规定》第4条第3项规定："因环境污染引起的损害赔偿诉讼，由加害人就法律规定的免责事由及其行为与损害结果之间不存在因果关系承担举证责任。"本案中，卞建彬只需证明在其鸡场附近的雅宝公司的陶瓷厂有发出噪音的行为、其鸡场的群鸡确实患有卵黄性腹膜炎及出现了产蛋率下降的事实，其举证责任即已到位；而雅宝公司则必须对其陶瓷厂产生的噪音与上述损害事实无因果关系负举证责任。现双方对于雅宝公司在距卞建彬的康牧鸡场二十余米处建陶瓷厂的事实无异议，对该陶瓷厂有噪音发出无异议，新疆维吾尔自治区兽医防疫免疫总站对损害事实亦作出认定：被损害的两批种鸡的生殖器病变已无法恢复正常生产功能，失去种鸡价值。至此，卞建彬已经完成其举证责任。雅宝公司就因果关系的问题提供的证据有：北京农学院温书斋教授的意见，中国农业大学王新谋、刘继军教授的意见、西北农业大学动物科技学院的答复，南京农业大学动物科技学院李如治、颜培实教授的鉴定意见，新疆化工设计研究院《环境影响报告表》及米泉市（今米泉区）环境保护监测站出具的《雅宝公司监测验收报告》等，拟证明：农业部《畜禽场环境质量标准》规定的鸡舍区生态环境质量标准中噪音是60分贝，对成年鸡而言是80分贝左右，并未超过此标准，所以雅宝公司陶瓷厂发出的噪音与卞建彬康牧鸡场的群鸡损害事实之间并无因果关系。法院对此认为，雅宝公司提供的相关专家意见仅限于学者个人的观点和见解，与经双方同意由原审法院委托的新疆农业大学动物医学院所作的《噪音对鸡群的健康及生产性能所造成的影响》鉴定报告所作出的结论相比较，在证明力上并不占优势。雅宝公司对尚有其他因素能够导致本案损害事实的发生，也未能举证证明本案存在有法定免责的事由，所以不能达到其证明的目的。至于噪音达到多少分贝才能导致鸡的产蛋率下降及患卵黄性腹膜炎的问题，虽然雅宝公司上诉称农业部（NY/T388－1999）《畜禽场环境质量标准》规定的噪音标准为80分贝，而其陶瓷厂发出的噪音在60分贝左右，不可能造成鸡的产蛋率下降及患卵黄性腹膜炎，但是农业部畜牧环境质量监督检验测试中心给新疆星河律师事务所的答复却对此问题作出了明确解释，即：《畜禽环境质量标准》中的噪音标准不能作为工业企业噪音排放是否超标的衡量标准，此行业标准中规定的噪音标准为80分贝，但如果畜禽长期处于较高噪音（如60分贝以上）的环境中，则会对其生理机能产生影响，如出现体重下降、食欲减退、产奶、产蛋降低等现象（其影响程度有待进一步试验研究）。农业部畜牧环境质量监督检验测试中心为《畜禽环境质量标准》的有权解释单位。鉴于本案双方当事人对同一事实分别提供了相反的证据，且对各自的证据均认为具有较强的证明力，法院根据《最高人民法院关于民事诉讼证据的若干规定》第73条关于“双方当事人对同一事实分别举出相反的证据，但都没有足够的依据否定对方证据的，人民法院应当结合案件情况，判断一方提供证据的证明力是否明显大于另一方提供证据的证明力，并对证明力较大的证据予以确认”的规定，适用“高度盖然性”证明原则，认定卞建彬康牧鸡场的群鸡是因受到雅宝公司陶瓷厂发出的噪音的影响而遭到损害，雅宝公司陶瓷厂产生噪音的行为与卞建彬鸡场的损害事实之间存在有因果关系。

(2) 关于卞建彬康牧鸡场饲养的群鸡所受损失数额应当如何认定的问题。卞建彬于2002年12月5日起诉时，称其受损的三批鸡分别为2001年6月13日、2001年11月22日和2002年9月9日购进的鸡。在法院将本案发回重审后，卞建彬并未变更诉讼请求及相关的事实与理由。而卞建彬在原审提出鉴定时，申请鉴定的范围却将其诉称的2001年6月13日、2002年9月9日两批受损鸡变更为对2002年3月30日和2002年4月14日所购进的两批鸡进行受损价值评估鉴定，但其并未说明变更的理由。原审法院采纳了该鉴定申请，于2006年10月按照上述鉴定范围委托昌吉回族自治州价格认证中心进行鉴定，并依该鉴定结论作出判决。法院认为，关于鉴定范围，[2003] 新民一终字第161号生效民事裁定书已将此作为问题提出，而原审法院此次审理时，并未就此进行重新审查和认定，而是全部采纳了该鉴定结论，导致本案认定事实部分不清，应予以纠正。在昌吉回族自治州价格认证中心的鉴定结论中，与卞建彬诉讼请求有关的为2001年11月22日购进的2500套鸡苗的损失，按照种鸡、种蛋各50%的比例计算，应为271 645元。其他损失额的认定已超出了原审原告诉讼请求的范围，原审法院进行判决予以认定并支持，违背了“不告不理”的原则，法院予以纠正。对其他损失，卞建彬可另行主张。

新疆维吾尔自治区高级人民法院依照1991年《中华人民共和国民事诉讼法》第153条第1款第3项之规定，判决如下：

(1) 撤销昌吉回族自治州中级人民法院 [2004] 昌中民一初字第8号民事判决；

(2) 新疆雅宝有限公司赔偿卞建彬财产损失271 645元，于本判决生效后1个月内一次性付清。

本案被告雅宝公司基于其不承担赔偿责任的主张，提出了多项抗辩主张，概括起来是两项：一是雅宝公司建厂和生产发出的噪音与原告卞建彬康牧养鸡场的群鸡损害事实不存在因果关系；二是雅宝公司建设、成立陶瓷厂手续合法，陶瓷厂建设和生产中所排放的噪音没有超过规定的标准。被告的这两项抗辩理由能否成立，是评价受诉法院判令被告承担赔偿责任是否正确的关键。因此，我们重点就这两项抗辩理由能否成立的问题作一些解析。

（一）关于因果关系问题

侵权行为与损害事实之间存在因果关系，这是一般侵权责任还是特殊侵权责任构成所必须具备的一个条件，也是判断侵权人承担赔偿责任所普遍适用的一条规则。在一般侵权诉讼中，按照“谁主张，谁举证”的规则，由作为受害人的原告举证明其损害事实与侵权人的侵权行为具有因果关系。而在特殊侵权诉讼中，由作为侵权人的被告举证证明其行为与原告的损害事实之间没有因果关系。环境污染致人损害，无疑属于特殊侵权，在由此引起的诉讼中该侵权人应就因果关系承担举证责任。对此，《证据规定》第4条第3项明确规定：“因环境污染引起的损害赔偿诉讼，由加害人就……其行为与损害结果之间不存在因果关系承担举证责任。”

本案原告卞建彬康牧鸡场的群鸡患“应激病”，产蛋率大幅度下降，认为这是被告雅宝公司“在原告鸡舍20米处开始施工建厂房，所用机械设备和施工所形成的噪音”造成的结果。因噪音致使群鸡患病、产蛋率下降，这属于环境污染致财产损害的范畴，原告卞建彬为此提起侵权损害赔偿诉讼，依据上述《证据规定》第4条第3项的规定，应由被告雅宝公司就因果关系承担举证责任，而原告卞建彬对此不负举证责任，但原告出于胜诉的考虑，除了应当由其完成的证明损害事实存在的举证责任外，同时也提供了关于证明因果关系的证据。原告提供的畜牧局、动物防疫专家出具的调查意见认为：卞建彬“鸡场出现的种鸡产蛋率下降，软壳蛋增多，属于噪音超标准所致”。原告提供的农业大学动物系出具的鉴定结论认为：“因强噪音应激，影响原牧种鸡场（即卞建彬经营的鸡场）三群种鸡的健康和生产性能”。原告提供的这些证据，证明其经营的康牧鸡场的群鸡患病、产蛋下降与被告雅宝公司建厂和生产所排放的噪音之间存在因果关系。被告雅宝公司抗辩其不应承担赔偿责任，就必须提供相反的证据证明其建厂和生产排放的噪音与原告卞建彬康牧鸡场的群鸡患病、产蛋率下降损害事实之间不存在因果关系。从案件事实看，被告雅宝公司在诉讼中提供的证据有新疆化工设计院研究院出具的《雅宝公司年产120平方米釉面砖项目环境影响报告表》和北京的三位教授出具的证据。前者证据证明被告雅宝公司所建工厂的“区域声环境质量较好”；后者证据证明噪声是产生应激的原因之一，但六七十分贝的噪音不致造成大群鸡发生腹膜炎病和产蛋率降低的后果。司法实务中，衡量侵权人在环境污染致人财产损害赔偿诉讼中所提供的有关因果关系的证据的证明力，法官只考察被告的排污行为与损害事实之间是否存在因果关系，至于其排污是否合法、超过标准属于另一层面的问题，不属于因果关系考察的范围。被告雅宝公司提供的上述证据，仅能证明被告建厂的区域声环境质量较好，所排放的噪音仅有六七十分贝，而显然不能反证其排放噪音行为与原告康牧鸡场群鸡损其事实之间不存在因果关系。

在特殊侵权诉讼中，被告如果不能反证损害事实是受害人或第三人造成的，那就应当推定该损害事实与被告侵权行为之间存在因果关系。其应当承担赔偿责任。

（二）关于免责问题

本案被告雅宝公司辩解其建设、成立陶瓷厂手续合法，陶瓷厂建设、生产中排放的噪音未超过规定的标准，企求以此作为免责的另一抗辩理由。我们认为，在侵权行为法上，免责的事由是法定的。依据1989年《环境保护法》第41条规定的精神，完全由于不可抗力的自然灾害，并经及时采取措施仍然不能避免造成环境污染损害的，才能免除承担赔偿责任。本案中的群鸡损害，是由于被告建设、生产排放的噪音所致，而不是由不可抗拒的自然灾害造成的，被告以上述辩解为免责的抗辩事由显然不能成立。至于被告雅宝公司以其排放的噪音未超过规定标准为由抗辩不承担赔偿责任，也是没有法律根据的。

从我国现行民事法律和环境保护行政法规的规定看，建设、生产单位排污造成他人财产损失，排污未超过规定的标准，只是不会受到行政处罚，不承担行政法律责任，但并不排除对其排污行为构成民事侵权的认定，其对受害人仍应当承担民事赔偿责任。这从现行法中虽然尚找不到明确的规定，但在立法上已经显现出有这一规定的趋势。如2002年12月23日全国九届人大常委会审议的《中华人民共和国民法草案》第30条明确规定：排污符合规定的标准造成损害的，仍应承担赔偿责任。审判实践中，法官只有持这样的理念，并以这样的理念指导对环境污染致人损害案件的审判，才能切实保护受害人的合法权益，促使建设、生产单位自觉控制、减少排污量，防止环境污染给他人造成损害。本案一、二审法官就是在这样的理念指导下处理了案件，支持了原告卞建彬的诉讼请求。而被告雅宝公司的上述抗辩理由受到了法官否定性的评价。

根据《侵权责任法》，环境污染责任作为特殊的侵权责任在《侵权责任法》中予以规定。该法第66条规定："因污染环境发生纠纷，污染者应当就法律规定的不承担责任或者减轻责任的情形及其行为与损害之间不存在因果关系承担举证责任。"因此，上述判决也符合《侵权责任法》的规定，污染者的举证责任在《侵权责任法》中得到进一步厘清。

七、余昶作诉名山县第二人民医院、百丈供电所、百汇置业有限公司按照各自原因力承担触电人身损害赔偿责任案

案情

原告（被上诉人）：余昶作

被告（上诉人）：第二人民医院、百丈供电所

被告：百汇置业有限公司

2002年2月9日中午，原告余昶作与其他四个同龄小伙伴，在被告百汇公司修建的百汇市场的出入口处追逐玩耍，原告余昶作从市场出入口处的路边护栏上去，一直走到被告名山县第二人民医院（以下简称"第二医院"）的围墙上，又从围墙上跳到围墙内的电力变压器台墩上，用双手抓住变压器的瞬间，被带电运行的电力变压器击伤落地，被第二医院的医生当即发现，并抱入医院救治。当日，原告余昶作被送往雅安市人民医院，诊断为："1. 电击伤；2. 轻度电烧伤，双前臂4%（浅2度2.53度1.5）。"住院治疗17天，好转出院。出院注意事项："1. 院外继续换药，抗炎治疗；2. 必要时行手术植皮封闭创面和整形治疗。"花医疗费1851.82元。出院当日，原告余昶作又

入住名山县第二人民医院，诊断为：“1. 双手深度电击伤；2. 左手小指脱落；3. 双手指畸形。”5月24日好转出院。出院后的注意事项：“3个月后到上级医院进行整形手术。”共计住院治疗105天，尚欠名山县百丈中心卫生院（第二医院）医疗费4144元。住院期间由家人护理。5月25日，雅安市人民医院出具病情证明，载明原告余昶作“双手整形估计准备手术费约1万元左右”。6月3日，雅安雅正司法鉴定中心雅正［2002］临鉴字089号司法鉴定书结论意见：“余昶作的双手挛缩屈曲畸形的伤残程度属五级。”

烧伤原告余昶作的电力变压器，系被告第二医院于1997年10月购买设备及辅助材料，由被告电力公司百丈供电所（以下简称“电力公司”）安装，采用露天台式安装在被告第二医院围墙内右前角的台墩上。台墩距地面高度为1.78米，台墩及变压器距围墙的距离为0.9米，围墙高度为1.78米。变压器四周无专设围栏和危险警示标志。变压器投入运行使用后，第二医院与电力公司之间对变压器无委托和被委托维护管理关系。

被告百汇公司于2000年10月投资，将与第二医院一墙之隔的原百丈农贸市场改建为百汇市场，在市场的出入口处，将14.5长的路基垫高为斜坡，垫高后的第二医院围墙高度为1.4米，并在路边用红砖修砌了护栏，护栏顶部用红砖横砌盖面并用水泥砂浆抹平，宽度0.24米，护栏长10.8米，前端高度为0.53米，后端与第二医院围墙连接并等高齐平。原告余昶作从护栏前端走上护栏并径直走上第二医院围墙到达电力变压器处。

2002年6月11日，原告余昶作向四川省名山县人民法院提起诉讼，请求三被告共同赔偿原告因触电造成伤害并致残的医疗费、护理费、伤残补助费、住院伙食补助费、交通费、再医手术整形费、伤残鉴定费、精神损失费、今后的护理费和父亲茶厂经济损失费3万元等共计217 252元。

被告第二医院辩称，第二医院虽是变压器的产权人，但对原告的烧伤没有过错，与原告的损害后果之间无因果关系，没有承担责任的理由和条件，不应承担对原告的赔偿责任。电力公司是变压器的受益人和安装者，并实际行使了该变压器的维护和管理职责。电力公司没有按技术规程进行设计、安装变压器并检验是否合格就投放使用，给第二医院提供了安装不合格的变压器服务，应当按《消费者权益保护法》的规定，承担主要赔偿责任。被告百汇公司在修建百汇市场时，垫高出入口处的路基并修砌了护栏连接第二医院的围墙，降低了第二医院围墙的功能，给原告余昶作走上第二医院围墙起到了搭梯子的作用，侵犯了第二医院的合法权益，造成安全隐患，是造成原告余昶作烧伤的直接原因，应当承担赔偿责任。原告自身有过错，也应承担责任。

被告百汇置业有限公司（以下简称“百汇公司”）辩称，百汇公司不是变压器的产权人，产权人是第二医院。百汇公司修百汇市场在出入口处路边修护栏是为了保证顾客进出的安全。被告第二医院对自己的变压器没有采取安全防范措施，才导致原告余昶作被烧伤。百汇公司没有过错，不应承担赔偿责任，但鉴于受害人的情况，可以适当协商处理。

被告电力公司辩称，原告余昶作不是因为从事高压作业造成的伤害，不能适用《民法通则》第123条的规定进行处理。第二医院是变压器的产权人和管理者，用户专用的供电设施建成投产以后，由用户维护管理或者委托供电企业维护管理，第二医院并未委托电力公司维护管理该变压器。依照法规规定，供电设施的维护管理，按产权归属确定。在供电设施上发生事故引起的法律责任，按供电设施产权归属确定。产权归于谁，谁就承担拥有的供电设施上发生事故引起的法律责任。因此，第二医院应承担主要责任。原告余昶作私自登攀变压器造成触电，依法应当承担主要责任，但因其是无民事行为能力人，应负一定的责任。电力公司没有过错，不承担赔偿责任。

三被告还一致辩称，原告的赔偿请求过高，既已评了残，就已治疗终结，不应再有再医费；原告父亲茶厂经济损失3万元，没有事实和法律依据。

名山县人民法院一审确认，原告余昶作因高压电造成人身损害是由多个原因造成的，应当按照致害人的行为与损害结果之间的原因力确定各自的责任并进行赔偿。

法院认为，原告余昶作在与小伙伴追逐玩耍时，自己走上围墙又跳到安放电力变压器的台墩上同时用双手抓住变压器，被电击烧伤致残，自己的行为与损害结果之间有因果关系，但因原告余昶作年仅8岁，系无民事行为能力人，应当减轻并承担相应的法律责任。

被告第二医院和电力公司在委托和接受安装电力变压器时，相互之间权利义务不清，维护管理的职责不明，造成电力变压器的安装四周无固定围栏，也未在四周悬挂危险警示标志，未设立保护区。对电力变压器周围环境条件变化后出现的安全隐患，长期无人问津，未能采取及时有效的防范措施，防患于未然。甚至在事故发生后仍未进行彻底整改，是造成原告余昶作能轻易跳上变压器台墩被变压器电击烧伤致残的重要原因。二被告均应等同地承担相应的法律责任。

被告百汇公司在修建百汇市场出入口处的路边护栏时，忽视了可能给他人造成的安全隐患，给原告余昶作创造了便利的条件，起到了为其登高搭梯的助力作用，使原告余昶作能轻易走上护栏并径直走到第二医院的围墙上，造成电击损害的后果，也是原因力之一，亦应承担相应的法律责任。

原告余昶作请求赔偿医疗费、住院伙食补助费、护理费、残疾者生活补助费、伤残评定费、再医手术整形费的主张，理由正当，依法予以支持；请求赔偿交通费 500 元的主张，因被告有异议，对无事实依据的部分不予支持；请求赔偿精神损害赔偿金 10 万元，因相关规定的最高限额为 10 万元，应按伤残等级系数计算，其残疾赔偿金应为 6 万元，对其请求的合法部分予以支持；请求赔偿其父茶厂经济损失 3 万元的主张，因无事实和法律依据，不予支持。依照《中华人民共和国民法通则》第 123、130、131、132 条，《最高人民法院关于审理触电人身损害赔偿案件若干问题的解释》第 2、4 条，《最高人民法院关于确定民事侵权精神损害赔偿责任若干问题的解释》第 8 条第 2 款、第 9 条第 1 项、第 10 条第 3 项、第 11 条，《四川省高级人民法院贯彻执行〈最高人民法院关于确定民事侵权精神损害赔偿责任若干问题的解释〉的意见》第 3 条第 2 项的规定，该院原审判决如下：

(1) 原告余昶作的医疗费 5995.82 元、再医手术整形费 1 万元、住院伙食补助费 1050 元、护理费 4061.40 元、残疾者生活补助费 58 272 元、伤残鉴定费 300 元、残疾赔偿金 6 万元、交通费 182 元，合计 139 861.22 元。分别由被告第二医院赔偿 41 958 元，被告百汇公司赔偿 27 972 元，被告电力公司赔偿 41 958 712，其余由原告余昶作自行承担。

原告余昶作尚欠被告二医院医疗费 4144 元，执行时在第二医院的应赔偿金额中扣除。

(2) 被告第二医院、百汇公司、电力公司负连带责任。

案件受理费 5820 元，其他诉讼费用 2180 元，合计 8000 元，分别由原告余昶作负担 2776 元，被告第二医院负担 1959 元，被告百汇公司负担 1306 元，被告电力公司负担 1959 元。

原审宣判后，被告第二医院、电力公司不服，提起上诉。四川省雅安市中级人民法院审理认为，原审法院在审理本案中，认定事实不清。遂裁定撤销原判，发回重审。

重审诉、辩双方的主张与原审一致。

重审认定的事实和证据除与原审一致外，原告余昶作又新增加了交通费 178 元的诉讼请求，也给予了确认。

原审法院重审认为：原审认定基本正确，予以认可。但被告第二医院是电力变压器的产权所有人，对消除安全隐患负有主要责任，所以，应当承担主要法律责任；被告电力公司在安装变压器时就有瑕疵，对变压器周围环境条件变化后出现的安全隐患负有监督整改之责，因未尽其职责造成原告余昶作烧伤致残，应当承担相应的法律责任。

重审依照原审依据的法律规定，判决如下：

原告余昶作的医疗费 5995.82 元、再医手术整形费 1 万元、住院伙食补助费 1050 元、护理费 4061.40 元、残疾者生活补助费 58 272 元、伤残鉴定费 300 元、残疾赔偿金 6 万元、交通费 360 元，合计 140 039.22 元，由被告第二医院赔偿 42 011.76 元，由被告电力公司和百汇公司各赔偿 35 009.80 元，其余由原告余昶作自行承担。

案件受理费 5820 元，其他诉讼费用 2180 元，合计 8000 元，由被告第二医院负担 1958 元，被告电力公司和百汇公司各负担 1633 元，原告余昶作负担 2776 元。

重审宣判后，被告第二医院和电力公司不服，提起上诉。

上诉人第二医院诉称，第二医院和电力公司在委托和接受安装电力变压器时，相互之间权利义务不清，维护管理职责不明，造成电力变压器的安装四周无固定围栏，未设保护区，没有证据证明第二医院是肇事变压器的产权人，第二医院出资从在名山垄断经营电力设备和电力能源的电力公司处取得的仅是接受专项供电的用电消费服务权。第二医院在本次事故中没有过错，不应承担本起事故的民事赔偿责任。

上诉人电力公司诉称，一审法院对余昶作应承担的民事责任认定过轻，电力公司承担的责任过大；电力公司与第二医院不存在“委托和接受安装电力变压器时，相互之间权利义务不清，维护管理职责不明”的问题；电力公司不应对变压器因环境条件变化后出现的安全隐患承担责任；残疾人生活补助费的标准应以事故发生地的平均生活费计算；余昶作请求的再医手术整形费尚未发生，不应赔偿；《最高人民法院关于审理触电人身损害赔偿案件若干问题的解释》无精神损害赔偿内容，残疾赔偿金的计算属重复赔偿。

四川省雅安市中级人民法院经二审审理确认，一审判决查明的事实清楚，在二审审理期间，双方当事人均未向本院提交符合《最高人民法院关于民事诉讼证据的若干规定》的新的证据。二审法院认为：第二医院作为本案讼争中变压器的产权人，应当对该变压器实施严格的管理措施，确保无安全事故的发生。由于百汇市场的建成，变压器旁的第二医院围墙外的地面被抬高，并且百汇市场在路边用红砖修砌了护栏与第二医院的围墙相连，且为同一高度，应当预见可能发生的事故。为此，第二医院上诉认为自己不承担责任的上诉理由不能成立，其请求本院不予支持。电力公司提出余昶作的残疾人生活补助费应以事故发生地的平均生活费计算，但未向本院提交事故发生地平均生活费标准的相关证据，对此，电力公司应承担举证不能的法律责任。对于再医费，一审重审判决按照被上诉人余昶作在原审期间的请求作出的处理并无不当，且余昶作也同意一审重审判决结果，本院予以维持。对于精神抚慰金，一审重审判决已作处理，且未违反法律禁止性规定，电力公司的该项上诉请求的理由不充分，本院不予支持。一审重审判决对各方当事人的责任大小的认定并无不当，电力公司无充分理由说明其承担的责任过大，其请求本院不予支持。一审重审判决认定事实清楚，适用法律正确。依照1991年《中华人民共和国民事诉讼法》第153条第1款第1项的规定，判决如下：

驳回上诉，维持原判。

本案二审诉讼费8000元，分别由第二医院承担4000元，电力公司承担4000元。一审诉讼费按原判决执行。

法理评析

本案是《最高人民法院关于审理触电人身损害赔偿案件若干问题的解释》施行以后审理的新类型案件，原审中，在诉讼主体的确认和责任的认定以及案件实体问题的处理等方面争议颇大。原审中有三种不同的认识和处理意见：

原审第一种意见认为，本案应当判决由被告第二医院承担对原告余昶作的全部赔偿责任；驳回原告余昶作对被告电力公司和百汇公司的诉讼请求。理由是：被告第二医院是烧伤原告余昶作的电力变压器的产权人，依照《民法通则》第123条的规定，因高压电器设施造成人身损害的，由电力设施产权人承担无过错民事责任。本案中，被告第二医院是电力变压器的产权所有人，电力公司与第二医院的关系，应以安装合同的法律关系进行调整。百汇公司与第二医院的关系，应以相邻关系侵权的法律关系进行调整。否则，就混淆了无过错责任和过错责任的法律关系。

原审第二种意见认为，本案是多因一果的法律关系，应当按照各自的原因力承担相应的法律责任。被告第二医院和电力公司应共同承担相等的责任，比例为各占 30%；被告百汇公司和原告余昶作均应承担相应的法律责任，比例为各占 20%。

原审第三种意见认为，本案被告第二医院应当承担对原告余昶作的主要赔偿责任，其赔偿比例应占 30%；被告电力公司、百汇公司均应承担同等的赔偿责任，其赔偿比例均占 25%；原告余昶作也应承担相应的法律责任，其承担的比例应占 20%。其理由是，被告第二医院是电力变压器的产权所有人，首先应由其承担主要责任，然后才按照其他的原因力分担相应的法律责任。

原审合议庭以少数服从多数的原则采纳了第二种意见。

重审确认原判认定赔偿原告余昶作的赔偿项目和赔偿金额准确，应当认可。但在确定当事人的责任上也有两种不同的意见。一种意见认为，被告电力公司应承担主要责任，被告第二医院、百汇公司承担相同的次要责任，原告余昶作承担一定的责任。理由是，三被告承担的是无过错责任。相比之下，被告电力公司在安装变压器时就有瑕疵。当被告百汇公司在改建市场垫高路基，使变压器出现安全隐患时，被告电力公司有督促检查之责。所以，应当承担主要责任。另一种意见认为，被告第二医院应当承担主要责任，被告电力公司、百汇公司承担次要责任，原告也承担一定责任。理由是，被告第二医院是变压器的所有人，所以应当承担主要责任。另外，重审合议庭对原告余昶作主张再医费问题也存在两种意见。一种意见认为，原告的伤已评残，并赔偿了残疾人生活费，不应再赔偿再医费。另一种意见认为，应当支持原告的主张。理由是，医院证明原告的伤应当再医，而且，只有再医才能减轻原告的痛苦，但再医费的计算标准以 1 万元为宜。

重审合议庭根据少数服从多数的原则，形成合议庭意见：被告第二医院承担主要赔偿责任，比例为30%，被告电力公司、百汇公司承担次要责任，比例为各占25%，原告余昶作自负一定责任，比例为20%。

笔者是主张原审中第三种处理意见的，重审中依然如此处理，二审维持了原判。《最高人民法院关于审理触电人身损害赔偿案件若干问题的解释》第2条规定："因高压电造成人身损害的案件，由电力设施产权人依照《民法通则》第123条的规定承担民事责任。但对因高压电引起的人身损害是由多个原因造成的，按照致害人的行为与损害结果之间的原因力确定各自的责任。致害人的行为是损害后果发生的主要原因，应当承担主要责任；致害人的行为是损害后果发生的非主要原因，则承担相应的责任。"分析本案中三被告和原告自身的行为，都是造成原告余昶作触电人身损害结果的原因力之一，缺少了其中任何一个原因力或条件，都不可能造成本案的悲剧。

被告第二医院、电力公司、百汇公司之间虽无共同故意或共同过失，但三被告各自的行为直接结合发生原告余昶作触电人身损害的同一后果，构成共同侵权。三被告的行为是损害后果发生的主要原因，应当共同承担主要赔偿责任。《关于审理触电人身损害赔偿案件若干问题的解释》第2条的含义有3层：一是触电人身损害后果发生的原因不明确的情况下，由电力设施产权人承担无过错民事责任；二是原因清楚、责任明确的情况下，应当按照致害人的行为与损害结果之间的原因确定其各自的责任；三是致害人的行为是损害后果发生的主要原因，应当承担主要责任，非主要原因则承担次要责任，相对致害人的应是受害人，致害人的行为是主要原因并承担主要责任，那么受害人的行为就是自己损害后果发生的次要原因，也就应当承担相应的法律责任。本案原告余昶作触电人身损害结果的主要原因是清楚的：一是正在带电运行的电力变压器四周无固定的防护围栏和危险警示标志；二是变压器离围墙较近；三是百汇公司修建路边护栏与第二医院的围墙齐平连接，为原告轻易地攀登上变压器创造了便利条件。正是来自三被告的这三个原因，造成了原告余昶作的损害后果，因此，三被告应当共同承担原告损害后果的主要民事责任并进行赔偿。

三被告的原因应当有所区别，电力变压器的安装不符合规范，四周无固定围栏和安全警示标志是重要原因，护栏所起的是安全保护作用。变压器安装不规范的责任在被告第二医院和电力公司。被告第二医院购买电力变压器，同时由被告电力公司为其安装，双方在此过程中，既无书面委托合同，也无具体的口头协议，权利义务不明确，双方均有责任。在电力变压器的维护管理方面，用户和供电企业的职责也不明确。国务院《电力供应与使用条例》第 17 条第 3 款规定："用户专用的供电设施建成投产后，由用户维护管理或者委托供电企业维护管理。"该电力变压器安装完毕投入运行后，被告第二医院作为专用用户，只知道使用而不知道还有维护管理的职责。作为专业供电企业的电力公司，应当负有告知义务。而正是由于被告第二医院和电力公司在该电力变压器的维护管理方面职责不明确，以致被告百汇公司在第二医院变压器处的围墙外侧修建市场出入口处时，垫高路基、砌筑平台和修建路边护栏等，改变了变压器周围的环境条件，给第二医院的变压器造成严重安全隐患的情况下，被告第二医院和电力公司都未能及时采取有效的安全防范措施。被告第二医院和电力公司共同的责任是明显的，但被告第二医院是电力设施产权人，首先应由其依照《民法通则》第 123 条的规定承担民事责任。被告电力公司未按规范安装电力变压器，当变压器外部环境条件变化，出现安全隐患时，又未及时尽到安全检查和督促整改的责任，所以，被告电力公司应当承担相应的民事责任。如果二被告对变压器及时采取了安全防范措施，原告余昶作即使走上了变压器处的围墙，也无法跳到变压器上。被告百汇公司的原因在本案中也是不可忽视的，如果没有百汇公司提供的路边护栏的条件，原告余昶作就不会轻易走到第二医院的围墙上。因此，被告百汇公司亦应承担相应的民事责任。

原告余昶作的行为，是造成自己触电损害后果的次要原因，应当由其承担相应的民事责任。原告余昶作在与几个小伙伴追逐玩耍时，自己从百汇市场外的路边护栏走上去，径直走到第二医院的围墙上，又跳到正在运行的电力变压器上被电击烧伤致残，其自己攀爬电力变压器的行为，也是造成自己损害后果的原因力之一。最高人民法院的司法解释只规定了致害人的原因及应承担的责任，而没有规定相对人的原因和责任，理解该条的含义，与致害人相对的应该是受害人。致害人是损害后果的主要原因，受害人就应该是次要原因。正在运行的电力变压器是高压危险设施，法律法规都规定了在其保护区内的禁止行为。如果是完全民事行为能力的人故意攀爬行为造成自身损害的后果，显然应该由其承担主要责任甚至全部责任。但原告余昶作是无民事行为能力人，他不能识别哪些地方该去或不该去，哪些地方有危险或没危险，哪些地方可以去玩耍或不可以去玩耍。依儿童的心理状况，就只知道凡是他能去的地方，他就要去，也正因为如此，国家法律法规才规定了相关危险设施应当具备的安全规范，产权所有人或相关单位违规，造成他人人身或财产损失，就应当承担相应的法律后果。但本案中，原告余昶作自己跳上电力变压器的行为，其自身也有过错，也应承担相应的法律责任，同时减轻致害人的赔偿责任。

本案还有一个连带责任的法律适用问题，原审依照《民法通则》第130条的规定，判决三被告负连带责任。重审期间四川省高级人民法院民一庭情况分析认为，共同侵权是否应负连带责任，要看共同侵权人事前是否有意思联络，没有意思联络则不负连带责任。

第六编

一、程润昌诉合鑫公司侵害实用新型专利权纠纷案

案情

原告（上诉人、再审申请人）：程润昌

被告（被上诉人、再审被申请人）：合鑫实业有限责任公司、龚举东

1990年4月10日，程润昌就其发明的“装有翻卷式密封套的不泄漏阀门”技术向国家专利局申请专利，国家专利局于1991年4月3日授予其实用新型专利权，专利号为90204724.8。该专利权利要求为：一种装有翻卷式密封套的无泄漏阀门，由阀体1、阀盖2、封头3、翻卷式密封套4、盖帽式操作环5等组成，其特征是：阀体1的侧端孔外罩有盖帽式操作环5，阀内装有翻卷式密封套4。

龚举东于1994年5月19日就“阀芯直开启无泄漏水龙头”技术向国家专利局申请专利，国家专利局于1995年4月19日授予其实用新型专利权，专利号为ZL94212278.X，该专利权利要

求为：一种隔膜切断式阀芯直开启无泄漏水龙头，包括阀体 1、密封膜 2 和阀杆 3 组成的阀芯以及旋柄 4，阀体 1 上的进水口和出水口呈直角位置状设置。其特征在于：阀体 1 内的出水腔壁外圈为进水腔，出水腔和进水腔上方同轴线设置着圆筒腔，导向套 6 套装着阀杆 3 配装在圆筒腔内，固装在阀杆 3 前端面上的密封膜 2，以膜面封堵阀体 1 出水腔端口，密封膜 2 的圆边被导向套 6 的底端面压封在阀体 1 进水腔的圆端面上，阀杆 3 体侧壁上的凸块卡装在导向套 6 内壁上的轴向导槽中，旋装在阀体 1 圆筒腔端口上的紧固环 5 压紧着导向套杆 3 上端部位的螺纹段配装，旋柄 4 罩套着阀体 2 的圆筒腔，止退环 7 旋装在旋柄 4 的端口上。

合鑫实业有限责任公司（以下简称“合鑫公司”），是 1994 年 6 月经工商部门登记成立的企业法人，法定代表人为龚举东。1998 年 8 月该公司改制为有限责任公司，法定代表人为秦金荣。合鑫公司称其从 1994 年 6 月开始生产销售“隔膜式龙头（阀门）”产品，至 1998 年底已生产了大概 300 万套，每套生产成本 2.5 元，售价 3.8 元。

程润昌认为合鑫公司生产销售的“隔膜式龙头（阀门）”产品与其专利技术相同，遂于 1997 年 2 月 24 日向法院提起诉讼，请求判令合鑫公司、龚举东停止侵权，公开赔礼道歉，赔偿经济损失 316 万元。

1996 年 3 月 13 日，程润昌就龚举东的“阀芯直开启无泄漏水龙头”实用新型专利向国家专利复审委员会申请宣告无效，国家专利复审委员会于 1999 年 1 月 13 日作出了第 1243 号《无效宣告请求审查决定书》，决定维持龚举东该专利权有效。1997 年 3 月 25 日，合鑫公司就程润昌的“装有翻卷式密封套的不泄漏阀门”实用新型专利向国家专利复审委员会申请宣告无效，国家专利复审委员会于1999年3月22日作出了第1297号《无效宣告请求审查决定书》，决定维持程润昌该专利权有效。

本案在审理过程中，一审法院就合鑫公司生产销售的被控侵权产品与程润昌涉案专利的技术方案是否相同或等同问题，委托中华全国专利代理人协会专家委员会进行技术鉴定，鉴定结论为合鑫公司生产销售的“隔膜式龙头（阀门）”产品与程润昌涉案专利的技术方案不相同亦不等同。

一审法院认为：合鑫公司生产销售的“隔膜式龙头（阀门）”产品与程润昌涉案专利的技术方案不相同亦不等同，不构成侵权，程润昌的诉讼请求无事实和法律依据，遂判决驳回程润昌的诉讼请求。程润昌不服，提起上诉。二审法院认为，国家专利复审委员会在第1243号《无效宣告请求审查决定》中认定，程润昌涉案专利与龚举东的“阀芯直开启无泄漏水龙头”实用新型专利技术相比，两者在结构特征上有明显区别，后者在结构上具有四项特征，而前者只有一项结构与后者存在关联相对应，缺少了后者另三项结构特征，后者比前者具有新颖性和创造性。由此可见，龚举东的专利并不重复也不从属于程润昌的专利，两者有本质的区别，合鑫公司使用龚举东专利技术所生产销售的水龙头的技术方案与程润昌的专利技术方案不相同亦不等同，合鑫公司、龚举东不构成侵权。二审法院遂判决驳回程润昌上诉，维持原审判决。

程润昌不服二审判决，向原终审法院反复申诉，该院裁定对本案进行再审。法院再审认为：国家专利复审委员会在第1243号《无效宣告请求审查决定书》中认定，龚举东的94212278.X号专利权利要求1相对于程润昌的90204724.8号专利及程润昌所列举的《阀门设计手册》组合构成的现有技术中同类产品在结构上有明显区别，并非是简单地将两者的结构叠加形成，而是在程润昌专利的基础上引人《阀门设计手册》中的设计思路重新构思而形成的一种新型的具有较长寿命、操作灵便、成本不高的改进水龙头。故龚举东专利的权利要求1所限定的本专利以及对权利要求1进一步限定的权利要求2相对于程润昌的涉案专利及《阀门设计手册》组合构成的现有技术具有实质性的特点和进步，而第1243号《无效宣告请求审查决定书》并未作出龚举东的专利是程润昌涉案专利的从属专利的认定。此外，程润昌在再审诉讼中，未能就其主张提供其他新的证据。因此，程润昌主张龚举东专利是其涉案专利的从属专利，合鑫公司使用龚举东专利生产销售产品属实施从属专利，已构成对其专利的侵权，该主张证据不足，不予支持。由于程润昌未能举证证实合鑫公司实施从属专利侵害其专利权的事实，因此，程润昌主张由合鑫公司及龚举东赔偿其经济损失缺乏事实和法律依据，不予支持。该院作出再审判决，维持二审终审判决。

程润昌不服上述判决，向最高人民法院申请再审。最高人民法院经审查认为，程润昌的再审申请符合《民事诉讼法》第179条第1款第2项和第6项规定的情形，遂裁定本案指定由广东省高级人民法院再审。在广东省高级人民法院再审时，合鑫公司还主张被控侵权产品使用了现有技术。

广东省高级人民法院再审认为：本案被诉侵权行为发生在1997年，本案应适用当时实施的法律法规的规定，即应适用1992年9月4日修正的《专利法》及其有关法律法规的规定。中华全国专利代理人协会专家委员会在解释程润昌专利权的权利要求时，将仅在说明书以及附图中描述而未在权利要求中记载的具体实施方式纳入了权利要求1的技术方案，对阀体、阀盖、封头、盖帽式操作环等技术特征做了进一步的限定，错误地缩小了专利权利要求1的保护范围，导致其鉴定结论缺乏客观性和公正性，而且法院没有通知鉴定人员出庭接受当事人质询，也没有就当事人提出的质询要求鉴定人员出具书面答复意见，在程序上也存在问题，故该专家委员会作出的鉴定意见不能作为认定本案事实的依据。本案被控侵权产品为“隔膜式龙头（阀门）”，程润昌、合鑫公司均确认被诉侵权产品使用的是龚举东ZL94212278.X号专利技术，因此，可以用该专利的技术特征作为被诉侵权产品的技术特征。将程润昌本案专利权利要求1所公开的结构特征与龚举东涉案专利权利要求1所公开的结构特征进行对比，前者中的元件1、4、3、5、2及它们在功能上的关联顺次与后者的元件1、2、3、4、6及它们间的关联相对应。除了认为被诉侵权产品中密封膜的结构特征与程润昌权利要求1中翻卷式密封套的结构特征既不相同也不等同外，合鑫公司对两者的其余上述结构特征相同没有异议。对于“翻卷式密封套”这一技术特征，应结合程润昌专利说明书及附图进行界定，将被诉侵权产品的密封套与程润昌专利权利要求1中的翻卷式密封套相比较，二者的翻卷方式、功能以及技术效果均相同，属于相同的技术特征，被诉侵权产品具有程润昌涉案专利权利要求1的全部技术特征，已落入程润昌涉案专利权利要求1的保护范围。根据国家专利复审委员会作出的第1243号《无效宣告请求审查决定》，龚举东涉案专利是在程润昌专利的基础上引入《阀门设计手册》中的设计思路重新构思而形成的一种新型的具有较长使用寿命、操作灵便、成本不高的改进的水龙头。因此，龚举东涉案专利技术是对在先的程润昌专利技术的改进或者改良，且实施龚举东专利技术有赖于实施程润昌专利技术，因而龚举东涉案专利从属于程润昌专利，合鑫公司实施龚举东专利必然会侵害程润昌专利。程润昌没有违反禁止反悔原则，合鑫公司所提供的三份对比文件均没有公开被诉侵权产品的全部技术特征，合鑫公司认为被诉侵权产品实施的是现有技术的抗辩理由不成立。合鑫公司未经程润昌许可，擅自制造、销售落入程润昌专利权保护范围的被诉侵权产品，侵害了程润昌的专利权，应承担相应的侵权责任。龚举东是合鑫公司的法定代表人，无须承担相应的侵权责任。程润昌专利申请日为1990年4月10日，至今已经超过10年保护期，已经成为社会公共财富，任何人均可免费自由使用，因此，程润昌申诉要求判令合鑫公司停止侵权的诉讼请求已失去了权利基础和法律依据，不予支持。程润昌要求合鑫公司赔偿经济损失316万元的计算依据缺乏合理性和科学性，不能支持。综合考虑本案各种因素，合鑫公司以赔偿程润昌经济损失50万元为宜。综上，广东省高级人民法院作出再审判决：撤销原一、二审及再审判决，合鑫公司赔偿程润昌经济损失50万元，驳回程润昌的其他诉讼请求。

法理评析

本案属于侵害实用新型专利权纠纷，涉及专利侵权诉讼中的诸多法律问题，包括鉴定结论的采信、专利权保护范围的确定、从属专利的认定、禁止反悔原则的适用、现有技术的抗辩、赔偿数额的确定等方面，具有典型的意义。

（一）关于中华全国专利代理人协会专家委员会的鉴定意见能否作为认定本案事实的依据的问题

专利权保护的客体为发明创造，即新的技术方案或者新的设计。确定专利权的保护范围，就是确定专利权的具体边界，是专利侵权判定中的重要步骤。根据《中华人民共和国专利法》（以下简称《专利法》）的规定，发明或者实用新型专利权的保护范围以其权利要求的内容为准，说明书及附图可以用于解释权利要求的内容，但不能将仅在说明书或者附图中描述而在权利要求中未记载的技术方案纳入专利权的保护范围。“解释”不同于“限定”，一般来说，“限定”的结果是导致范围的缩小，而“解释”既有可能缩小保护范围，也有可能扩大保护范围。因此，如何使用说明书或者附图来正确解释权利要求而不是限定权利要求，是审判实践中的难点。一般来说，在下列情况下，需要用说明书或者附图对权利要求进行解释：①当权利要求书中技术术语的表述含糊不清，或者对该术语可能存在多义理解时，应当根据说明书或者附图的描述对该术语进行解释；②当权利要求书中使用自造词时，需要说明书对其含义，进行澄清性的解释；③权利要求书在文意上看是清楚的，但说明书对权利要求书中某一技术特征的解释与一般技术人员对该技术特征的通常理解不同，并且说明书的文意也是清楚的，这时应按照说明书中的解释确定专利保护范围；④说明书明确排除对确定权利要求保护范围的作用。

本案在审理过程中，一审法院就合鑫公司生产销售的“隔膜式龙头（阀门）”产品与程润昌涉案专利的技术方案是否相同或等同问题，委托鉴定机构进行技术鉴定。鉴定结论为：合鑫公司的“隔膜式龙头（阀门）”产品与程润昌的涉案专利的技术方案不相同亦不等同。因此，本案首先要解决该鉴定结论能否作为认定本案事实的依据问题，而这一问题又涉及对专利权利要求的解释。分析该鉴定结论时就会发现：首先，该委员会在解释程润昌涉案专利权的权利要求时违反了《专利法》的上述规定，将仅在说明书或者附图中描述而在权利要求中未记载的技术方案纳入了专利权的保护范围，主要表现在：

（1）程润昌专利权利要求 1 没有对阀体的结构进行限定，

但鉴定意见在解释阀体的结构时，认为“专利技术方案采用了外设螺纹，被控产品的阀体对应部位则是无螺纹的限位阶台……专利为螺纹连接，被控产品则为限位的滑动套合……由于这种装配形式的不同，使得与之配合的操作环或旋转手柄的运动效果不同，专利的操作环在旋转的同时，必然沿螺距产生轴向位移，被控产品则是在原有轴向位置上旋转滑动，由于两者的结构部件各自之间都存在着有机的连接配合致使阀体的这一限位阶台结构形式与螺纹结构形式对最终的技术效果产生了不同”。

（2）程润昌专利权利要求 1 没有对阀盖的结构进行限定，但鉴定意见在解释阀盖的结构时认为：“从结构形式上看，专利的阀盖为双层管状结构，被控产品的导向套为单层带凸块的管状结构，虽然两者均起到压紧密封膜的作用，但被控产品的凸块结构确实起到了限制与之配合的阀杆圆周方向旋转运动的作用，从而使得阀杆只能作轴向的升降，而专利中的阀盖不具备这一作用。这对密封膜在工作中的受力状况产生了实质的影响。”

（3）程润昌专利权利要求 1 没有对封头的结构进行限定，但鉴定意见在解释封头的结构时认为：“专利中的封头顶端为螺纹形式，且穿过盖帽式操作环的封底后与一个外加的螺母配合，其工作过程中，在做轴向升降运动的同时始终受到一个来自操作环的摩擦扭力，从而使得与之套接的翻卷式密封套产生旋转变形。被控产品中的阀杆上端直接与旋转手柄的内管螺纹连接，凭借管状杆外壁上凸块的限位作用，不存在旋转运动，因而使之套接的密封件只做轴向运动不承受旋扭作用力。”

（4）程润昌专利权利要求 1 没有对盖帽式操作环的结构进行限定，但鉴定意见在解释盖帽式操作环的结构时认为：“专利的操作环为单层封底管状形式，在封底中心有孔以供封头穿越，管的内壁面有螺纹直接与阀体连接，而被诉产品是一个封底双层管状结构，与阀体之间是通过外管上限位结构嵌装的形式进行套合，且其内管直接与阀杆螺纹连接，从其与阀杆、阀体两部件结构形式上以及相关部件装配关系上乃至运动形式上均有不同。”

显然，鉴定意见将程润昌专利仅在说明书以及附图中描述而未在权利要求中记载的具体实施方式纳入了权利要求 1 的技术方案，对阀体、阀盖、封头、盖帽式操作环等技术特征做了进一步的限定，错误地缩小了专利权利要求 1 的保护范围，必然导致其鉴定结论缺乏客观性和公正性。因此，该鉴定意见不能作为认定本案事实的依据。

（二）关于被诉侵权产品是否落入程润昌专利权保护范围的问题

专利侵权诉讼中，在判断被诉侵权产品是否落入原告专利权保护范围时，一般应将被诉侵权产品的技术特征与原告专利的技术特征进行比对，而不是将被告在后获得的专利的技术特征与原告专利的技术特征进行比对，但也有例外的情况。本案中，被诉侵权产品为“隔膜式龙头（阀门）”，程润昌、合鑫公司均确认被诉侵权产品使用的是龚举东所有的、专利号为 ZL94212278. X、名称为“阀芯直开启无泄漏水龙头”的专利技术，并同意以该专利的技术特征作为被控侵权产品的技术特征。因此，本案可以龚举东专利的技术特征代替被诉侵权产品的技术特征与原告专利的技术特征进行比对。

程润昌专利权利要求 1 为：一种装有翻卷式密封套的无泄漏阀门，由阀体 1、阀盖 2、封头 3、翻卷式密封套 4、盖帽式操作环 5 等组成。其特征是：阀体 1 的侧端孔外罩有盖帽式操作环 5、阀内装有翻卷式密封套 4。龚举东专利权利要求 1 为：一种隔膜切断式阀芯直开启无泄漏水龙头，包括阀体1、密封膜2和阀杆3组成的阀芯以及旋柄4，阀体1上的进水口和出水口呈直角位置状设置。其特征在于：阀体1内的出水腔壁外圈为进水腔，出水腔和进水腔上方同轴线设置着圆筒腔，导向套6套装着阀杆3配装在圆筒腔内，固装在阀杆3前端面上的密封膜2，以膜面封堵阀体1出水腔端口，密封膜2的圆边被导向套6的底端面压封在阀体1进水腔的圆端面上，阀杆3体侧壁上的凸块卡装在导向套6内壁上的轴向导槽中，旋装在阀体1圆筒腔端口上的紧固环5压紧着导向套杆3上端部位的螺纹段配装，旋柄4罩套着阀体2的圆筒腔，止退环7旋装在旋柄的端口上。将程润昌专利权利要求1所公开的结构特征与龚举东专利权利要求1所公开的结构特征进行对比，前者中的元件1、4、3、5、2及它们在功能上的关联顺次与后者的元件1、2、3、4、6及它们间的关联相对应。合鑫公司除了认为被诉侵权产品中密封膜的结构特征与程润昌权利要求1中翻卷式密封套的结构特征既不相同也不等同外，对两者的其余上述结构特征相同没有异议。

对于“翻卷式密封套”这一技术特征，程润昌专利权利要求中并没有明确的界定，因此，应借助说明书及附图进行解释。该专利说明书记载：“旋转操作环5可使密封套4往返翻卷、封头3上下升降，从而控制阀门开关和流量。”附图3、4中分别描绘了未翻卷和已翻卷的翻卷式密封套。结合说明书记载的上述技术内容以及附图3、4，所谓翻卷是指密封套竖直边沿的一种运动方式，当封头3向下运动时，密封套4的竖直边沿外侧逐渐向内翻卷180°，变为垂直边沿的内侧，逐渐关闭阀门并减少流量；当封头3向上运动时，密封套4的竖直边沿内侧逐渐向外翻卷180°，变为竖直边沿的外侧，逐渐打开阀门并增加流量，随着封头3的上下往返运动，密封套的翻卷可反复进行。

被控侵权产品中的密封套包括底部、竖直边沿以及边沿部，其中密封套的底部固定在阀杆的下端，边沿部通过固定套压紧固定在阀体上。当阀杆向上运动时，阀杆带动密封套的底部向上运动，密封套的竖直边沿的内侧逐渐向外翻转 180°，变为竖直边沿的外侧，逐渐打开阀门并增加流量；当阀杆向下运动时，带动密封套的底部向下运动，密封套的竖直边沿的外侧逐渐向内翻转 180°，变为竖直边沿的内侧，逐渐关闭阀门并减少流量，随着阀杆的上下往返运动，密封套的翻卷可反复进行。将被诉侵权产品的密封套与程润昌专利权利要求 1 中的翻卷式密封套相比较，二者的翻卷方式、功能以及技术效果均相同，属于相同的技术特征，被诉侵权产品具有程润昌专利权利要求 1 的全部技术特征，已落入程润昌专利权利要求 1 的保护范围。此外，程润昌专利权利要求 1 中并没有对密封套运动幅度的大小进行限定。因此，只要符合作翻卷式运动的密封膜便属于程润昌专利的保护范围，合鑫公司认为被诉侵权产品密封膜的运动幅度很小，而程润昌专利中翻卷式密封套的运动幅度很大，两者显然不同，合鑫公司的解释是错误的，不能支持。

（三）关于从属专利的认定问题

所谓从属专利，是指在后申请的发明或者实用新型专利的保护范围完全落入另一项在先申请的发明或者实用新型专利保护范围之内。对于相同或者类似产品，不同的人都拥有专利权的，实施在后专利权是否侵害在先专利权，存在着不同的观点：一种观点认为属于重复授权，应通过行政程序撤销在后专利权，侵权诉讼中不予审理；另一种观点认为，其应当分析在后专利权的具体情况以及与在先专利权的关系，从而判定是否构成侵权。对于这一争议，最高人民法院早在《关于在专利侵权诉讼中当事人均拥有专利权应如何处理问题的批复》［（93）经他字第20号］中就指出，对于相同或者类似产品，不同的人都拥有专利权的有以下三种情形：一是不同的发明人对该产品所作出的发明创造的发明点不同，他们的技术方案之间有本质区别；二是在后的专利技术是对在先的专利技术的改进或者改良，它比在先的专利技术更先进，但实施该技术有赖于实施前一项专利技术，因而它属于从属专利；三是因实用新型专利未经实质审查，前后两项实用新型专利的技术方案相同或者等同，后一项实用新型专利属于重复授权。人民法院在审理专利侵权纠纷案件时，根据《专利法》规定的先申请原则，只要原告先于被告提出专利申请，就应当依据原告的专利权保护范围，审查被告制造的产品主要技术特征是否完全覆盖原告的专利保护范围。在一般情况下，前述第一种情形由于被告发明的技术方案同原告发明的技术方案有本质的区别，故被告不构成侵权。后两种情形或者被告为了实施其从属专利而未经在先专利权人的许可，实施了在先的专利技术；或者由于前后两项实用新型专利的技术方案相同或者等同，被告对后一项重复授权专利技术的实施，均构成对原告专利权的侵害。因此，人民法院不应当仅以被告拥有专利权为由，不进行是否构成专利侵权的分析判断即驳回原告的诉讼请求，而应当分析被告拥有专利权的具体情况以及其与原告专利权的关系，从而判定是否构成侵权。

本案中，龚举东涉案专利除了具有与程润昌涉案专利相同的技术特征外，还具有区别于程润昌涉案专利权利要求1的多个技术特征。但是，程润昌先于龚举东提出专利申请，而且被控侵权产品主要技术特征已经完全覆盖程润昌专利权利要求1的保护范围。同时，根据国家知识产权局专利复审委员会作出的第1243号《无效宣告请求审查决定书》，龚举东专利是在程润昌专利的基础上引入《阀门设计手册》中的设计思路重新构思而形成的一种新型的具有较长使用寿命、操作灵便、成本不高的改进的水龙头。因此，龚举东专利技术是对在先的程润昌专利技术的改进或者改良，且实施龚举东专利技术有赖于实施程润昌专利技术，因而龚举东专利从属于程润昌专利。因此，合鑫公司认为龚举东专利不是程润昌专利的从属专利，被控侵权产品实施的是龚举东的专利，合鑫公司没有侵害程润昌专利权的主张不能成立。原二审判决及再审判决之所以错误认定龚举东专利不是程润昌专利的从属专利，原因在于其只看到国家专利复审委员会均维持了程润昌专利及龚举东专利的有效，只看到两者的不同技术特征，而没有看到龚举东专利的技术特征已经全面覆盖了程润昌专利的技术特征，没有注意到龚举东专利是在程润昌专利的基础上进行改进及实施龚举东专利必须要使用程润昌专利这一实质性问题。

（四）关于禁止反悔原则的适用问题

禁止反悔原则是指专利申请人、专利权人在专利授权或者无效宣告程序中，通过对权利要求、说明书的修改或者意见陈述而放弃的技术方案，权利人在侵害专利权纠纷案件中又将其纳入专利权保护范围的，人民法院对此不予支持。在无效宣告程序中，专利权人为了维持专利权的有效，会出于客观需要，修改原权利要求书或者应专利行政部门（专利审查员）的要求解释权利要求书和说明书，以区别现有技术，从而缩小专利保护范围。尤其是实用新型专利没有经过实质审查，只有经过无效宣告程序后，才能使专利的保护范围更明确清晰。如果专利权人在无效宣告程序中的陈述或/和修改缩小了权利保护范围，在以后的侵权诉讼中，为了证明他人侵权，又想把缩小的权利要求范围扩大，就会导致禁止反悔原则的适用。合鑫公司认为，在国家知识产权局专利复审委员会对程润昌涉案专利无效宣告程序中，程润昌已经确认伸缩式密封套与翻卷式密封套有区别，国家知识产权局专利复审委员会也正因为两者的区别才对程润昌涉案专利予以维持，但是，在本案侵权诉讼中，程润昌又认为伸缩式密封套属于翻卷式密封套的一种，扩大了其专利权的保护范围，违反了禁止反悔原则。事实上，程润昌在无效宣告程序中，认为伸缩式密封套与翻卷式密封套的结构及工作原理有明显的区别，两者不是同一技术特征，而在本案侵权诉讼中，认为被控侵权产品使用的是伸缩式密封套而不是翻卷式密封套，是合鑫公司的主张，而非程润昌的主张，程润昌始终坚持其在无效宣告程序中的意见，认为被控侵权产品使用的是翻卷式密封套，并没有将伸缩式密封套的结构及工作原理又重新纳入其专利保护范围。因此，程润昌并没有违反禁止反悔原则。

（五）关于合鑫公司主张被控侵权产品使用的是现有技术的抗辩理由是否成立的问题

现有技术抗辩，是指在专利侵权纠纷中，被诉侵权人有证据证明其实施的技术属于现有技术的，不构成侵犯专利权。也就是说，被诉落入专利权保护范围的全部技术特征，与一项现有技术方案中的相应技术特征相同或者无实质性差异的，人民法院应当认定被诉侵权人实施的技术属于现有技术。本案中，合鑫公司认为被控侵权产品实施的技术属于现有技术，即实施的技术分别是公告号为 CN2044027U、CN88200739U、CN86209129U 的技术。经分析对比，公告号为 CN2044027U、名称为“隔膜密封式水龙头”专利文献公开了一种隔膜密封式水龙头，其阀体 5、阀盖 2、阀杆 1、橄榄型手轮分别相当于被控侵权产品的阀体、导向套、阀杆和旋柄，但其密封隔膜 4 是通过向上或向下凸起从而打开或关闭水龙头的，与被诉侵权产品的翻卷式密封套明显不同，因此，该对比文件与被控侵权产品具有实质性差异。

合鑫公司提交公告号为 CN88200739U 的专利文献以及公告号为 CN86209129U 的专利文献的目的在于证明程润昌专利申请日前已经有了带弯折形式的隔膜。然而在进行现有技术对比时，只能用一项现有技术方案中的相应技术特征与被诉落入专利权保护的全部技术特征进行对比，不能用两项或者两项以上现有技术方案的组合与被诉落入专利权保护的全部技术特征进行对比。因此，合鑫公司使用上述两份对比文件与被诉侵权产品进行部分技术特征对比从而主张现有技术抗辩显然于法无据。此外，即便考虑该两份对比文件全文，其主张亦不能够成立。首先，公告号为 CN88200739U 的专利文献公开的是一种磁力启闭的隔膜式截止阀，其引流孔的开闭依靠永久磁体和衔铁之间的磁性力实现，无论是在结构还是在工作原理上，均与手动旋转旋柄启闭阀门的被诉侵权产品具有显著差异。其次，公告号为 CN86209129U 的专利文献明确提及，旋转阀杆时，筒形隔膜只产生伸长和缩短变形。因此，其采用的显然是伸缩式密封套而非被诉侵权产品的翻卷式密封套，两者的技术方案也具有实质性差异。

综上，合鑫公司所提供的三份对比文件均没有公开被诉侵权产品的全部技术特征，合鑫公司认为被诉侵权产品实施的是现有技术，理由不成立。

（六）关于本案民事责任的承担问题

本案民事责任的承担主要涉及合鑫公司应否承担停止侵权以及赔偿数额的确定问题。本案被诉侵权行为发生在 1997 年，因此，本案应适用当时实施的《专利法》及其有关法律法规的规定。根据《专利法》第 45 条规定实用新型专利权的期限为 10 年，自申请之日起计算。程润昌涉案专利申请日为 1990 年 4 月 10 日，至今已经超过 10 年的保护期，已经成为社会公共财富，任何人均可免费地自由使用。因此，程润昌在 1997 年提起本案诉讼时要求判令合鑫公司停止侵权，该诉讼请求本应得到支持，但是，现在程润昌涉案专利已过了保护期，其再要求判令合鑫公司停止侵权的诉讼请求已失去了权利基础和法律依据。因此，对程润昌该诉讼请求不能再予以支持。

因本案侵权行为发生在1997年前后，当时程润昌涉案专利仍处于保护期，因此，程润昌要求判令合鑫公司赔偿经济损失有充分的事实和法律依据。程润昌要求合鑫公司赔偿经济损失316万元，其计算依据：一是合鑫公司1995年至1996年三年获得的利润；二是1994年至1996年三年的产量及获得的利润；三是合鑫公司的生产规模。对此，广东省高级人民法院认为：首先，虽然被诉侵权产品使用了程润昌涉案专利的技术方案，但也使用了龚举东涉案专利的技术方案，因此，合鑫公司制造、销售被诉侵权产品所获得利益包括了实施程润昌专利和实施龚举东专利所获得的利益，而不全是实施程润昌专利而获得的利益。因此，以合鑫公司制造、销售被诉侵权产品所获得的全部利润作为确定赔偿程润昌经济损失的计算依据，缺乏合理性和科学性，不能支持。其次，1992年12月12日修订的《专利法实施细则》第13条规定："专利权人与他人订立的专利实施许可合同，应当自合同生效之日起三个月内向专利局备案。"本案中，程润昌没有提供证据证明其曾与他人签订专利实施许可合同，更没有提供已报经专利局备案的专利实施许可合同以及被许可人支付许可费的凭证，所以程润昌以专利技术转让使用费作为计算其损失的依据，该计算方法缺乏事实依据，不予采纳。最后，程润昌认为合鑫公司已建好高级办公楼和厂房一幢，价值约300万元，还有一幢楼房在兴建之中，有注塑机8台，价值100余万元，另加其他固定资产和资金，共有资产近千万元，说明合鑫公司的经济效益非常好。因程润昌主张合鑫公司的上述生产规模不能直接证明合鑫公司因侵权所获得的利益，所以程润昌以合鑫公司的生产规模来计算赔偿损失的数额，亦缺乏合理性和科学性。综上所述，如按照程润昌的计算方法确定合鑫公司的赔偿数额，将会向社会公众发出错误指引，即不能对他人的专利技术进行改进，否则将承担巨额赔偿责任，这将扼杀技术进步，扼杀技术创新，严重阻碍创新型国家的建设以及人类社会的技术进步。因此，法院对程润昌计算合鑫公司应赔偿经济损失的方法断不能支持。

由于程润昌因侵权所受到的损失及合鑫公司因侵权所获得的利益均难以确定，法院综合考虑下列因素酌定合鑫公司应赔偿程润昌经济损失 50 万元：

（1）程润昌专利权的类型为实用新型专利，技术含量相对较高。

（2）被诉侵权产品既实施了程润昌专利的技术方案，也实施了龚举东从属专利的技术方案。

（3）合鑫公司实施侵权行为的持续时间。《专利法》第 61 条规定："侵犯专利权的诉讼时效为二年，自专利权人或者利害关系人得知或者应当得知侵权行为之日起计算。"因此，专利权人超过 2 年起诉的，如果侵权行为在起诉时仍在继续，在该项专利权有效期内，人民法院应当判决被告停止侵权行为，侵权损害赔偿数额应当自专利权人向人民法院起诉之日起向前推算 2 年计算。程润昌于 1997 年 2 月 24 日提起本案诉讼，因此应向前推算 2 年，对超过 2 年期限的部分不予计算。

（4）合鑫公司实施侵权行为的规模。根据合鑫公司在一审法院开庭审理时的自述，合鑫公司于 1995 年和 1996 年共生产 150 万套，自 1994 年 6 月合鑫公司成立至 1998 年底大概生产了 300 万套，成本 2.5 元/只，销售价 3.8 元/只。

二、辉瑞有限公司、辉瑞制药有限公司诉上海东方制药有限公司破产清算组、北京健康新概念大药房有限公司、广州威尔曼药业有限公司不正当竞争及侵害未注册驰名商标权纠纷案

案情

原告（上诉人）：辉瑞有限公司、辉瑞制药有限公司

被告（被上诉人）：上海东方制药有限公司破产清算组、北京健康新概念大药房有限公司、广州威尔曼药业有限公司

2005年10月11日，辉瑞有限公司（以下简称“辉瑞公司”）、辉瑞制药有限公司（以下简称“辉瑞制药公司”）以不正当竞争及侵害未注册驰名商标权为由，向北京市第一中级人民法院提起诉讼称：原告辉瑞公司是一家著名的大型跨国药品生产公司，其于1989年在中国设立了子公司——辉瑞制药公司。原告在其研制的专用于男性勃起障碍疾病的“枸橼酸西地那非”上使用的商标为“VIAGRA”。辉瑞公司于1998年4月即开始将该药品推向美国市场，于2000年6月正式在中国推出该药品。在使用中文的地区和国家，媒体早自1998年起就采用“伟哥”一词进行大篇幅的报道，并特别指向原告的“枸橼酸西地那非”药品，“VIAGRA”与“伟哥”具有对应性和一致性。经过广泛的宣传和产品销量的增加，“伟哥”商标已经成为未在中国注册的驰名商标。被告广州威尔曼药业有限公司（以下简称“威尔曼公司”）明知“伟哥”是原告的未注册驰名商标，却抢先向我国工商行政管理总局商标局（简称“商标局”）提出了注册申请，其行为具有主观恶意。被告威尔曼公司不仅大肆宣传原告的未注册驰名商标“伟哥”系其商标，且将该商标

许可被告上海东方制药有限公司（以下简称“东方公司”）使用在药品上，并通过被告北京健康新概念大药房有限公司（以下简称“新概念公司”）进行销售，三被告的行为构成不正当竞争和侵害商标权。综上所述，原告根据《中华人民共和国民法通则》第4条、《中华人民共和国反不正当竞争法》第2条、《中华人民共和国商标法》第13条第1款、《保护工业产权巴黎公约》第10条之二以及有关驰名商标认定的规定，请求法院判令：①认定“伟哥”为原告辉瑞公司未在中国注册的驰名商标；②被告新概念公司和被告东方公司立即停止侵害原告辉瑞公司的未注册驰名商标权的行为，即立即停止销售带有“伟哥”商标药品的行为；③被告东方公司和被告威尔曼公司立即停止印刷和使用“伟哥”商标，并销毁全部“伟哥”商标标识、有关的包装、广告和促销材料以及用于印刷“伟哥”商标标识等的模具和工具；④被告威尔曼公司立即停止对“伟哥”商标进行许可和广告宣传等不正当竞争行为；⑤三被告共同赔偿原告经济损失50万元；⑥三被告共同承担原告因本案支出的相关费用；⑦三被告采取发布经原告同意、澄清事实的公告等有效措施消除影响，并在《中国医药报》《法制日报》和《人民日报（海外版）》等媒体上向原告赔礼道歉。

被告新概念公司未提交书面答辩意见，其在开庭过程中辩称：①辉瑞制药公司不是本案利害关系人，不是适格原告；②原告对“伟哥”商标无任何正当权益，我公司不构成侵权；③我公司经销的涉案药品有合法来源，即使构成侵权，作为经销商也只应承担停止侵权的责任，不应当承担损害赔偿的民事责任。因此，不同意原告的诉讼请求。

被告东方公司破产清算组辩称：东方公司曾受威尔曼公司的委托，为其加工甲磺酸酚妥拉明分散片，但其仅负责加工，在产品上使用“伟哥”的责任应由威尔曼公司承担，与东方公司无关。

被告威尔曼公司辩称：①辉瑞制药公司不是本案利害关系人，不是适格原告；②本案与原告起诉的［2005］一中民初字第11350号、第11351号和第11354号民事案件属于重复起诉，不应予以受理；③驰名商标的认定属于事实认定，不属于诉讼请求，故原告请求认定“伟哥”为辉瑞公司在中国未注册的驰名商标的诉讼请求不能成立；④原告不能证明其对“伟哥”享有商标专用权，也不能证明其对“伟哥”商标进行了实际的使用和宣传，不能提供“伟哥”作为驰名商标受保护的记录，故“伟哥”不具备驰名商标应当具备的要素。因此，请求驳回原告的全部诉讼请求。

北京市第一中级人民法院一审审理查明：1999年，我国国家药品监督管理局（简称“国家药监局”）曾下发文件查处假药“伟哥”。文件中载有如下内容：“国内一些省市出现了销售‘伟哥’（英文名：VIAGRA）的情况，……‘伟哥’为美国辉瑞制药有限公司生产的药品。”2000年，国家药监局明确指出，“伟哥”并非是对美国辉瑞制药有限公司“西地那非”通用名或商品名的认定。在辉瑞制药公司的《律师声明》中，该公司主张药品VIAGRA系美国辉瑞制药公司研发，对应“VIAGRA”使用的中文名称是“万艾可”。2005年3月17日，中国国际贸易促进委员会专利商标事务所的代理人邱宏彦在新概念公司经公证购买了“伟哥”药品4盒。经当庭勘验，“伟哥”药品的包装盒、药品说明书、药片包衣上均标有“伟哥”字样和东方公司企业名称，药片上亦标有“伟哥”字样。该“伟哥”产品系东方公司生产，新概念公司销售。东方公司系经威尔曼公司授权使用“伟哥”商标。在地址为“http://www.welman.com.cn”的威尔曼国际新药开发中心集团的网站上标注有“伟哥”商标，在网页中有东方公司和威尔曼公司的企业名称。“威尔曼新闻”中名为《勇于创新造福大众》的文章载有：威尔曼制药集团下辖香港医药集团公司、广州威尔曼药业有限公司、上海东方制药有限公司等工厂、公司。1998 年 8 月 12 日，辉瑞公司向商标局申请注册“伟哥”商标，被商标局驳回，辉瑞公司不服提出复审，现该商标处于复审审查阶段。2005 年 7 月 28 日，辉瑞公司授权辉瑞制药公司使用其在中国申请的“伟哥”商标。威尔曼公司于 1998 年 6 月 2 日向商标局提出“伟哥”商标的注册申请，并于 2002 年 6 月 22 日获得初步审定公告，初步审定号为 1911818，指定使用商品为人用药、生化药品等。2002 年 9 月 20 日，辉瑞公司就威尔曼公司申请注册的“伟哥”商标向商标局提出商标异议申请，商标局尚未就此作出处理决定。2004 年 4 月 7 日，商标局核准第 1911818 号“伟哥”商标转让注册，受让人为广州威尔曼新药开发中心有限公司（简称“威尔曼新药公司”）。2003 年 8 月 20 日，东方公司与广东药之星医药有限公司、威尔曼公司订立《“伟哥”药品区域总经销协议》，约定：“伟哥”药品，指甲磺酸酚妥拉明分散片，由威尔曼公司独家研制开发并由东方公司生产；东方公司系威尔曼公司“伟哥”药品的授权生产单位；合同有效期至 2005 年 9 月 30 日止。东方公司于 2005 年 7 月 19 日被中华人民共和国上海市南汇区人民法院裁定宣告破产，于 2005 年 7 月 20 日成立破产清算组，进行破产清算。一审庭审中，辉瑞公司、辉瑞制药公司承认其在中国内地未使用过“伟哥”商标。

北京市第一中级人民法院认为，我国台湾地区“伟哥”商标的注册人并非本案辉瑞公司，并且根据商标独立保护原则，其在中国也不能当然对“伟哥”商标享有权益；有关媒体的报道虽然多将“伟哥”与“VIAGRA”相对应，但辉瑞公司、辉瑞制药公司并未举证证明其是“VIAGRA”商标的合法权利人，且在报道中，媒体认为的“伟哥”的生产者亦并非针对本案辉瑞公司，而多指向“美国辉瑞制药公司”“美国辉瑞药厂”，故亦不能证明辉瑞公司是“伟哥”商标的权利人；7篇报道的时间局限在1998年9月至11月，这些报道并非辉瑞公司、辉瑞制药公司对“伟哥”商标的宣传，且仅以该7篇报道亦不足以证明“伟哥”商标在中国已具有较高的知名度。综上所述，由于辉瑞公司、辉瑞制药公司从未实际使用“伟哥”商标，亦未举证证明其对“伟哥”商标进行了广告宣传，且不能提供“伟哥”商标在中国作为驰名商标受保护的记录以及其他可以证明“伟哥”驰名的证据，故其“伟哥”是辉瑞公司的未注册驰名商标的主张不能成立。由于辉瑞公司不能证明“伟哥”为其未注册驰名商标，故其对“伟哥”商标并不享有《商标法》规定的合法权益，威尔曼公司许可东方公司使用“伟哥”商标，东方公司和新概念公司生产、销售使用“伟哥”商标药品的行为，不侵害辉瑞公司的未注册驰名商标权。此外，由于东方公司经该“伟哥”商标的合法权利人威尔曼公司许可使用“伟哥”商标，新概念公司销售东方公司经合法授权使用“伟哥”商标的商品的行为具有正当性和合理性，未违反市场竞争中应当遵循的诚实信用原则，因此，不构成不正当竞争。在地址为“http://www. welman. com. cn”的网站上显示的网站经营者为威尔曼国际新药开发中心集团，并非威尔曼公司，结合辉瑞公司对“伟哥”商标并不享有合法权益的事实认定，辉瑞公司、辉瑞制药公司对威尔曼公司的商标侵权和不正当竞争指控亦无事实和法律依据，不能成立。综上所述，北京市第一中级人民法院依照《中华人民共和国民法通则》第4条，《中华人民共和国反不正当竞争法》第2条，2001年《中华人民共和国商标法》第

13、14条，《最高人民法院关于审理商标民事纠纷案件适用法律若干问题的解释》第2条，《中华人民共和国民事诉讼法》第64条之规定，于2006年12月27日以［2005］一中民初字第11352号民事判决，判决驳回辉瑞公司和辉瑞制药公司的全部诉讼请求。

辉瑞公司和辉瑞制药公司不服原审判决，向北京市高级人民法院提起上诉，请求撤销原审判决，判令支持上诉人向原审法院所提的全部诉讼请求。其主要理由是：①原审判决对辉瑞公司为证明“伟哥”是其在中国的未注册驰名商标所提交的证据的认定有误。在中国公共图书馆获得的资料相互印证了“伟哥”是“VIAGRA”的中文称谓并已成为中国公众广泛认可的既成事实；辉瑞公司及关联公司在我国台湾地区及我国香港地区注册的繁体“伟哥”文字商标的申请日均早于威尔曼公司申请注册“伟哥”商标的申请日，辉瑞公司的“伟哥”商标在我国台湾地区及香港地区获得注册应当有助于认定其在中华人民共和国境内就“伟哥”商标享有合法权益；辉瑞产品有限公司为辉瑞公司的子公司之一，原审判决以我国台湾地区注册的繁体“伟哥”文字商标持有人为辉瑞产品有限公司而拒绝认定该相关证据与本案的关联性是不正确的；无论是中国市场上的销售者，还是国家药品监督机构，均认为“伟哥”是“VIAGRA”的对应中文商标。根据2001年《商标法》第14条第5项的规定，媒体报道、官方机构的通知、证人证言等应当认定为“伟哥”商标驰名的“其他因素”。②依据《最高人民法院关于审理商标民事纠纷案件适用法律若干问题的解释》第22条的规定，原审判决关于“伟哥”商标为驰名商标的请求不属于诉讼请求的认定不正确。③辉瑞公司的“伟哥”商标在相关公众中已有极高知名度，威尔曼公司抢注并许可他人使用“伟哥”商标，其行为构成不正当竞争。

新概念公司、东方公司破产清算组、威尔曼公司服从原审判决。

二审法院北京市高级人民法院经审理查明：

(1) 关于“伟哥”是否系辉瑞公司在中国未注册的驰名商标的证据及事实。1997年11月28日，辉瑞公司的第1130739号“VIAGRA”文字商标在中国获得注册，指定使用的商品为第5类人用药、医用制剂，有效期经续展至2017年11月27日止。2001年1月28日，该商标经核准转让与辉瑞产品有限公司(Pfizer Products Inc.)。1998年5月29日，辉瑞公司在香港地区提出“伟哥”繁体文字商标注册申请，1999年9月7日获得商标注册。2002年1月16日，辉瑞产品有限公司在我国台湾地区取得“伟哥”繁体文字商标注册证，注册号为00980328。辉瑞产品有限公司系辉瑞公司的子公司。

1998年9月29日，《健康报》报道伟哥（VIAGRA）是“枸橼酸西地非尔”的商品名。1998年10月8日，《南方都市报》登载的《IT大亨染指壮阳药》一文中提及“伟哥”(VIAGRA)。1998年10月22日，《浙江经济日报》登载的《诺贝尔奖与“伟哥”》一文称，“VIAGRA”（伟哥）是美国辉瑞药厂制造。1998年10月26日，《南方日报》登载的《“伟哥”，想说爱你不容易》一文称，“伟哥”（VIAGRA）原是美国辉瑞制药公司1992年开发的用于治疗心绞痛的新药。1998年11月7日，《重庆晚报》登载的《伟哥：笑傲江湖》一文称，“伟哥”的英文名称“VIAGRA”由“VIGOR”（活力）与“NIAGARA”(尼亚加拉瀑布）两字合成。1998年11月21日，《信息时报》登载的《也谈“伟哥”》一文中也提及了“伟哥”（Viagra)。1998年11月25日，《中国青年报》登载的《“伟哥”是什么，怎么样?》一文称，“伟哥”是英文VIAGRA的音译，化学名称是

“枸橼酸西地非尔”。珠海出版社出版了名称为《伟哥报告——蓝色精灵 Viagra》的出版物；1998 年 10 月 16 日至 2003 年 9 月 28 日，《海口晚报》《青年报》《参考消息》《经济日报》《羊城晚报》《法制日报》《人民日报》《南方都市报》《北京青年报》等二十几家报刊的 26 份报道摘录中多将“VIAGRA”称为“伟哥”、称“伟哥”（VIAGRA）的生产者为辉瑞公司或辉瑞制药厂、主要内容为媒体对“VIAGRA”的药效、销售情况、副作用的介绍以及评论性的文章。

《新时代汉英大词典》2000 年版第 1601 页和 2002 年版第 1232 页对“伟哥”词条的解释为：也称“威尔刚”VIAGRA、“万艾可”VIAGRA，用于治疗男性功能障碍的美国药品商标。国家药监局国药管市［1999］72 号文件《关于查处假药“伟哥”的紧急通知》（简称“第 72 号文件”）载有如下内容：“近来，国内一些省市出现了销售‘伟哥’（英文名：VIAGRA）的情况，并有不断扩大的趋势，一批未经审批的药品‘伟哥’进入了市场……‘伟哥’为美国辉瑞制药有限公司生产的药品，该药品在我国正处于临床研究阶段……目前，国内除有关医院正用于临床实验的该药品外，市场销售的‘伟哥’均为假药……”国家药监局药管市函［2000］19 号文件《关于对请求国家药品监督管理局澄清有关药名的请示的复函》（简称“第 19 号文件”）主要内容为：在第 72 号文件中采用了以带引号的“伟哥”和英文名“VIAGRA”的标注等指当时在中国市场上出现的此种假药，以便于各地药品监督管理部门的查处，并非是对美国辉瑞制药有限公司“西地那非”通用名或商品名的认定。

辉瑞公司为支持“伟哥”系其在中国未注册的驰名商标的主张，还提交了 1998 年 4 月 30 日美国《世界日报》、1998 年 6 月 8 日香港《天天日报》、1998 年 6 月 8 日香港《东方日报》

的报道摘要，上述报道中均提及“伟哥”（Viagra），生产商为美国辉瑞药厂等。

威尔曼公司为反驳辉瑞公司的主张，提供了如下证据：反证（1）辉瑞制药公司发布的《律师声明》主要内容有：“由美国辉瑞制药公司研发生产的药品VIAGRA已由国家药品监督管理局批准，正式进入市场，万艾可为正式的商品名。万艾可是经国家工商行政管理局商标局批准注册的商标。辉瑞制药有限公司是万艾可商标的拥有者。……”反证（2）中国药科大学、威尔曼国际新药开发中心和威尔曼公司致国家药监局《请求国家药品监督管理局澄清有关药名的请示报告》，内容为询问第72号文件中所说的“伟哥”是否指当时“西地那非”的商品名或通用名。

（2）关于辉瑞公司、辉瑞制药公司指控新概念公司等三公司侵权的证据和事实。2005年3月17日，中国国际贸易促进委员会专利商标事务所的代理人邱宏彦在新概念公司经公证购买了“伟哥”药品4盒。该购买过程由长安公证处进行了证据保全公证。经当庭勘验，“伟哥”药品的包装盒、药品说明书、药片包衣上均标有“伟哥”字样和东方公司企业名称，药片上亦标有“伟哥”字样。该“伟哥”产品系东方公司生产，新概念公司销售。东方公司系经威尔曼公司授权使用“伟哥”商标。在地址为“http://www.welman.com.cn”的威尔曼国际新药开发中心集团的网站上标注有“伟哥”商标，在网页中有东方公司和威尔曼公司的企业名称。在“威尔曼简介”栏目中载有：威尔曼国际新药开发中心集团的国内总部设在广州，海外总部设在香港，分别在广州、上海、南京设三个研究所，下辖上市公司江苏联环药业股份有限公司、扬州制药集团、香港医药集团公司、广州威尔曼新药开发中心、上海东方制药有限公司等工厂、公司。“威尔曼新闻”中名为《勇于创新造福大众》的文章载有：威尔曼制药集团下辖香港医药集团公司、广州威尔曼药业有限公司、上海东方制药有限公司等工厂、公司。

(3) 新概念公司等3公司抗辩其不侵权的证据及事实。威尔曼公司于1998年6月2日向商标局提出“伟哥”商标的注册申请，并于2002年6月22日获得初步审定公告，初步审定号为1911818，指定使用商品为人用药、生化药品等。2002年9月20日，辉瑞公司就威尔曼公司申请注册的“伟哥”商标向商标局提出商标异议申请，商标局尚未就此作出审查决定。2004年4月7日，商标局核准该“伟哥”商标转让注册，受让人为广州威尔曼新药开发中心有限公司。2003年8月20日，东方公司与广东药之星医药有限公司、威尔曼公司订立《“伟哥”药品区域总经销协议》约定：“伟哥”药品，指甲磺酸酚妥拉明分散片，由威尔曼公司独家研制开发并由东方公司生产；东方公司系威尔曼公司“伟哥”药品的授权生产单位；合同有效期至2005年9月30日止。

(4) 与本案有关的其他证据和事实。1998年8月12日，辉瑞公司向商标局提出“伟哥”文字商标的注册申请，该商标申请已被驳回，现在商标驳回复审阶段。2005年7月28日，辉瑞公司与辉瑞制药公司订立《商标授权协议第三次修订案》，授权辉瑞制药公司使用其在中国申请的“伟哥”商标。东方公司于2005年7月19日被中华人民共和国上海市南汇区人民法院裁定宣告破产，2005年7月20日成立破产清算组进行破产清算。辉瑞制药公司系1989年10月7日经核准登记成立的中外合资经营企业，其生产经营范围为化学药品原料药、制剂药等。

北京市高级人民法院认为，驰名商标是指在中国为相关公众广为知晓并享有较高声誉的商标。驰名商标的认定应当根据中国《商标法》第14条的规定，考虑以下因素：相关公众对该商标的知晓程度、该商标使用的持续时间、该商标的任何宣传工作的持续时间、程度和地理范围、该商标作为驰名商标受保护的记录以及该商标驰名的其他因素。本案中，①虽然辉瑞公司在香港地区申请了“伟哥”繁体文字商标注册、辉瑞公司的子公司辉瑞产品有限公司在中国台湾地区申请了“伟哥”文字商标的注册，但是，根据商标独立保护原则，辉瑞公司在中国大陆地区并不对“伟哥”商标享有权益。②二审法院审理中，两上诉人辉瑞公司、辉瑞制药公司虽然证明了美国《世界日报》、香港《天天日报》《东方日报》的真实性，但因两上诉人无证据证明上述出版物在中国内地发行，故上述证据缺乏与本案的关联性和证明力。③1998 年 9 月 29 日《健康报》等 7 篇报道、珠海出版社出版的《伟哥报告——蓝色精灵 Viagra》以及《海口晚报》等 26 份媒体的报道中虽然多将“伟哥”与“VIAGRA”相对应，但因上述报道均系媒体所为而并非两上诉人所为，辉瑞制药公司在其发布的《律师声明》中声称其研发生产的药品“VIAGRA”的正式商品名为“万艾可”，故媒体在宣传中将“VIAGRA”称为“伟哥”，亦不能确定为反映了两上诉人当时的真实意思，且媒体的报道均是对“伟哥”的药效、销售情况、副作用的一些介绍、评论性文章。因此，上述媒体的报道不足以证明“伟哥”在中国有较高的知名度和声誉。④国家药监局的第 72 号文件并不能证明辉瑞公司对“伟哥”享有权益。《新时代汉英大词典》中对“伟哥”词条的解释也有称为“威尔刚”“万艾可”的情形，故该词典的解释亦不足以证明“VIAGRA”即为“伟哥”。⑤辉瑞公司的“VIAGRA”注册商标已于 2001 年经核准转让于辉瑞产品公司，辉瑞公司对“VIAGRA”商标不再享有相关的权益。综上，由于两上诉人在中国大陆既未实际使用“伟哥”商标，也未举证证明其对“伟哥”

商标进行了广告宣传，且不能提供“伟哥”商标在中国作为驰名商标受保护的记录以及其他可以证明“伟哥”驰名的证据，仅有媒体的报道尚不足以证明“伟哥”商标在中国大陆已具有较高的知名度及已具有较高声誉，故两上诉人所提“伟哥”已构成其在中国未注册的驰名商标的主张因缺乏事实和法律依据，不予支持。

根据2001年《商标法》的有关规定，工商行政管理部门商标局负有认定驰名商标的职责。关于驰名商标的认定是否属于一项独立的民事诉讼请求问题。首先，在民事侵权纠纷案件中认定驰名商标的目的在于确定对于该商标予以保护的范围、程度和力度，因此，驰名商标的认定与否并非是案件的最终目的，而是解决纠纷的途径和手段，是案件处理的事实基础。其次，我国对驰名商标的认定采取“个案认定、被动保护”的原则，即在非必要的情况下，不予认定驰名商标。因此，确认驰名商标不属于民事诉讼请求的范畴，两上诉人所提驰名商标的认定应属于一项独立的民事诉讼请求的主张不能成立，不予支持。

2001年《商标法》第13条第1款规定，就相同或者类似商品申请注册的商标是复制、模仿或者翻译他人未在中国注册的驰名商标，容易导致混淆的，不予注册并禁止使用。《最高人民法院关于审理商标民事纠纷案件适用法律若干问题的解释》第2条规定，根据2001年《商标法》第13条第1款的规定，复制、模仿、翻译他人未在中国注册的驰名商标或其主要部分，在相同或者类似商品上使用，容易导致混淆的，应当承担停止侵害的民事法律责任。本案中，由于两上诉人不能证明“伟哥”为其未注册驰名商标，故其对“伟哥”商标并不享有商标法规定的合法权益，威尔曼公司许可东方公司使用“伟哥”商标，东方公司和新概念公司生产、销售使用“伟哥”商标药品的行为，并未构成上述法律所规定的应当承担停止侵害的民事法律责任的情形。

《反不正当竞争法》第2条第1款规定，经营者在市场交易中，应当遵循自愿、平等、公平、诚实信用的原则，遵守公认的商业道德。由于两上诉人不能证明其就“伟哥”商标享有合法的权益，因此，威尔曼公司提出“伟哥”商标注册申请的行为具有正当性和合理性，两上诉人关于威尔曼公司申请“伟哥”商标的注册构成不正当竞争的主张无事实及法律依据，对此不予支持。综上所述，一审判决认定事实基本清楚，适用法律正确，二审法院判决驳回上诉，维持一审判决。

辉瑞公司与辉瑞制药公司申请再审称：早在威尔曼公司于1998年6月2日申请注册“伟哥”商标之前，相关公众已经使用“伟哥”一词指称VIAGRA产品。

在相关公众心目中，“伟哥”商标唯一对应VIAGRA产品，是VIAGRA的中文名称（别名）。“伟哥”在事实上成了标识VIAGRA产品来源的商标，成了申请再审人的商标，申请再审人对“伟哥”享有合法的在先权利。威尔曼公司申请注册、使用“伟哥”商标，具有明显的恶意。因为相关公众约定俗成的使用，“伟哥”同样也已经构成申请再审人的VIAGRA产品这一知名商品的特有名称，根据《反不正当竞争法》第5条第2项的规定，东方公司擅自在其生产的“甲磺酸酚妥拉明分散片”上使用“伟哥”商标，使相关公众产生混淆误认，构成不正当竞争。二审法院没有正确认定申请再审人的正当权利及被申请人的不正当竞争行为，在事实认定及法律适用上均存在错误，请求判令：①撤销北京市高级人民法院［2007］高民终字第1684号民事判决；②认定威尔曼公司申请注册“伟哥”商标的行为是非法抢注行为，构成不正当竞争；③威尔曼公司立即停止对“伟哥”商标进行许可和广告宣传等不正当竞争行为；④东方公司、新概念公司立即停止生产、销售带有“伟哥”商标药品的不正当竞争行为；⑤威尔曼公司、东方公司立即停止印制和使用“伟哥”商标的不正当竞争行为，并销毁全部“伟哥”商标标识及用于印制“伟哥”商标标识的工具；⑥东方公司、新概念公司、威尔曼公司共同赔偿经济损失及与本案有关的合理支出人民币50万元；⑦东方公司、新概念公司、威尔曼公司发布经其同意、澄清事实的公告等有效措施消除影响，并在《中国医药报》《法制日报》和《人民日报（海外版）》等媒体上向申请再审人赔礼道歉。

东方公司辩称：申请再审人“VIAGRA”产品的商品名是“万艾可”，威尔曼公司是最早申请和使用“伟哥”商标的权利人。申请再审人从未使用过“伟哥”商标，其对“伟哥”商标不享有任何权益。相关公众并未将“伟哥”商标唯一对应申请再审人的“VIAGRA”产品，申请再审人在媒体上发布的《律师声明》也声称“VIAGRA”药品的商品名是“万艾可”，中国《商标法》适用“注册在先”原则，威尔曼公司申请“伟哥”文字商标的行为符合法律规定，不是非法抢注。申请再审人关于“威尔曼公司申请注册‘伟哥’商标的行为是非法抢注行为，构成不正当竞争”的请求属于新的诉讼请求，已超出本案原审的审理范围。申请再审人没有任何证据证明“伟哥”构成申请再审人的知名商品的特有名称，且基于知名商品特有名称的不正当竞争指控也已超出本案原审的审理范围。

威尔曼公司辩称：其与东方公司的意见相同。

新概念公司没有辩称意见。

最高人民法院经审理，另查明：2008年12月17日，商标局在［2008］商标异字第10226号及10227号商标异议裁定书中认为，“VIAGRA”是辉瑞公司研制生产的一种专治男性阳痿的药品名称，并作为商标在我国进行了注册。经多年宣传使用，

"伟哥"已实际成为与该药品及商标所对应的中文标识，且为社会公众所知晓。在［2008］商标异字第10226号商标异议裁定中，商标局裁定对威尔曼新药公司的第1911818号"伟哥"商标不予核准注册。

最高人民法院认为，由于辉瑞公司已于2001年1月28日将"VIAGRA"文字商标转让给辉瑞产品有限公司，在本案一审起诉时及整个诉讼过程中，辉瑞公司均不是"VIAGRA"文字商标的商标权人，因此，辉瑞公司对"VIAGRA"文字商标以及其所主张的"VIAGRA"文字商标的中文翻译"伟哥"不享有任何权益。尽管多家媒体在相关报道中将"伟哥"与"VIAGRA"相对应，但上述报道均系媒体所为而并非辉瑞公司和辉瑞制药公司对自己商标的宣传，且辉瑞制药公司也明确声明"万艾可"为其正式商品名，并承认其在中国内地未使用过"伟哥"商标，因此，不能认定媒体将"VIAGRA"称为"伟哥"反映了辉瑞公司和辉瑞制药公司当时将"伟哥"作为商标使用的真实意思。现有证据不足以证明"伟哥"为未注册商标，也无法证明其为未注册驰名商标。于2009年6月24日裁定驳回辉瑞公司、辉瑞制药公司的再审申请。

本案主要涉及以下两个法律问题；

（一）关于原告辉瑞公司及辉瑞制药公司的诉讼主体资格的问题

根据《民事诉讼法》关于"原告是与本案有直接利害关系的公民、法人和其他组织"的规定，原告应当为其赖以主张权利的权利人或利害关系人。本案中，原告辉瑞公司、辉瑞制药公司从本案一审开始直至再审过程中均主张"伟哥"商标系唯一对应VIAGRA产品，是VIAGRA的中文名称，称“伟哥”在事实上成了标识其“VIAGRA”产品来源的商标，其对“伟哥”享有合法的在先权利。而根据原审法院查明的事实，辉瑞公司的第1130739号“VIAGRA”文字商标已于2001年1月28日经核准转让与辉瑞产品有限公司。也就是说，辉瑞产品公司从2001年1月28日起已经是“VIAGRA”文字商标的商标权人，本案辉瑞公司、辉瑞制药公司向原审法院起诉的时间是2005年10月11日，此时辉瑞公司已经不是第1130739号“VIAGRA”文字商标的商标权人，因此，辉瑞公司对“VIAGRA”文字商标以及其所主张的“VIAGRA”文字商标的中文翻译“伟哥”不享有任何权益。虽然辉瑞公司于2005年7月28日与辉瑞制药公司订立《商标授权协议第三次修订案》，授权辉瑞制药公司使用其在中国申请的“伟哥”商标，由于2005年辉瑞公司已对“VIAGRA”文字商标以及其所主张的“VIAGRA”文字商标的中文翻译“伟哥”不享有任何权益，辉瑞公司的授权已没有法律效力，故辉瑞制药公司也不能依据该授权对“伟哥”主张权利。因此，本案两原告作为本案当事人在主体方面是不适格的。

（二）关于“伟哥”能否认定为辉瑞公司未注册驰名商标的问题

一般而言，商标权的取得有两种方式：一是通过向商标局申请注册并获核准后取得；二是通过使用取得识别性而成为未注册的商标，当然，因《商标法》以保护注册商标为原则，未注册商标只有符合一定的法律要件后才受法律保护。笔者以为，无论是以哪种方式取得商标权，均需权利人有取得权利的积极意思表示，即或主动向商标行政部门申请核准取得，或通过其在商业中对主张权利的标识进行积极的使用。本案中，辉瑞公司虽主张“伟哥”是其未注册的驰名商标，但其提供的主要证据是相关媒体对“伟哥”进行的宣传，并无证据证明辉瑞公司、辉瑞制药公司在中国境内曾在其相关产品上使用“伟哥”标识，且辉瑞公司、辉瑞制药公司在一审庭审中亦明确认可其在中国内地未使用过“伟哥”商标。此外，辉瑞制药公司曾发布声明称“万艾可”为其正式商品名。从以上事实可以认定，在当时辉瑞公司或辉瑞制药公司并无将“伟哥”当作商标使用的意思和行为。他人对该标识所做的相关宣传等行为，由于未反映其将该标识作为商标的真实意思，加之辉瑞公司无使用该标识作为商标的行为，因此，不能认定该标识构成辉瑞公司的未注册商标，更不能认定其构成未注册驰名商标。

三、王锡麟诉知识产权出版社等侵犯著作权案

案情

原告：王锡麟

被告：上海朝霞图书经营部、知识产权出版社、北京黄寺音像书店

原告王锡麟系由教育部科学技术司和教育部科技发展中心组织编写、高等教育出版社出版的《知识产权概论》一书第七章“知识产权的国际保护”和第八章“知识产权的纠纷及其处理”两章的作者。1999年8月，王锡麟在上海朝霞图书经营部（下称“朝霞经营部”）购买了一部《知识产权纠纷与处理实用全书》（下称《实用全书》）。王锡麟发现由专利文献出版社（现称知识产权出版社，下称“出版社”）出版、丁文召担任主编的《实用全书》第三章“知识产权纠纷及其解决方式”和第五章“知识产权国际保护”剽窃、抄袭了《知识产权概论》一书中原告王锡麟享有著作权的第七章和第八章中的内容，总

共剽窃、抄袭约4.1万余字，遂向法院起诉。

原告王锡麟诉称：由出版社出版、丁文召主编的《实用全书》第三章和第五章整篇抄袭了其撰写的《知识产权概论》中的第七、八两章内容，构成了对其著作权的人身权和财产权的侵害，要求法院判令被告停止侵权、停止销售并不准印刷《实用全书》，公开赔礼道歉，支付原告聘请代理人、取证和交通费等费用8000元（人民币，下同），赔偿原告5万元。

被告朝霞经营部辩称：其作为普通销售商，不可能审查书籍是否侵犯他人的著作权，因而不应承担赔偿责任。

被告出版社辩称：根据出版社与黄寺书店签订的出版合同的约定，《实用全书》如侵犯他人著作权，则黄寺书店应承担全部责任，故侵权责任主要应由黄寺书店和主编承担，出版社的责任是次要的。

被告北京黄寺音像书店（以下简称"黄寺书店"）辩称：系争书由黄寺书店图书部投资出版。图书部负责与该书主编丁文召和副主编常丹江具体联系，现主编和副主编都联系不上，身份也不详。黄寺书店认可其图书部对外签订的合同的效力。

上海市第二中级人民法院经审理查明：1999年6月21日，黄寺书店与出版社总编辑室就《实用全书》签订了《图书出版合同》，其中约定如出版社因《实用全书》专有出版权的行使侵犯他人著作权的，黄寺书店承担全部责任并赔偿因此给出版社造成的损失。同日，双方又签订了《补充合同》，约定："甲方黄寺书店向乙方出版社一次性支付1.5万元管理费；上述作品的稿费及相关费用全部由甲方支付；甲方在取得出版许可后20日之内，向乙方交付样书150套等。"合同签订后，黄寺书店印制了《实用全书》3000册，150册样书交出版社，并按约支付了1.5万元管理费。黄寺书店以每册109元的价格向各地销售，已回笼资金14余万元人民币。被告出版社库存《实用全书》90册，黄寺书店库存5册。《实用全书》由黄寺书店投资及销售。被告出版社与被告黄寺书店始终未向法院提供《实用全书》主编丁文召和副主编常丹江的真实身份。

上海市第二中级人民法院经审理认为：公民享有的著作权受法律保护。原告王锡麟系《知识产权概论》第七章“知识产权的国际保护”和第八章“知识产权的纠纷及其处理”两章的著作权人。由出版社出版、丁文召担任主编的《实用全书》一书，剽窃、抄袭了由原告王锡麟撰写并享有著作权的“知识产权的国际保护”和“知识产权的纠纷及其处理”两章内容，剽窃、抄袭多达4万余字，严重侵犯了原告王锡麟的著作权。被告出版社作为主要出版知识产权书籍的专业出版社，更应当尊重他人的知识产权，应当知道侵犯他人著作权应承担的法律责任。由于被告出版社和被告黄寺书店未向法院提供侵权一书主编丁文召与副主编常丹江的身份，被告出版社成为侵权书籍上记载并公示的主要对外承担责任人。而且出版社本身对出版的书籍的著作权负有审查义务，所以，被告出版社应当承担本案著作权侵权的主要责任。被告出版社辩称其与黄寺书店签订的《图书出版合同》已经对侵犯他人著作权责任作出了约定，要求由黄寺书店承担主要责任，法院认为当事人间对侵权责任的内部约定不能对抗著作权人。

被告黄寺书店以营利为目的，其投资和销售的书籍中存在剽窃、抄袭他人著作权的内容，应当承担侵权责任。原告王锡麟没有向本院提供被告朝霞经营部明知或应知销售的《实用全书》系侵犯他人著作权的证据，故朝霞经营部不构成对原告著作权的侵害。鉴此，被告出版社和被告黄寺书店应当承担停止侵权、赔礼道歉并赔偿原告经济损失的民事责任。赔偿数额参照原告被侵权作品发表应得最高稿酬5倍的标准及原告因诉讼支出的合理费用等酌情确定。登报赔礼道歉范围主要考虑本案侵权行为影响涉及的地域。根据1990年《中华人民共和国著作权法》（以下简称《著作权法》）第9条第1项，第46条第1、2项之规定，上海市第二中级人民法院于2000年7月24日判决如下：

（1）被告出版社和被告北京黄寺音像书店停止对原告王锡麟著作权的侵害；

（2）被告出版社和被告北京黄寺音像书店于判决生效之日起3日内在《新民晚报》和《中国知识产权报》上公开向王锡麟赔礼道歉（内容须经本院审核）；

（3）被告出版社于判决生效之日起10日内赔偿原告王锡麟经济损失15 400元；

（4）被告黄寺书店于判决生效之日起10日内赔偿原告王锡麟经济损失6600元；

（5）被告出版社与被告黄寺书店对上述判决第3、4项互负连带责任；

（6）原告王锡麟的其他诉讼请求不予支持。

一审法院判决后，原、被告均未提起上诉。

鉴于出版社、黄寺书店存在严重的剽窃、抄袭他人著作权的事实，为严肃法纪，惩治侵权，法院在依法作出民事判决的同时，依据1990年《著作权法》第46条第1、2项，《中华人民共和国民法通则》第134条第3款之规定，作出民事制裁决定书，收缴两被制裁人的侵权书籍；没收非法所得；分别处以两被制裁人4万元的罚款。

本案系一起侵权事实清楚、情节恶劣的著作权侵权案件。

为加大对知识产权侵权行为的惩治力度，保护著作权人的合法利益，本案在审理过程中主要对赔偿标准、范围及处罚等方面进行了有益的探索：

（1）赔偿标准。以前著作权侵权赔偿额主要根据版税或法定赔偿的标准确定。本案尝试运用一种新的赔偿标准，就是借鉴国家版权局关于美术作品的赔偿标准之一，即依照著作权人应得稿酬的2倍~5倍的标准确定。这种标准的合理性在于惩罚性质明显，计算和操作便利，有利于保护著作权人的合法利益。由于本案侵权情节严重，在适用时按最高稿酬5倍的标准确定赔偿数额。不过，笔者以为，由于各个案件的情节、后果等方面存在区别，法官可以根据个案情况在赔偿标准内灵活确定具体的稿酬基数和赔偿倍数。

（2）赔偿范围。在以往的案例中，交通费、住宿费及律师费等一般不予支持。经常出现著作权人赢了官司输了钱，使得追索侵权的成本过高，助长了侵权气焰。本案除按上述第1条标准赔偿外，还支持了著作权人王锡麟交通费、购书费等其他合理的实际支出费用。这就使著作权人的经济损失得到了切实、充分的赔偿，鼓励著作权人积极依靠法律手段主张权利，以遏制侵权行为的发生。

（3）民事制裁。对著作权的侵权行为给予民事制裁在《著作权法》中作出了规定，但在审判实践中，运用民事制裁手段惩治著作权侵权的案例并不多。如何充分利用法律赋予的制裁权力达到惩治目的是司法实践中需要不断研究的问题。本案鉴于抄袭、剽窃他人著作权情节恶劣，而且被告出版社和被告黄寺书店始终不向法院提供主编及其作者的身份情况，法院对被告出版社和被告黄寺书店分别作出了4万元的民事制裁。通过制裁手段，使有关责任部门和人员受到教育和警戒，以免类似情况的再度发生。通过对赔偿标准、范围及其制裁等的探索，以达到建立公平竞争的市场秩序，促进文学、艺术和科学繁荣发展的目的。

但本案中法院对被告适用惩罚性赔偿的做法值得商榷。

对于著作权侵权赔偿责任的承担，法学界及实践部门普遍认为应当适用民法上的“填平原则”，即全部赔偿或者全面赔偿的原则。本案的判决就体现了全部赔偿的原则，被告除对原告的经济损失给予赔偿外，还对原告的合理支出给予了补偿。有人认为，应当在著作权侵权乃至知识产权侵权案件中明确惩罚性赔偿原则，惩罚性赔偿可以通过加倍赔偿来体现。但多数人认为，知识产权本质上仍是一种民事权利，对著作权侵权损害赔偿仍应当坚持民事侵权赔偿的一般原则，即全部赔偿原则。补偿性与惩罚性正是体现民事责任与刑事责任的区别，不能因为目前知识产权侵权特别是著作权侵权现象严重就认为应当采取惩罚性赔偿原则。造成这种现状的原因不是补偿性赔偿方法有内在的缺陷，而且也不是惩罚性赔偿就能解决的。大陆法系国家也基本都坚持赔偿的“填平原则”，这也与我国目前的法律界的认识以及司法实践中的做法是一致的（参见最高人民法院民事审判第三庭《著作权侵权损害赔偿问题研讨会综述》），也为我国新修改的《著作权法》所肯定。《民法通则》第 134 条第 3 款和最高人民法院于 1994 年 9 月 29 日颁发的《关于进一步加强知识产权司法保护的通知》均规定人民法院在审理民事纠纷案件中，对情节严重的侵权行为可以给予民事制裁。本案中，法院采用了全部赔偿原则而且对被告进行了民事制裁，是否还要适用惩罚性赔偿，值得探讨。在审判实践中，有些法院的做法是，侵犯已发表作品著作权的，一般按照正常稿酬或者版税计算，正常稿费标准过少的，可以酌情增加，增加后的数额一般为正常稿酬的2倍~3倍。

需要指出的是：2001年10月27日施行的《著作权法》肯定了实际赔偿原则，而否定了惩罚性原则。另外，最高人民法院2002年10月12日《关于审理著作权民事纠纷案件适用法律若干问题的解释》对出版者的责任进行了明确的规定。该司法解释第20条规定："出版物侵犯他人著作权的，出版者应当根据其过错、侵权程度及损害后果等承担民事赔偿责任。出版者对其出版行为的授权、稿件来源和署名、所编辑出版物的内容等未尽到合理注意义务的，依据《著作权法》第四十八条的规定，承担赔偿责任。出版者尽了合理注意义务，著作权人也无证据证明出版者应当知道其出版涉及侵权的，依据《民法通则》第一百一十七条第一款的规定，出版者承担停止侵权、返还其侵权所得利润的民事责任。出版者所尽合理注意义务情况，由出版者承担举证责任。"上述规定为今后审理此类案件提供了法律依据。

四、耿某诉北京摇太阳文化艺术传播有限公司等侵犯著作邻接权纠纷案

案情

原告（被上诉人）：耿某

被告（上诉人）：北京摇太阳文化艺术传播有限公司

被告：北京摇太阳广告有限公司

耿某接受北京摇太阳文化艺术传播有限公司（以下简称"摇太阳文化艺术公司"）法定代表人罗友益的邀请，于2002年12月24日、25日、27日，为《健康伴你行》栏目录制了以下节目：《2002我们一同走过》（上、下集）、《预防艾滋病从我

做起》（上、下集）、《居室扫雷》（上、下集）、《〈医疗事故处理条例〉实施百日谈》（上、下集）。在节目中，耿某作为主持人，同时还邀请了部分社会各界的嘉宾或专家座谈同一话题。

2003年1月2日、3日，上述节目在海南旅游卫视节目中播出，并重播一次。此后，在2003年春节期间，该卫视对上述节目又进行了重播。在《2002我们一同走过》上集中的片头中，字幕显示为“主持人子涵（实习）”，其他各集节目则没有上述字幕。在涉案各集节目片尾部分，字幕均显示为“本栏目广告由摇太阳广告公司独家代理”“摇太阳文化艺术公司制作”。

原告耿某起诉称，二被告曾邀请我到其《健康伴你行》栏目组试镜，后二被告未经我许可，擅自将试镜的样片制作成播出带，在电视台多次播出并获利，侵犯了我的表演权、署名权、广播权、保护作品完整权和获得报酬权，现诉至法院，请求判令二被告停止侵权行为，恢复名誉，消除影响，赔礼道歉，并赔偿损失30万元。

被告北京摇太阳广告有限公司（以下简称“摇太阳广告公司”）答辩称，我公司与涉案被控侵权的栏目不存在任何隶属关系，只是广告商，不应对本案承担任何责任。

被告摇太阳文化艺术公司答辩称，我公司与原告之间存在事实上的正式拍摄关系，并不是试镜，现双方之间仅存在劳务报酬纠纷，不构成侵权，请求驳回原告的诉讼请求。

北京市第二中级人民生院经审理后认为，涉案争议的《健康伴你行》节目属于以类似摄制电影的方法创作的作品。原告耿某作为涉案节目的主持人，其作为表演者的相关权利应受法律保护。

本案双方争议的焦点问题在于，原告是否同意被告摇太阳文化艺术公司将其表演录音录像并予以公开传送。虽然双方未就拍摄涉案节目事宜签订书面合同，但是从涉案节目的录制过程、涉案各节目内容的连贯性和完整性、节目中其他人员的参与情况等因素综合判断，可以认定原告同意摇太阳文化艺术公司将其表演录音录像。因此，原告主张拍摄涉案节目的行为仅为试镜，未同意被告对其表演录音录像的主张，依据不足，法院不予支持。

根据我国法律的相关规定，表演者享有表明其身份的权利。涉案节目播出时，仅在《2002 我们一同走过》上集的片头字幕中列明了原告的名字，表明了原告作为表演者的身份，其他各集节目均未表明原告作为表演者的身份。因此，被告摇太阳文化艺术公司作为涉案节目的制作者，侵犯了原告作为表演者享有的表明身份的权利，其应承担相应的法律责任。

原告作为涉案节目的表演者，依法享有许可他人对其表演录音录像、公开传送其表演并获得报酬的权利。被告摇太阳文化艺术公司制作并播出涉案节目，除应取得到表演者耿某对其表演录音录像的许可外，还应向其支付报酬，并取得公开传送其表演的许可。现被告摇太阳文化艺术公司仅经原告同意录音录像，未向原告支付报酬，亦未取得公开传送原告表演的许可，侵犯了原告享有的上述相应权利，其应承担相应的法律责任。被告摇太阳文化艺术公司提出其与原告之间仅存在劳务报酬纠纷，其行为不构成侵权的主张，缺乏事实和法律依据，法院不予采信。

表演权、广播权和保护作品完整权系著作权人的专有权利，原告耿某作为涉案节目表演者，其应为涉案节目的著作邻接权人，不享有该作品的表演权、广播权和保护作品完整权。因此，其就上述权项提出的诉讼请求，缺乏依据，法院不予支持。

鉴于摇太阳广告公司仅为涉案《健康伴你行》栏目的广告

代理商，与涉案被控侵权节目的制作、播出无关，摇太阳文化艺术公司对此予以认可，故原告要求摇太阳广告公司承担涉案侵权责任的诉讼请求，缺乏事实依据，法院不予支持。

综上所述，原告主张被告摇太阳文化艺术公司侵犯了其作为涉案节目的表演者享有的表明身份的权利和获得报酬权，应承担停止侵权、赔礼道歉、赔偿经济损失的民事责任，理由正当，法院予以支持。关于赔礼道歉的方式，法院将根据被告摇太阳文化艺术公司侵权行为所造成的影响等因素予以确定。关于赔偿经济损失的数额问题，原告请求赔偿数额过高，法院不予全额支持。法院将根据本案的具体情况，综合考虑被告摇太阳文化艺术公司侵权行为的方式、范围和主观恶意程度等因素，酌情确定被告摇太阳文化艺术公司赔偿原告经济损失的数额。

依照2001年《中华人民共和国著作权法》第37第1款第1、3、4项，《中华人民共和国民法通则》第134条第1款第1、7、10项的规定，判决如下：

（1）北京摇太阳文化艺术传播有限公司于本判决生效之日起未经许可不得公开传送涉案侵权节目；

（2）北京摇太阳文化艺术传播有限公司于本判决生效之日起30日内就涉案侵权行为在《法制日报》上向耿某发表致歉声明（致歉内容需经法院审核，逾期不履行，法院将在一家全国发行的报纸上公布本判决主要内容，所需费用由北京摇太阳文化艺术传播有限公司负担）；

（3）北京摇太阳文化艺术传播有限公司于本判决生效之日起10日内，赔偿耿某经济损失2万元；

（4）驳回耿某的其他诉讼请求，

案件受理费7010元，由耿某负担2010元，由北京摇太阳文化艺术传播有限公司负担5000元。

一审宣判后，摇太阳文化艺术公司不服，向北京市高级人民法院提出上诉，请求撤销原审判决，驳回耿某的诉讼请求。其上诉理由是：①在每一期节目中均有节目主持人是耿某的语言表述，上诉人在播出节目时表明了耿某的身份；②所录制的4期节目都有政府官员或专业人士参加，节目的相关语言也表明节目将在电视台播出，耿某未表示反对，耿某应当知道录制节目要在电视台播出；③耿某的主持行为不是表演，不享有表演者权，且上诉人是节目的著作权人，有权公开传送节目，无须表明耿某的身份和取得其同意；④耿某作为主持人的报酬是工作报酬而不是表演者的报酬，且上诉人曾多次向被上诉人支付，只是其不来领取。耿某、摇太阳广告公司则服从原审判决。

除了一审查明的事实，北京市高级人民法院还查明，耿某是应摇太阳文化艺术公司邀请作为主持人，为摇太阳文化艺术公司制作的《健康伴你行》栏目录制节目。在《2002我们一同走过》《预防艾滋病从我做起》《居室扫雷》《〈医疗事故处理条例〉实施百日谈》每一集节目开始时，耿某都首先做自我介绍："观众朋友们，大家好，欢迎收看《健康伴你行》节目，我是子涵。"在《居室扫雷》《〈医疗事故处理条例〉实施百日谈》中，耿某还特别声明《健康伴你行》是旅游卫视的节目。

北京市高级人民法院审理后认为，以"类似摄制电影的方法创作的作品"应当是以类似摄制电影的方法制作，通常是在编剧的基础上，经过导演、演员、摄影、剪辑、服装、灯光、特技、合成等独创性活动产生的。涉案节目是对景象、形象、声音进行机械录制产生的，它只是忠实地录制现存的音像，并不具有创作的成分，没有体现出制作者应有的创造性劳动，不构成著作权法保护的作品。原审判决认定涉案《健康伴你行》节目属于以类似摄制电影的方法创作的作品是错误的。

耿某作为涉案节目的主持人，其作为表演者的相关权利受法律保护，表演者对其表演享有表明表演者身份的权利。表明表演者身份的目的在于使表演者与其表演建立起联系，使他人知悉实施表演行为的表演者的身份。因此，只要以他人能够得知的适当形式让他人知悉实施表演的表演者为谁，即达到了表明表演者身份的要求。在摇太阳文化艺术公司制作的涉案每一集节目开头，耿某对自己身份向听众、观众所做的介绍，是一种表明其主持人身份的形式。因此，应认为摇太阳文化艺术公司已经以适当形式表明了耿某的身份，耿某的表明表演者身份的权利已得到实现。原审判决认定摇太阳文化艺术公司侵犯了耿某享有的表明表演者身份的权利不符合法律规定。

表演者依法享有许可他人对其表演录音录像，并获得报酬的权利。从涉案节目的性质、内容、录制过程、涉案各节目内容的连贯性和完整性、节目中其他人员的参与情况等因素综合判断，耿某是知道其所录制的节目是以播出为目的的。其参与录制该节目，表明其同意摇太阳文化艺术公司将其表演录音录像并公开传送。摇太阳文化艺术公司播出涉案节目不需再经过耿某的许可。原审判决认定耿某同意摇太阳文化艺术公司将其表演录音录像是正确的，但认为摇太阳文化艺术公司公开传送该节目应另行取得耿某同意而摇太阳文化艺术公司没有取得耿某许可而构成侵权是错误的。

表演者对其表演享有许可他人使用并获得报酬的权利。摇太阳文化艺术公司应向耿某支付其作为表演者参与录制节目应获得的报酬。

综上所述，原审判决认定事实、适用法律错误，应予改判；摇太阳文化艺术公司的上诉理由成立，对其上诉请求，法院予以支持。依据2001年《中华人民共和国著作权法》第37条第1

款第1、4项，1991年《中华人民共和国民事诉讼法》第153条第1款第2、3项，判决如下：

(1) 撤销北京市第二中级人民法院［2003］二中民初字第6279民事判决；

(2) 北京摇太阳文化艺术传播有限公司于本判决生效之日起10日内向耿某支付报酬人民币1万元；

(3) 驳回耿某的其他诉讼请求。

一审案件受理费7010元。由耿某负担5000元（已交纳），由北京摇太阳文化艺术传播有限公司负担2010元（于本判决生效后7日内交纳）；二审案件爱理费7010元，由耿某负担5000元（于本判决生效后7日内交纳），由北京摇太阳文化艺术传播有限公司负担2010元（已交纳）。

法理评析

本案案情虽然简单，但可以看到，一、二审法院在涉案节目是否构成作品、原告的表明表演者身份权利是否得到尊重、原告同意录制节目本身能否推定为同意播出节目等问题上存在着不同的认识，而这些问题本质上涉及对《著作权法》的基本概念和规定的理解及对法律的运用。

(一) 涉案节目是否属于以类似摄制电影的方法创作的作品

对此，一审法院认定涉案的《健康伴你行》节目属于以类似摄制电影的方法创作的作品，二审法院则推翻了这一结论。这就涉及如何认识以类似摄制电影的方法创作的作品的构成条件。

《著作权法实施条例》第4条规定：电影作品和以类似摄制电影的方法创作的作品，是指摄制在一定介质上，由一系列有伴音或者无伴音的画面组成，并且借助适当装置放映或者以其他方式传播的作品。电影是一种特殊作品，是由众多作者创作的综合性艺术作品，它通常是在编剧的基础上，经过导演、演员、摄影、剪辑、服装、灯光、特技、合成等独创性活动产生的，因而包含着大量的创造性劳动。电视、录像等以类似摄制电影的方法创作的作品，表现手法与电影摄制类似，也包含着大量的创造性劳动，只是其载体不同于电影胶片，但其形式符合作品的一般条件。正是在这个意义上，《著作权法》规定以类似摄制电影的方法创作的作品与电影作品保护的前提一样，提供的保护水平相同。因此，判断某一客体是否构成以类似摄制电影的方法创作的作品，关键在于看该客体是否以类似摄制电影的方法创作、是否包含独创性。

实践中容易混淆的是作为著作权客体的以类似摄制电影的方法创作的录像作品与作为邻接权客体的录像制品。二者的性质不同，构成条件也不同。《著作权法实施条例》第5条规定：录像制品，是指电影作品和以类似摄制电影的方法创作的作品以外的任何有伴音或者无伴音的连续相关形象、图像的录制品。录像制品是一种复制品，是对景象、形象、声音进行机械录制产生的，它只是忠实地录制现存的音和像，因此，录像制品不是以类似摄制电影的方法制作，不具有创作的成分，没有体现出作品应有的创造性劳动。可以说，以类似摄制电影的方法创作的录像作品与作为邻接权客体的录像制品的根本区别在于二者是否包含创作。

涉案的《健康伴你行》节目是一种访谈节目，原告作为主持人与参加节目的嘉宾或专家就节目所涉及的话题进行座谈。就节目制作而言，它没有类似于摄制电影的创作手法，它只是对现场的景象、形象、声音进行机械录制产生的，它只是忠实地录制现存的音和像，不具有创作的成分，没有体现出制作者的创作造劳动，因此其不属于《著作权法》保护的作品。

（二）主持人作为表演者的表明身份的权利是否得到了尊重

著作权审判司法实务中，涉及著作权人的署名权和表演者的表明表演者身份权利的纠纷不少。从审判结果可以看出，不少人在对著作权人的署名权和表演者的表明表演者身份权利的把握上仍欠准确。一个突出的问题是，认为对表演者身份的表明必须有一定格式。本案一审法院仅仅基于被告未在涉案节目中列明原告作为表演者的身份即认定被告侵犯原告的表明表演者身份权利就是一个例子。

表明表演者身份的权利是表演者对其表演所享有的表示姓名的权利，或者说，该项权利是指表演者的名字与他的表演相连，它类同于著作权人的署名权。依此权利要求，预告或者播放表演内容时，必须显示或者提到表演者的姓名。但是如何显示或者提到表演者的姓名，法律没有明确规定。实际上，不同艺术形式表演的署名习惯不同，也不可能统一规定。关键在于，不管形式如何，这种署名形式都应能使表演者的名字与他的表演连接起来。因为表明表演者身份的目的在于使表演者与其表演建立起联系，使观众或者听众知悉实施表演行为的表演者的身份。因此不论形式如何，只要以他人能够得知的适当形式让观众或者听众知悉实施表演的表演者为谁，即达到了表明表演者身份的要求，实现了表演者表示姓名的权利。

在本案被告制作的涉案每一集节目开头，原告对自己身份向听众、观众所做的介绍，是一种表明其主持人身份的形式。因此，应认为被告已经以适当形式表明了原告的身份，原告的表明表演者身份的权利已得到实现。原审判决仅仅基于被告未在涉案节目中列明原告作为表演者的身份即认定被告侵犯原告的表明表演者身份权是错误的。

（三）同意将其表演制作为节目的能否推定为同意他人播放

本案一审法院认为，原告虽然同意被告将其表演录音录像，但被告未向原告支付报酬，亦未取得公开传送其表演的许可，侵犯了原告享有的许可他人公开传送表演并获得报酬的权利。其法律根据是，表演者享有许可他人录像的权利及许可他人公开传送表演的权利。故录像制作者必须就录像、播放录像分别取得表演者的许可。笔者以为，这是对《著作权法》的机械理解和运用。根据《著作权法》，表演者对其表演的录音录像及其传播确实有一定的控制权，他人在录像及传播其表演时应取得表演者的许可，但对《著作权法》关于表演者此项权利的规定必须结合其他规定来理解，且在具体实施其权利时，也要根据案件的具体情况来确定。

本案一审判决是在认定涉案节目是以类似摄制电影的方法创作的作品的基础上确定被告未取得公开传送其表演的许可构成侵权的。一审判决忽视了当表演与电影结合时，表演者所享有权利的变化。电影或者以类似摄制电影的方法创作的作品（以下称“电影作品”）是一种特殊类型的作品，故在法律上通常给予其一个特殊的地位。《保护文学和艺术作品伯尔尼公约》第 14 条之二第 1 款就专门规定：电影作品应同原作一样受到保护；电影作品的著作权人享有原作作者享有的相同权利。由此，电影作品的著作权人可独立行使著作权，无须取得参与电影作品创作的其他人包括演员的配合。《罗马公约》作为专门调整表演者利益的公约，在第 7 条为表演者提供了可以制止未经其同意而播放和公开传播其表演的保护的同时，又在第 19 条关于“表演者对电影的权利”中规定：一旦表演者同意将其表演纳入视觉品或视听录制品，第 7 条即不再适用。也就是说，从表演者同意将他的表演纳入电影作品时起，表演者不能阻止对他的已被录制的表演进行的任何使用，不论录制品准备用于电影放映还是电视播放。因此，本案中，如果在认定涉案节目是以类似摄制电影的方法创作的作品，则原告同意作为主持人参与录制节目，就意味着其无权再阻止对她的已被录制的表演进行的包括在电视台播放在内的任何使用。

即使如二审判决仅仅认为涉案节目是录像制品，亦可以推定表演者在录制节目时已同意对该节目的播放。在著作权许可使用和转让中，《著作权法》对合同采取了有利于著作权人的规定。如2001年《著作权法》第26条规定：许可使用合同和转让合同中著作权人未明确许可、转让的权利，未经著作权人同意，另一方当事人不得行使。但在涉及表演的录音录像时，法律则将天平倾向于后者。“一般认为，与录音制品或视听作品的制作有关的表演合同，暗含着有利于唱片或视听作品制作者的法定及依法推定。”这是我们在判断涉及表演的录音录像时应注意的一个原则。就本案而言，从涉案节目的性质、内容、录制过程、涉案各节目内容的连贯性和完整性、节目中其他人员的参与情况等因素综合判断，原告是知道其所录制的节目是以播出为目的的，其参与录制该节目，表明其同意被告将其表演录音录像并公开传送，被告播出涉案节目也不必再经过其许可。

五、南京雅致珠宝有限公司诉广州园艺珠宝企业有限公司通用网址及商标侵权纠纷案

案情

原告（反诉被告、上诉人）：南京雅致珠宝有限公司
被告（反诉原告、被上诉人）：广州园艺珠宝企业有限公司

南京雅致珠宝有限公司（以下简称“雅致公司”）成立于1997年4月28日，其经营范围是：服装的生产、销售，针纺织品、百货、建筑材料、装饰材料、工艺美术品（不含国家专控

商品)、电器机械及器材、五金交电（不含助力车)、电子通讯（不含卫星设备)、电子计算机及配件、医疗器械、金属材料（不含稀有金属）的销售。

雅致公司有自己的网站，其域名分别为“www. njyazhi. com”和“www. yazhi. net”。在该网站上，雅致公司建有网上商城，对自己的珠宝产品进行宣传，其经营的珠宝产品有首饰、摆饰、典藏、饰品等。该网上商城在纠纷发生时尚未实际开展网上交易。

杨巨顺是南京石头记厂业主，该厂成立于2001年1月4日，其经营范围与方式是礼品、包装盒零售。2001年1月8日，雅致公司和杨巨顺签订合作协议，约定雅致公司积极采取广告宣传（包括利用互联网进行宣传)，以扩大南京石头记厂产品在市场中的占有率。雅致公司保护南京石头记厂的无形资产，特别是商号、商标、域名等。

杨巨顺于2002年2月1日申请注册了“石头记饰品”网站，其域名为“www. chinafamoustone. com”，网站办公地址为“南京市湖南路66号”，与雅致公司住所地一致，该网站的网页在纠纷发生时仅仅有1页对南京石头记厂的简短介绍，而通过该网站首页的链接可进入雅致公司的网站。

广州园艺珠宝企业有限公司（以下简称“园艺公司”）成立于1993年，其经营范围为：生产、销售、加工各种天然宝石、人造宝石以及石类装饰产品等。园艺公司是注册商标“石頭記”的注册人。该商标核定使用商品是第14类“珠宝、首饰、宝石、贵重金属制纪念品”，注册有效期限为1997年7月21日至2007年7月20日。园艺公司的“石頭記”产品曾多次在中央电视台影视频道、《中国宝石》《花溪》《女友》《瑞丽》《希望》等媒体上投放广告。园艺公司于1999年10月12日注册了国际域名“www. famoustone. com”。2001年12月10日，该域名转入深圳华企网信息产业发展有限公司管理并投入使用。

2000年1月30日，园艺公司曾与“石头记”南京专卖店签订联销加盟店合约书，签约时南京专卖店的法定代理人是杨筱红。同年12月18日，园艺公司以违反关于知识产权方面的合同义务为由向杨筱红发出终止合约通知书。

2001年12月26日，雅致公司通过深圳华企网实业发展有限公司申请了通用网址“石头记”。该通用网址指向“www.chinafamoustone.com”，南京石头记厂网站的主页左下方建立了两个友情链接“雅致”“我的个人主页”。通过点击“雅致”，网络用户可以链接到雅致公司网站。2001年12月26日至2002年1月8日，该通用网址一直指向原告雅致公司的网站“www.niyazhi.com”。

2001年12月27日，园艺公司通过深圳华企网实业发展有限公司申请通用网址“石头记”，发现该通用网址已被雅致公司注册。

根据中国互联网信息中心提供的通用网址服务说明：通用网址是一种新兴的网络名称访问技术，通过建立通用网址与网站地址URL的对应关系，实现浏览器访问的一种便捷方式。用户只要在浏览器网址栏中输入通用网址，例如，只要输入“信息产业部”就可以实现对信息产业部网站的访问。网络名称访问技术的演变大致经历了以下过程。最初为便于记忆，网络人员将由二进制“0”“1”组成的网络地址分割成四段，并采用十进制的方式加以表示，这就是IP地址。随后，科研人员又将纯数字表示的IP地址基础上推出来更加便于记忆的字符型访问标识，即基于IP地址的域名系统。域名系统随即被广泛运用于互联网的各个应用中，例如，电子邮件和FTP等极大地推动了互联网络的普及。目前，一种基于域名基础之上，专用于WWW

浏览的访问技术——网址技术——引起了广泛关注。网址技术有效降低了域名体系的复杂性，用户不用记忆或输入复杂冗长的英文域名地址，只要从地址栏直接输入中文或拼音就可以直达目标网站。

原告雅致公司诉称：原告于 2001 年 1 月 6 日与南京石头记厂签订“合作协议”一份并约定，原告作为南京石头记厂的独家全权代表，有义务积极为其采取广告宣传（包括利用互联网络进行宣传），保护包括南京石头记厂商号、域名在内的无形资产。原告于 2001 年 12 月 26 日与代理服务商深圳华企网实业有限公司签订了《中国企业网商务合同书》，向中国互联网络信息中心申请注册了“石头记”通用网址。2002 年 2 月 11 日，原告雅致公司收到了中国国际经济贸易仲裁委员会域名争议解决中心秘书处发来的投诉通知和其转发的园艺公司投诉书。被告园艺公司的投诉行为，不仅妨碍了原告雅致公司行使自己的正当权利，构成了通用网址的反向侵夺，而且原告雅致公司因投诉而支付了律师费和调查取证费。为保护原告雅致公司的合法权利，原告请求人民法院：①判令确认原告雅致公司对通用网址“石头记”享有合法权益；②判令被告园艺公司给付原告雅致公司因参加投诉所支付的律师费用 3000 元整；③本案诉讼费用由被告园艺公司承担。

被告园艺公司辩称：①原告雅致公司注册和使用通用网址“石头记”侵犯了被告园艺公司在先享有几个方面合法权益：首先，1997 年被告园艺公司（反诉原告）就享有商标专用权的在先权利；其次，被告园艺公司在 2001 年取得“石头记”的中文域名所有权；最后，原告雅致公司使用和注册通用网址“石头记”违反了关于通用网址注册和域名管理的有关法律和规定，法院应不予以支持原告的诉讼请求。②原告雅致公司要求被告支付律师费用没有法律依据，原告雅致公司注册“石头记”通用网址的行为是非法注册和使用，其所支出的所有费用都不应得到支持。③对于诉讼费用的负担，由法院决定。请法庭驳回原告雅致公司的全部诉讼请求。

第三人杨巨顺称其支持原告雅致公司的诉讼请求，“石头记”是第三人在工商机关合法登记的商号，理应受到法律的保护，“石头记”通用网址是对南京石头记厂的产品的宣传和保护，与被告无关。

反诉原告园艺公司诉称：

（1）雅致公司在2001年12月27日注册使用的通用网址“石头记”，与园艺公司于1997年7月21日在先注册的商标“石頭記”名称完全相同，侵害了园艺公司的注册商标专用权。因为雅致公司的注册行为，阻碍了园艺公司使用“石頭記”商标在互联网上进行通用网址注册、域名注册等商业活动，使园艺公司的商标专用权的行使因雅致公司的不法注册而实际妨碍。雅致公司的这种行为属于2001年《商标法》第52条第5项规定的侵犯商标专用权的性质。

（2）雅致公司注册通用网址“石头记”，具有主观恶意。理由是：①雅致公司明知的“石頭記”是园艺公司合法拥有的注册商标，即雅致公司的法定代表人杨筱红在1998年跟园艺公司签订了加盟合约书，当时其一直是专卖园艺公司的“石頭記”系列产品的加盟销售商，双方属于同一行业，经营范围相同，雅致公司法定代表人杨筱红又曾与园艺公司有过长期的业务往来，专门销售园艺公司的产品，其不可能不知道“石頭記”是园艺公司的商标。②雅致公司明知“石頭記”的“宝玉石”产品在全国有很多家连锁店，销售量很大，在这种情况下，雅致公司还是注册使用了“石头记”通用网址，违反了诚实信用、公平竞争的原则；另一方面，通用网址“石头记”链接到雅致公司的网站上，雅致公司的网站和网上销售的产品跟园艺公司的经营范围和经营的产品相同或者相似，违反了我国《民法通则》和《反不正当竞争法》的有关规定，属不正当竞争行为，也是具有恶意的。③雅致公司对“石头记”不享有任何合法权益，这一中文汉字既非雅致公司的商标权专用权，也非雅致公司的企业商号（名称权），因此，雅致公司注册使用“石头记”通用网址，违反了《通用网址注册办法》第5、15条。④雅致公司在互联网上申请注册通用网址“石头记”，并通过迂回曲折的方式更改指向，将该网址最终控制和操纵在自己名下，并与自己的网页进行链接。在网络用户登录“石头记”网址后，发现其主要链接和内容是园艺公司的网页和产品。对于仅了解“石头记”宝石产品并按此上网浏览相关网页的用户来说，根本无法区别雅致公司与园艺公司、南京石头记厂这三者之间的关系和不同。这必然导致用户的混淆和误认。这已构成了《通用网址争议解决办法》第5条第3款规定的情形，属恶意注册和使用“石头记”通用网址。据此，请求人民法院：①依法认定雅致公司注册通用网址“石头记”的行为属恶意抢注行为，侵犯了园艺公司的合法权益（注册商标专用权）；②依法判令雅致公司将通用网址“石头记”转移给园艺公司，由园艺公司注册使用该网址；③由雅致公司承担本案诉讼费用。

反诉被告雅致公司辩称：其注册通用网址“石头记”是根据中国互联网络信息中心的有关规定，即“先申请先注册”的原则，通过注册代理服务商中国企业网为南京石头记厂向中国互联网络信息中心申请注册了“石头记”通用网址，符合法律规定，不属于恶意侵权。雅致公司认为园艺公司所提到的其合法权益问题仅是一个注册商标专用权，而注册商标专用权不能延伸到互联网的通用网址，因此，园艺公司的反诉是没有道理的，其有关费用应由园艺公司自己承担。

第三人杨巨顺以其前述同样的理由请求驳回反诉原告的反诉请求。

广州市中级人民法院经审理认为：本案争议主要有以下几点：

(1) 通用网址的性质是否等同域名？通用网址的注册管理机构并未得到国家确认，也不是经法律授权的有行政主体资格的机构，其颁布的有关通用网址的注册管理办法不是行政法规，任何主体对通用网址享有的利益都不是一种法律上的权利。通用网址不同于享有法律地位的域名。但是从网络地址资源的发展历史及其趋势来看，IP 地址是数值形式的地址，它最后为字符形式的地址——“域名”——所代替，并且 IP 地址最终被域名所屏蔽。随着互联网寻址技术的不断发展，中文形式的地址也可能成为新一代网络用户广泛使用的主要寻址方式。通用网址作为中文寻址方式的一种，其与域名有最为类似的性质，在没有相关法律法规对这类问题有规定的情况下，可以参照域名的相关规则对有关纠纷进行处理。

(2) 雅致公司注册使用通用网址“石头记”是否侵犯园艺公司享有的商标专用权？根据原告（反诉被告）雅致公司网站介绍，原告（反诉被告）雅致公司主要经营“首饰、摆件、典藏、饰品”等商品，雅致公司的网上商城所推介的产品主要是首饰。雅致公司的实际经营范围与园艺公开注册商标“石頭記”核准的产品范围类似或者相同。雅致公司通过在通用网址“石头记”对应的网站首页上建立“链接”，使得网络用户在以通用网址上网搜索地址时，以“石头记”寻址可以找到南京石头记厂的网站，并通过该网站首页的“友情链接——雅致”可以直达雅致公司的网站。而雅致公司网站与园艺公司网站推介的商品及服务属于相同、相类似的情形。雅致公司的行为使得园艺公司“石頭記”注册商标专用权的识别功能减弱，容易使得相关公众在认牌购物时，可能对于“石頭記”所表示的产品来源产生混淆，难以区分通用网址“石头记”页面上“友情链接”的雅致公司和注册商标“石頭記”的所有人园艺公司；或者使人误认为两者之间有某种联合、附属或者其他联系，从而减弱了注册商标“石頭記”的显著性，应当属于《商标法》第52条第5款规定的其他种类的商标侵权行为。

(3) 雅致公司注册通用网址“石头记”是否具有恶意？通用网址“石头记”系以原告名义注册，原告雅致公司称其是受第三人南京石头记厂委托注册该通用网址。原告雅致公司对“石头记”三字并没有在先的权利或者其他合法利益。而早在2000年，原告雅致公司的法定代表人杨筱红曾系被告园艺公司加盟店的店主，原告雅致公司应当是明知被告园艺公司有在先权利；而且2001年12月26日、2002年1月8日该通用网址“石头记”曾一度指向原告雅致公司的网站“www.njyazhi.com”。南京石头记厂网站的网页仅仅有对南京石头记厂的简短介绍，而通过该网站首页的链接进入雅致公司的网站，可以见到大量与园艺公司提供的商品相类似商品的介绍。原告雅致公司明知他人有在先权利，而将他人注册商标注册为通用网址作为商业目的使用，并与自己提供的商品与服务建立联系，且在一定程度上造成雅致公司与园艺公司提供的产品、服务的混淆。至于雅致公司称其系接受第三人南京石头记厂的委托而注册该通用网址的理由即便成立，相关利益也应当归于第三人，而不能成立雅致公司以自己的名义主张对“通用网址”享有的合法权益的请求。即使原告雅致公司接受第三人的委托，作为受托人注册该通用网址其也是有恶意的。

一审法院认为：雅致公司对“石头记”不享有任何在先的合法权利或者权益，至于第三人以其字号注册该通用网址“石头记”与雅致公司以自己的名义主张通用网址“石头记”的权益属于两个不同的问题。园艺公司系注册商标“石頭記”的注册人。雅致公司注册的通用网址“石头记”构成对园艺公司的注册商标“石頭記”混淆，足以造成相关公众的误认。而且雅致公司为商业目的使用与园艺公司的注册商标“石頭記”相同的通用网址“石头记”，故意造成与园艺公司提供的产品、服务的混淆，误导网络用户访问其网站。雅致公司注册通用网址“石头记”的注册行为属恶意抢注行为，雅致公司注册、使用通用网址“石头记”的行为侵犯了园艺公司的“石頭記”注册商标专用权。依照2001年《中华人民共和国商标法》第3条、第52条第5项，参照《最高人民法院关于审理涉及计算机网络域名民事纠纷案件适用法律若干问题的解释的规定》第4条、第5条第1款第2项、第8条的规定，判决如下：

(1) 驳回原告（反诉被告）南京雅致珠宝有限公司的诉讼请求。

(2) 确认原告（反诉被告）南京雅致珠宝有限公司注册通用网址“石头记”的注册行为属恶意抢注行为。

(3) 确认原告（反诉被告）南京雅致珠宝有限公司侵犯了被告（反诉原告）广州园艺珠宝企业有限公司的“石頭記”注册商标专用权。

(4) 原告（反诉被告）南京雅致珠宝有限公司将通用网址“石头记”转移给被告（反诉原告）广州园艺珠宝企业有限公司，由被告（反诉原告）广州园艺珠宝企业有限公司注册、使用该通用网址。

本诉案件受理费1000元，反诉案件受理费1000元，均由雅致公司负担。

一审宣判以后，雅致公司不服，提起上诉。理由主要有：①通用网址的性质不等同于域名，一审法院认定事实不清，适用法律错误。因为网络域名是在联人网络的计算机之间需要建立唯一联系的背景下产生的，是对应于互联网数字地址（IP地址）的层次结构式网络字符标识。而通用网址却是一种新兴的网络名称访问技术，通过建立通用网址与网站地址（URL）的对应关系，实现浏览器访问的一种便捷方式。同一域名形式在互联网上是唯一的，但类似通用网址的中文名称访问技术在互联网上却有多种，并不具有唯一性。同时，即使申请了通用网址，如果网络访问用户没有在自己的计算机中安装通用网址的插件，就不能利用通用网址顺利访问相关网址。一审法院忽视了域名与通用网址最根本的区别，简单认为“通用网址作为中文寻址方式的一种，其与域名有最为类似的性质”，并参照域名的相关规则来判决上诉人具有恶意，系认定事实不清，适用法律错误。②上诉人注册通用网址不侵犯被上诉人的商标专用权。被上诉人持有的“石頭記”注册商标使用范围是：珠宝、首饰、宝石、贵重金属纪念品。而上诉人所代理的一审第三人南京石头记厂的经营范围及方式是：礼品、包装盒零售。该厂注册的通用网址“石头记”虽与被上诉人注册商标相同，但两者涉及商品类别不同，且未开展电子商务交易，故不存在使公众产生误认的后果，不会减弱注册商标“石頭記”的显著性。上诉人据此请求撤销原审判决，发回重审或依法改判上诉人享有“石头记”通用网址的所有权，并由被上诉人负担全部诉讼费用。

二审法院确认一审法院查明的事实属实。

二审法院再查明：根据雅致公司网站的宣传，该公司经营的珠宝产品分为首饰、摆饰、点藏、饰品等四大类，有项链、耳环、手链、胸花、头饰、吊坠、袖扣等上万个品种，与园艺公司注册商标核准的商品系同一种商品或类似商品。

根据中国互联网络信息中心公布的《通用网址注册办法》和《通用网址争议解决办法》，通用网址系统自2001年8月4日开通注册。2002年4月5日，中国国际经济贸易仲裁委员会域名争议解决中心曾根据园艺公司投诉，就该公司与雅致公司所争议的“石头记”通用网址纠纷作出［2002］贸仲通裁字第0004号裁决书。裁决结果为：投诉人园艺公司对被投诉人雅致公司注册的石头记通用网址的投诉理由成立，并裁定将上述通用网址繁体及简体中文“石头记”转移给投诉人。根据《通用网址争议解决办法》的规定，该裁决并非终局裁决。

2002年4月10日，雅致公司以园艺公司为被告向南京市中级人民法院提起诉讼，请求确认该公司对通用网址“石头记”享有合法权益，判令园艺公司支付律师费3000元并承担本案诉讼费用。园艺公司提出管辖权异议后，南京市中级人民法院于2002年9月将本案移送广州市中级人民法院审理。2002年12月19日，园艺公司提起反诉，请求认定雅致公司注册通用网址“石头记”的行为属恶意抢注，侵犯了该公司的注册商标专用权，应当判令雅致公司将通用网址“石头记”转让给园艺公司并承担本案诉讼费用。

二审法院认为：从诉讼争议的法律关系的性质看，本案的诉由是通用网址纠纷，反诉的案由应当是商标侵权纠纷。本案争议焦点主要是：

（1）通用网址是否受保护、如何保护？通用网址是一种网络快捷寻址技术，它具有识别性特征，使网络访问者可以区分信息服务的提供者。正因为如此，企业会把其商标或商号注册为通用网址的实质部分，以便访问者通过通用网址了解企业网站所提供的商品或服务的信息。如果以知名度较高的商标或商号作为通用网址，网站就可以借助相关商标或商号的知名度和信誉进行商业宣传，获得较高的访问率，获取更高的商业价值。这表明，通用网址日渐成为企业在互联网上的重要标志，具有商业标识的功能和意义，可以给网址注册人带来实际利益。法律对于这种利益，对于通用网址应当依法予以保护，以促进网络秩序的和谐。从实际情况看，虚拟的网络已经成为市场竞争的重要手段和组成部分，市场竞争主体为了追逐通用网址所带来的最大利益，在注册和使用通用网址的过程中有可能与他人注册商标专用权等合法权益发生冲突。为了规范市场竞争行为，人民法院对于通用网址纠纷应当作为民事诉讼案件予以审理。

目前，我国没有规范通用网址的专门法律法规。二审法院认为本案处理通用网址纠纷和认定侵权及法律责任时可以参照适用《最高人民法院关于审理计算机网络域名民事纠纷案件适用法律若干问题的解释》。理由如下：首先，域名与通用网址均属于网络地址，是不同的网络访问方式，尽管目前网络上有类似通用网址的网络快捷寻址系统，但在每个特定系统内，快捷网址与IP地址、域名之间存在一一对应关系。因此，通用网址和域名尽管在技术上有差异，但其法律性质并无明显区别。其次，根据《中国互联网络信息中心域名注册实施细则》和《通用网址注册办法》的规定，域名和通用网址的注册管理机构均为中国互联网络信息中心，而且相关争议的解决也由该中心负责。从上述注册实施细则和办法的内容看，域名和通用网址申请注册及争议解决的机构是相同的，而且在程序、规则上亦基本相同。可见在行业管理上，对于域名和通用网址适用类似的制度和标准。最后，根据申请人在注册通用网址时明确接受的

《通用网址注册办法》和《通用网址争议解决办法》，注册人因注册或使用通用网址而侵害他人权益的，应当承担法律责任。而《通用网址争议解决办法》中表述的侵权构成要件与《最高人民法院关于审理涉及计算机网络域名民事纠纷案件适用法律若干问题的解释》的侵权构成要件基本相同。据此，一审法院在目前没有专门法律规定的情况下，参照有关域名的司法解释对本案进行处理并无不当。

(2) 如何处理通用网址与注册商标专用权的关系?《商标法》规定，未经商标注册人的许可，在同一种商品或类似商品上使用与其注册商标相同或近似的商标的，属于侵犯注册商标专用权。确认通用网址是否侵犯注册商标专用权，应以其是否在同一种商品或类似商品上作商标性使用，并足以造成相关公众的误认作为判断标准。在通用网址与注册商标相同或相近似的前提下，如果通用网址具有商标的功能，所指向的商品与注册商标所核定使用的商品是同一种商品或类似商品，足以造成相关公众的误认时，一般应当确认通用网址侵犯注册商标专用权；如果通用网址所指向的商品与注册商标所核定使用的商品并不是同一种或者类似商品，而且注册商标也不是驰名商标，不损害驰名商标利益，一般不确认为通用网址侵犯注册商标专用权；当通用网址的注册人并非经营者，注册通用网址的目的也并非提供商品时，一般不确认为侵犯注册商标专用权。

根据《通用网址争议解决办法》，并参照《最高人民法院关于审理涉及计算机网络域名民事纠纷案件适用法律若干问题的解释》的规定，要认定雅致公司注册通用网址侵犯注册商标专用权，应具备以下四个构成要件：①园艺公司请求保护的注册商标专用权合法有效；②雅致公司的通用网址或其主要部分与园艺公司的注册商标相同或近似，足以造成相关公众误认；

③雅致公司对通用网址或其主要部分不享有权益，也无注册、使用该通用网址的正当理由；④雅致公司对通用网址的注册或使用具有恶意。

根据诉讼中查证的事实，二审法院认为：

（1）园艺公司持有的“石頭記”注册商标专用权合法有效，受法律保护。

（2）对比雅致公司的通用网址“石头记”与被上诉人的注册商标“石頭記”，二者的字音、字意完全相同，字形也比较接近，从目前汉字的使用实践看，简、繁体之间可以互相等同置换，公众一般不会因为繁简字体的不同而认为二者有实质性的差异。园艺公司注册商标“石頭記”经核准使用的商品是第14类“珠宝、首饰、宝石、贵重金属制纪念品”，因此，园艺公司可以在核定使用的商品上使用注册商标“石頭記”，并有权禁止他人在核定使用的商品上或相类似的商品上使用注册商标“石頭記”。雅致公司注册的“石头记”通用网址起初指向该公司自己的网站，随后虽变更指向南京石头记厂的网站，但是通过链接“雅致”仍可引导消费者访问该公司网站。根据雅致公司网站的宣传，该公司经营的珠宝产品可能导致消费者认为通用网址“石头记”与注册商标“石頭記”有某种联系，足以引起相关公众对商品来源的混淆和误认。

（3）园艺公司自1997年7月注册并使用“石頭記”商标，通过广告宣传，在中国珠宝首饰业享有一定的知名度。雅致公司于2001年12月注册通用网址“石头记”，该公司未提供证据表明该公司的名称、地址、简称、标志、业务或其他方面与“石头记”有关，因此，该公司并不直接享有对“石头记”在先权利或注册通用网址的正当理由。雅致公司抗辩其系南京石头记厂进行广告宣传（包括网络宣传）的代理人，故南京石头记厂的企业名称权是其申请通用网址的合法依据。二审法院认为，当企业名称权与注册商标专用权发生冲突时，如果双方均系合法行使权利，则对方有容忍义务。但是本案中雅致公司的抗辩权并不能成立，理由在于：首先，南京石头记厂使用企业简称不符合规定。根据《企业名称登记管理规定》，企业名称应当由字号（或者商号)、行业或者经营特点、组织形式依次组成。企业名称应当冠以企业所在地的行政区划名称。从事商业、公共饮食、服务行业的企业名称可以适当简化，但应当报登记主管机关备案。可见，法律对于企业名称及简称的登记、使用有严格的要求。南京石头记厂未就企业简称报登记主管机关备案，其擅自使用企业简称的做法不受法律保护。其次，目前，人民法院处理商标权与企业名称权发生冲突的纠纷可以参照《国家工商行政管理局关于解决商标与企业名称中若干问题的意见》的规定，即处理商标与企业名称的混淆，应当适用维护公平竞争和保护在先合法权利人利益的原则。本案中，园艺公司注册商标“石頭記”在先，南京石头记厂登记企业名称在后，当商标与企业名称发生冲突时，按照维护公平竞争和保护在先合法权利人利益的原则，应当保护“石頭記”注册商标权。最后，雅致公司以他人所享有的合法权利作为自己的抗辩理由不能成立。雅致公司是南京石头记厂的广告宣传代理人，自己并不享有南京石头记厂的企业名称权，其将“石头记”通用网址注册在自己名下并要求法院予以确认，没有合法依据。

(4）雅致公司法定代表人杨筱红曾是园艺公司在南京地区专卖店的负责人，其明知“石頭記”为园艺公司的注册商标，雅致公司在这种情况下注册“石头记”通用网址，主观上具有恶意。雅致公司为商业目的注册和使用与园艺公司的注册商标相同或近似的通用网址，意图造成与园艺公司的产品混淆，误导网络用户访问其网站或其他在线站点，这符合《最高人民法院关于审理涉及计算机网络域名民事纠纷案件适用法律若干问题的解释》第5条第1款第2项中规定的具有恶意的情形。

据此，二审法院认为，雅致公司注册通用网址的行为具备侵权的构成要件，构成商标侵权，应当承担相应的法律责任。原判认定事实清楚、适用法律正确。故判决：驳回上诉、维持原判。二审案件受理费2000元，由雅致公司负担。

本案最重要的意义在于：如何确定网络环境下新问题的处理规则。

通用网址在案发和审理之时尚属于新兴的网络技术，当时通用网址的注册管理机构——中国互联网络信息中心——颁布的有关通用网址的注册管理办法不是行政法规，因此，面对因通用网址引发的新类型纠纷，法院需要确定处理规则。对于本案涉及的通用网址纠纷问题如何确定规则，审理时有两种意见：

第一种意见认为：通用网址纠纷问题不能参照域名来处理。理由如下：通用网址是在域名之下的网络寻址方法，不是唯一的，其功能类似于搜索引擎。不能参照域名的处理方法，如果参照域名来处理就会扩大商标权的保护范围，这缺乏法律依据，有违知识产权法定的基本原则。

第二种意见认为：通用网址与域名有最为类似的性质，在没有相关法律法规对这类问题有规定的情况下，可以参照域名的相关规则对有关纠纷进行处理。

法院最后采用了第二种意见，以秩序为先作出了判决，不失为一种好的选择。

六、广西城市猎人信息科技有限公司诉李唯、广西城市通信息科技有限公司计算机网络域名权属及不正当竞争纠纷案

案情

原告（被上诉人）：广西城市猎人信息科技有限公司
被告（上诉人）：李唯
被告：广西城市通信科技有限公司

广西城市猎人信息科技有限公司（以下简称“城市猎人公司”）起诉称：①李唯注册诉争域名的行为是代表公司履行职务的行为。李唯是公司的主要股东之一，由于以个人名义较以公司名义申请注册域名简便快捷，故公司决定由李唯代表公司申请注册域名“www. citylr. com”，注册后归公司持有和使用。李唯于2006年1月25日注册该域名，域名用户密码由李唯持有。2006年4月份左右，城市猎人公司在互联网上推出“城市猎人网”，英文域名为“www. citylr. com”，并以城市猎人公司名义申请了该域名的ICP备案。城市猎人公司亦将“城市猎人”及自行设计的图形标识向国家工商总局申请了商标注册。2007年初，李唯擅自离职后，城市猎人公司发现诉争域名所链接网页被改为广西城市通信息科技有限公司（以下简称“城市通公司”），IP地址亦变更为该公司。李唯的行为严重侵害了城市猎人公司的合法权益，给其正常经营造成巨大的损失。②即使李唯的注册行为是个人行为，其不正当的注册和使用争议域名也属于一种侵权和不正当竞争行为。根据《最高人民法院关于审理涉及计算机网络域名民事纠纷案件适用法律若干问题的解释》第4、5条以及《关于审理不正当竞争民事案件应用法律若

干问题的解释》第4、6条之规定，请求判令：①确认网络域名"citylr.com"归城市猎人公司持有；②判令由城市猎人公司注册使用该域名；③判令李唯与城市通公司于判决生效后立即停止使用该域名，并公开赔礼道歉，消除影响；④本案诉讼费用由李唯与城市通公司承担。

李唯与城市通公司答辩称：城市猎人公司的诉求没有事实和法律依据，应依法予以驳回：①城市猎人公司主张《合作协议》上所记载的域名"www.citylr.com.cn"为笔误没有事实依据。城市猎人公司没有证据证明其曾经委托李唯去注册"www.citylr.com"域名，该域名的注册是李唯个人行为，按照谁注册谁拥有的原则，该域名应该归属李唯。②城市猎人公司曾经使用本案争议域名并不意味着其当然地享有对争议域名的所有权。城市猎人公司投入资金打造的并不是本案争议域名，而是其经营的网站产品。另外，城市猎人公司原来对网站的经营行为是非法的，其权利主张不应得到支持，其所谓的ICP备案，是一种非经营性质的备案，依法不能从事经营业务。③城市猎人公司没有取得"城市猎人"的注册商标，对该名称并不享有专属权利。城市猎人公司不能主张李唯注册域名的行为是不正当竞争。④城市猎人公司要求将讼争域名判归其所有没有法律依据。城市猎人公司的该项诉请是基于不正当竞争提出的，但根据我国的司法实践，即使他人使用域名构成对权利人的不正当竞争，权利人也只能主张停止使用，而不是当然地取得域名的所有权。综上，请求驳回城市猎人公司的诉讼请求。

本案基本案情是：城市猎人公司成立于2006年1月13日，注册股东为林玲和李唯，林玲为法定代表人，李唯任总经理，公司的经营范围包括计算机软硬件的技术开发等。2006年1月25日，李唯作为经办人以个人名义向厦门中资源公司申请注册了本案讼争的互联网络国际域名“citylr. com”，同年3月30日，李唯以城市猎人公司名义向厦门中资源公司申请注册了互联网络中国域名“citylr. com. cn”。上述两域名的主要组成部分“citylr”是“城市猎人”英文和汉语拼音的组合，其中“city”是“城市”的英文，“lr”是“猎人”汉语拼音（lieren）的首个字母。争议域名“citylr. com”当时所留存的联系人是李唯，联系地址是李唯的地址，联系电话及传真号由李唯所有。李唯通过注册“citylr. com”，掌握了该域名的密码，并且一直未将该密码告知公司或其他股东。城市猎人公司没有给李唯出具过授权其注册上述争议域名的书面委托手续。2006年4月底，城市猎人公司在互联网上推出“城市猎人网”，网站域名为“www. citylr. com”，网站的主要内容和功能是向公众提供三维城市地图搜索及信息服务。该网站于同年6月向广西通信管理局办理了ICP备案，备案材料反映该网站的主办单位为城市猎人公司，网站负责人为李唯，IP地址为“219. 159. 73. 199”。从2006年4月底起至2007年3月初，域名“citylr. com”一直为城市猎人公司使用。城市猎人公司在其印制的宣传单、电视媒体上以及在与其他商家签订的提供网络服务的协议书上（包括李唯代表城市猎人公司所签订的协议），均将“www. citylr. com”网站作为城市猎人公司的网站进行宣传及作经营使用。城市猎人公司还于2006年3月14日向国家工商行政管理总局商标局提出商标注册申请，申请注册的商标由三根羽毛图形、“城市猎人”字样以及“citylr technology”英文单词组合而成，并于2006年6月27日取得受理通知书。城市猎人公司在其印制的宣传单上使用了申请注册的组合商标和“www. citylr. com”网站地址。

在城市猎人公司的组建及经营过程中，公司的实际出资方就公司的组建以及股份比例进行了协商。2006 年 9 月 15 日，李有海、李唯、黄晓毅等 7 人补签了一份《合作协议》。协议约定：为保障公司全体股东的合法利益，经公司全体股东友好商定，由李有海投资 100 万元，李唯、黄晓毅等 6 人以其技术团队骨干及其开发的高科技产品 3D 城市地图分别入股组建“广西城市猎人信息科技有限公司”，李有海在公司的代表人为林玲，占公司 38%股份，李唯、黄晓毅等 6 人分占公司 38%、10%、4%、4%、3%、3%股份；各方合作期间，由公司技术团队开发的 3D 仿真城市地图以及今后陆续开发出来的其他产品，其产权及专利归城市猎人公司及公司全体股东共同拥有（包括公司网址域名“www. citylr. com. cn”），未经公司股东会同意，任何人不得擅自用于除本公司以外的任何公司、个人和场所以谋取经济利益和个人荣誉。

李唯于 2007 年 1 月底 2 月初从城市猎人公司处离职。2007 年 3 月 27 日，李唯出具了一份《国际域名使用授权书》给城市通公司。其主要内容是：李唯作为国际域名“www. citylr. com”的合法拥有者，授权城市通公司使用该域名，授权使用期限为 2007 年 3 月 28 日到 2008 年 3 月 28 日。同时，李唯通过厦门中资源公司，利用其掌握诉争域名的密码，更改了该域名原链接服务器的指向，并修改了“www. citylr. com”的 IP 地址，将该域名从城市猎人公司的 IP 地址即“219. 159. 73. 199”更改为城市通公司的 IP 地址即“222. 216. 28. 54”。从 2007 年 3 月起，城市通公司在互联网上推出“城市猎人网”，网站域名为“www. citylr. com”，网站的主要内容和功能包括向公众提供三维城市地图搜索及信息服务。城市通公司的网页中标注“广西城市猎人网——城市通旗下品牌”“广西城市通信息科技有限公司版权所有”等文字，且使用了与城市猎人公司申请注册的商标相同的由三根羽毛图形、“城市猎人”字样以及“citylr technology”英文单词组成的组合标识。该网站于同年4月向广西通信管理局办理了ICP备案，备案材料反映该网站的主办单位为城市通公司，网站负责人为于红疆，IP地址为“222.216.28.54”。

争议域名“www.citylr.com”自2006年1月至2007年3月为城市猎人公司使用，后为城市通公司使用。城市猎人公司现在所使用的域名“citylr.cn”系向案外人王双购买而来。城市猎人公司从未使用过“www.citylr.cwn.cn”域名。

一审法院认为：首先，城市猎人公司虽无证据表明授权李唯注册争议域名，但基于李唯注册争议域名时的身份及其后该域名的使用情况等事实，应认定李唯注册争议域名的行为为职务行为，本案争议域名为城市猎人公司所有。诉争域名系李唯向厦门中资源公司申请注册，当时李唯任城市猎人公司总经理，负责公司的日常经营管理和决策，包括带领团队开发3D城市地图等相关事宜；争议域名的主要组成部分“citylr”是“城市猎人”英文和汉语拼音的组合，与城市猎人公司商号名称“城市猎人”一致；在2006年4月至2007年3月间，李唯一直以域名“www.citylr.com”作为城市猎人公司的唯一网站使用；争议域名在2006年6月向广西通信管理局办理的ICP备案中的单位也是城市猎人公司。李唯作为经办人在2006年3月30日虽然以城市猎人公司名义注册了另一域名“www.citylr.com.cn”，但在城市猎人公司经营中从未使用该域名，反而一直使用其个人注册的争议域名“www.citylr.com”作为公司网址。李唯虽然主张其注册争议域名的行为是个人行为，但从域名的使用看，李唯从未对城市猎人公司使用其个人注册的争议域名提出任何异议，也无证据证明其与城市猎人公司签订许可使用争议域名的相关协议，或者由城市猎人公司支付给李唯一定的费用以使用该争议域名，故应认定注册争议域名的行为为职务行为，本案争议域名为城市猎人公司所有。其次，因本案争议域名归城市猎人公司所有，李唯无权将不属于自己的域名许可他人使用，故李唯与城市通公司签订的《国际域名使用授权书》为无效合同，城市通公司无权使用该争议域名，应当停止使用。李唯在担任城市猎人公司总经理一职期间，明知争议域名的主要组成部分“citylr”是“城市猎人”英文和汉语拼音的组合，与城市猎人公司商号名称“城市猎人”一致，且城市猎人公司向国家工商行政管理总局商标局申请的商标中包括有citylr英文单词，与争议域名的重要组成部分相同。同时，其作为经办人已经为城市猎人公司注册了域名“www. citylr. com. cn”，但在经营中从未使用，反而一直使用其个人注册的争议域名作为城市猎人公司经营网址。依照《最高人民法院关于审理涉及计算机网络域名民事纠纷案件适用法律若干问题的解释》第4条之规定，李唯的注册行为具有恶意，已经构成不正当竞争，应承担相应民事责任，但李唯、城市通公司的不当使用争议域名不会给城市猎人公司的人格权造成不利影响。因此，城市猎人公司请求判令公开赔礼道歉没有法律依据。综上，李唯注册域名“www. citylr. com”系职务行为，同时李唯注册争议域名的行为构成不正当竞争，故判决：

(1) 域名“www. citylr. com”为城市猎人公司所有；

(2) 李唯在15日内将域名“www. citylr. com”的IP地址更改为城市猎人公司的IP地址；

(3) 城市通公司停止使用网络域名“www. citylr. com”；

(4) 驳回城市猎人公司其他诉讼请求。

案件受理费1000元，由李唯负担。

李唯不服一审判决，提起上诉称：①一审判决认为李唯注册本案讼争域名系职务行为没有法律依据。李唯注册了两个域名，一个是本案讼争的“www. citylr. com”，另一个是根据《合伙协议》确定为城市猎人公司所有的“www. citylr. com. cn”。李唯在城市猎人公司任职期间，该公司同时使用着两个域名，李唯退出公司后，“www. citylr. com”不再是公司的网站链接指向，但“www. citylr. com. cn”至今仍指向公司的IP地址。这说明城市猎人公司是基于李唯的同意而使用本案讼争域名，该域名的所有人是李唯。②李唯注册“www. citylr. com”的行为并非不正当竞争。一审判决既认定李唯注册“www. citylr. com”的行为是职务行为，又认定注册该域名的行为是不正当竞争行为，而这两种行为的性质在法律上是互相排斥、互相矛盾的，而且并不客观。故请求：撤销一审判决，驳回城市猎人公司的全部诉讼请求，本案的诉讼费用由城市猎人公司负担。

二审法院经审理查明：一审法院认定的事实属实。另查明：原审被告城市通公司于2009年3月2日已被依法注销，城市猎人公司于2009年11月25日向二审法院递交申请书，以城市通公司已经不再使用本案讼争域名为由，请求撤回对城市通公司的诉讼请求。

二审法院在审理本案过程中，根据案件事实及相关法律规定，经向当事人充分阐释法理，当事人自愿达成如下调解协议：

（1）自本调解协议签署之日起本案讼争域名“www. citylr. com”归被上诉人城市猎人公司所有；

（2）上诉人李唯从本调解协议签署之日起停止对本案讼争域名“www. citylr. com”的使用，并同时将办理讼争域名过户所需的协议书及双方身份证明等必备的资料签字后一并寄往厦门中资源公司，并负责办理域名过户的一切手续；

（3）因办理本案讼争域名“www. citylr. com”过户所产生的

费用由被上诉人城市猎人公司承担，如需双方前往域名注册商处办理的，相关差旅费各自负担；

(4) 被上诉人城市猎人公司取得本案讼争域名后，不得再以讼争域名侵权为由向上诉人李唯主张任何其他权利，也不得在其网站上再上载本《民事调解书》及本案一审民事判决；

(5) 自本调解协议签署之日起上诉人李唯不得在其网站上再出现“城市猎人”及“citylr”字样，也不得再以“城市猎人”及“citylr”的名义进行任何用途的宣传和开展业务；

(6) 本案一审案件受理费1000元，由被上诉人城市猎人公司负担，二审案件受理费1000元，因调解结案减半收取即500元，由上诉人李唯负担，余额由二审法院退回给上诉人李唯。上述协议，符合法律有关规定，二审法院予以确认。

法理评析

本案争议涉及的主要法律问题是，公司经理以个人名义将公司的字号简称作为二级域名注册了相关网络域名并供公司在商务活动中使用，其注册行为是否系职务行为，注册域名属于公司所有还是其个人所有，其注册行为及转让给第三人使用的行为是否构成不正当竞争。

(一) 李唯注册涉案域名“www. citylr. com”的行为是否系职务行为，涉案域名“www. citylr. com”应当归谁所有

《民法通则》第43条规定：“企业法人对它的法定代表人和其他工作人员的经营活动，承担民事责任。”《民通意见》第58条规定：“企业法人的法定代表人和其他工作人员，以法人名义从事的经营活动，给他人造成经济损失的，企业法人应当承担民事责任。”根据上述法律规定，企业法人的法定代表人和其他

工作人员的经营活动符合下列条件的，应认定为职务行为：①以法人的名义实施；②行为人的行为有法人的授权，这种授权既可以基于法律或公司章程的规定而获得，也可以基于法人的临时授权而获得；③行为人的行为应与授权的内容有关，即行为人是在履行法人授予的职责而从事经营活动。

从本案已查明的事实来分析，应该认定李唯注册争议域名的行为系职务行为：①根据城市猎人公司企业法人营业执照记载的经营范围及2006年9月15日公司股东补签的《合作协议》来看，开发高科技产品——3D仿真城市地图（技术名称为：城市数字正射影像图）并提供信息技术服务、从事电子商务活动等，是城市猎人公司经营的主要业务之一，因此，注册相应的网络域名、开设网站，就是主持公司生产经营管理工作的总经理李唯的职责范围，根本不需要城市猎人公司的另外书面授权，实际上李唯以公司名义注册的另一域名“www. citylr. com. cn”也没有公司的书面授权，因此，李唯以其注册争议域名没有公司书面授权而否认系职务行为的抗辩理由不能成立。②争议域名“www. citylr. com”中的二级域名“citylr”是城市猎人公司的字号“城市猎人”英文和汉语拼音的组合，其中“city”是“城市”的英文，“lr”是“猎人”汉语拼音（lie ren）的首个字母的组合。李唯注册涉案争议域名后，城市猎人公司自2006年1月至2007年3月对外宣传及签订合同等经营活动中都使用该争议域名作为公司的网站网址，由此所取得的民事权利由城市猎人公司享有，产生的民事责任由城市猎人公司承担。城市猎人公司还于2006年6月15日到广西通信管理局办理ICP备案登记，登记资料记载：网站首页网址为“www. citylr. com”，备案号为“桂ICP备06010790号”，ICP单位全称为“广西城市猎人信息科技有限公司”。由此可见，李唯注册争议域名的行为是履行城市猎人公司赋予的职责所从事的经营活动，系履行职务的行为而非个人行为。③争议域名作为城市猎人公司的网站网址，是社会公众进入公司网站的路标，而网站是公司进行宣传及电子商务交易的平台。经营的时间越长，电子商务规模越大，则公司的网站、网址的知名度越高，这反过来又可促进公司的电子商务交易。因此，公司的网站域名是公司核心资产的有机组成部分，是从事电子商务活动不可或缺的条件，如果该争议域名属于李唯个人所有，或者李唯同意城市猎人公司使用该域名作为公司的网站网址进行经营，则该许可行为系作为城市猎人公司总经理的李唯与本公司订立的合同或进行的交易。《公司法》第149条第1款第4项规定，董事、高级管理人员不得违反公司章程的规定，未经股东会、股东大会同意，与本公司订立合同或者进行交易。李唯上诉主张争议域名“www.citylr.com”是其个人所有而其同意城市猎人公司使用，但无法提供证据证实该交易行为或合同已获得公司股东会的同意。因此，争议域名“www.citylr.com”虽然是以李唯个人名义注册，但根据本案的事实，应认定李唯注册争议域名的行为系履行城市猎人公司赋予的职责所从事的经营活动。一审判决认定其行为系职务行为，该争议域名属于城市猎人公司所有，有充分的事实和法律依据。李唯的相关上诉理由不能成立，故不应支持。

（二）李唯注册涉案域名的行为是否构成不正当竞争

城市猎人公司在起诉状中认为，即使李唯注册争议域名的行为不属于职务行为而是个人行为，其不正当的注册和使用争议域名的行为也构成侵权和不正当竞争，其应将争议域名交还城市猎人公司，由城市猎人公司注册使用该争议域名。

如前所述，一审判决认定李唯注册争议域名“www.citylr.com”

的行为系履行城市猎人公司赋予的职责所从事的经营活动，系职务行为，并无不当，但同时又认定该注册行为构成不正当竞争，逻辑上的确互相矛盾，事实和法律依据亦不足，应予以纠正。

（三）李唯及城市通公司使用争议域名的行为是否构成不正当竞争

根据本案事实，李唯上述使用争议域名的行为已构成不正当竞争，理由如下：①李唯注册本案争议域名“www. citylr. com”的行为系职务行为，争议域名属于城市猎人公司所有，城市猎人公司请求保护的域名系合法有效的民事权益。②李唯于 2007 年 3 月 27 日签订合同，擅自将争议域名许可城市通公司使用，利用其掌握争议域名密码的便利，断开争议域名与城市猎人公司网站的链接，将争议域名作为城市通公司的网站网址，向公众提供三维城市地图搜索及信息服务，网页中标注“广西城市猎人网——城市通旗下品牌”，且使用了城市猎人公司已申请注册为商标的组合标识（即三根羽毛图形与“城市猎人”字样、citylr technology 英文单词的组合），足以造成相关公众将城市通公司提供的三维城市地图搜索及信息服务误认为是城市猎人公司所提供，误导网络用户访问城市通公司的网站。③争议域名的主要部分“citylr”是城市猎人公司企业字号“城市猎人”英文和汉语拼音的组合，该争议域名属于城市猎人公司所有，李唯对争议域名“www. citylr. com”及其主要部分“citylr”不享有权益，也无使用或许可城市通公司使用争议域名的正当理由。④李唯对争议域名的使用具有恶意。李唯主观上明知争议域名中的主要部分“citylr”是城市猎人公司企业字号“城市猎人”英文和汉语拼音的组合，且城市猎人公司一直以争议域名“www. citylr. com”作为公司的网站网址，其将争议域名许可城市通公司使用，故意造成城市通公司与城市猎人公司提供的产品、服务及其网站的混淆，误导网络用户访问城市通公司的网站，主观恶意明显。根据最高人民法院法释［2001］24号《关于审理涉及计算机网络域名民事纠纷案件适用法律若干问题的解释》第4条、第5条第1款第2项之规定："人民法院审理域名纠纷案件，对符合以下各项条件的，应当认定被告注册、使用域名等行为构成侵权或者不正当竞争：（一）原告请求保护的民事权益合法有效。（二）被告域名或其主要部分构成对原告驰名商标的复制、模仿、翻译或音译；或者与原告的注册商标、域名等相同或近似，足以造成相关公众的误认。（三）被告对该域名或其主要部分不享有权益，也无注册、使用该域名的正当理由。（四）被告对该域名的注册、使用具有恶意。""被告的行为被证明具有下列情形之一的，人民法院应当认定其具有恶意：……（二）为商业目的注册、使用与原告的注册商标、域名等相同或近似的域名，故意造成与原告提供的产品、服务或者原告网站的混淆，误导网络用户访问其网站或其他在线站点的……"因此，应认定李唯离开城市猎人公司后使用争议域名的行为已构成不正当竞争，应承担停止使用争议域名的民事责任。本案一审判决对此问题没有作出相应认定显属不当。由于本案争议域名归城市猎人公司所有，李唯无权许可他人使用该争议域名，故李唯与城市通公司签订的《国际域名使用授权书》为无效合同，城市通公司无权使用该争议域名，应当停止使用。由于原审被告城市通公司于2009年3月2日已被依法注销，城市猎人公司于2009年11月25日向二审法院递交申请书，以城市通公司已经不再使用本案讼争域名为由，请求撤回对城市通公司的诉讼请求，故一审判决第3项"被告城市通公司停止使用网络域名'www.citylr.com'"已无必要，应予以撤销。

综上，一审判决认定李唯注册涉案争议域名的行为系职务行为，争议域名属于城市猎人公司所有并无不当，但同时认定其注册争议域名的行为构成不正当竞争，事实和法律依据不足，应予以纠正，李唯上诉的部分理由成立。城市猎人公司在一审起诉状中还以李唯使用本案争议域名的行为构成不正当竞争为由要求李唯承担停止侵权、返还争议域名等民事责任，一审判决对此没有作出认定显属不当，李唯离开城市猎人公司后使用争议域名的行为已构成不正当竞争，应承担停止使用争议域名的民事责任。

基于上述分析意见，当事人在二审法院的主持下达成了调解协议，彻底解决了本案及其他相关案件纠纷，取得了良好的法律效果和社会效果。

第七编

一、王某某诉吴某离婚纠纷案

案情

原告：王某某

被告：吴某

黑龙江省大庆市龙凤区人民法院经审理查明：原、被告于2006年1月15日办理结婚仪式并开始同居生活，于2007年9月7日办理结婚登记。在共同生活中，原、被告因办理澳龙小区B20-3-601室房屋过户事宜产生冲突，无法互谅互让，甚至大打出手，原告与被告已经难以共同生活，从去年夏天分居至今，原告要求离婚，被告亦同意，双方感情确已破裂。原、被告无婚生子女、无夫妻共同债权、债务。夫妻关系存续期间共有财产有家具（电视柜1500元、茶几500元、床1700元）、家电（冰箱2700元、电视2300元、电脑3000元、饮水机900元），以上财产价值为双方认可的估价。

另查，原、被告共同居住的澳龙小区B20-3-601室房屋，是被告父亲吴井焕、母亲韩淑英以被告名义于2007年8月20日向大庆市澳龙房地产开发有限公司交付的定金5000元，于2007年9月2日交付的首付55 000元。原、被告婚后，被告父母继续为该房屋偿还房贷。

原告诉称：原告与被告于2007年9月7日结婚，婚后购买大庆市龙凤区澳龙小区B20号楼3单元601室房屋，被告父亲要将该房屋过户到他的名下，原告不同意，此后被告父亲经常大喊大叫辱骂原告，被告后来对此不予制止并也经常辱骂甚至殴打原告，原告与被告难以共同生活，从去年夏季至今分居，现双方感情却已破裂，请求法院判决：①判决原告与被告离婚；②依法分割夫妻共同财产，包括住房、家具（电视柜1500元、茶几500元、床1700元）、家电（冰箱2700元、电视2300元、电脑3000元、饮水机900元）；③由被告承担本案的诉讼费用。

被告辩称：①原告要求与被告离婚，被告同意；②原告要求分割住房，被告不同意，因为该房屋是被告父母在原、被告结婚前为被告个人出资购买，属于被告个人财产，原告要求分割，于法无据，请求法庭驳回该请求；③对原告对家电和家具的陈述无异议，认可原告对家电及家具的估价。

大庆市龙凤区人民法院认为：夫妻双方在共同生活中应互相谦让、多沟通交流，原、被告结婚后，发生冲突和矛盾，无法互谅互让，甚至大打出手，且双方从去年夏天分居至今，原告要求离婚，被告亦同意，双方感情确已破裂，对原告要求离婚的诉讼请求本院予以支持。本案原告出生于1987年1月10日，2006年办理结婚仪式时，原告尚未达到法定结婚年龄，原、被告系无效婚姻，不受法律保护。原、被告合法有效的婚姻关系成立时间为原、被告办理结婚登记的日期即2007年9月7日。

婚姻期间双方共同居住的房屋购买于2007年8月20日，被告的父母以被告名义交付定金、首付均发生在双方结婚登记之前，且被告父母一直为该房屋偿还房贷。虽房屋登记办理发生在原、被告结婚登记之后，但登记在被告吴某个人名下，且原告未提供相关证据证实房贷系原、被告共同偿还的主张。根据《最高人民法院关于适用〈中华人民共和国婚姻法〉若干问题的解释（二）》第22条第1款之规定："当事人结婚前，父母为双方购置房屋出资的，该出资应当认定为对自己子女的个人赠与，但父母明确表示赠与双方的除外。"故澳龙小区B20-3-601室房屋为被告吴某婚前个人财产，原告要求按共同财产分割的诉讼请求于法无据，本院不予支持。对原、被告认可的共同财产，即家具（电视柜1500元、茶几500元、床1700元）及家电（冰箱2700元、电视2300元、电脑3000元、饮水机900元），因双方已经对价值达成一致意见，故法院将按照双方估价依法予以分割。依据《中华人民共和国婚姻法》第32、39条，《最高人民法院关于适用〈中华人民共和国婚姻法〉若干问题的解释（二）》第22条之规定，判决如下：

（1）准予原告王某某与被告吴某离婚；

（2）财产分割：电视机1台、电视柜1套、饮水机1台、床1张归原告王某某所有，电脑1台、冰箱1台、茶几1个归被告吴某所有，原告王某某于本判决生效之日起7日内支付被告吴某折价款100元；

（3）驳回原告其他诉讼请求。

案件受理费300元，由原、被告负担150元。

一审宣判后，原、被告均未上诉，一审判决已经发生法律效力。

法理评析

所谓夫妻共同财产，是指受《婚姻法》调整的在夫妻关系存续期间夫妻所共同拥有或取得的财产。根据《婚姻法》第17条的规定，夫妻在婚姻关系存续期间所得的财产为夫妻共同财产。婚姻关系存续期间即夫妻登记结婚之后到一方死亡或者离婚之前这段时间，这期间夫妻所得的财产，除有约定之外，均属于夫妻共同财产。《婚姻法》第17条采取列举、概括的方式对夫妻共同财产进行了界定："夫妻在婚姻关系存续期间所得的下列财产，归夫妻共同所有：（一）工资、奖金；（二）生产、经营的收益；（三）知识产权的收益；（四）继承或赠与所得的财产，但本法第十八条第三项规定的除外；（五）其他应当归共同所有的财产。"同时，其第18条对个人财产进行了规定："有下列情形之一的，为夫妻一方的财产：（一）一方的婚前财产；（二）一方因身体受到伤害获得的医疗费、残疾人生活补助费等费用；（三）遗嘱或赠与合同中确定只归夫或妻一方的财产；（四）一方专用的生活用品；（五）其他应当归一方的财产。"

实践中，对夫妻共同财产争议较大的主要是对房屋归属的认定。本案中，原、被告双方对是否离婚及屋内家具、家电如何分割均无异议并达成一致意见，唯一的争议焦点为房屋归属问题。经查，涉案房屋是被告父母以被告名义与大庆市澳龙房地产开发有限公司签订的购房合同，交付定金及首付均发生在原、被告结婚登记前。原、被告结婚后，涉案房屋办理完产权登记手续，并登记在被告个人名下。根据《最高人民法院关于适用〈中华人民共和国婚姻法〉若干问题的解释（二）》（以下简称《婚姻法司法解释（二）》）第22条第1款规定："当事人结婚前，父母为双方购置房屋出资的，该出资应当认定为对自己子女的个人赠与，但父母明确表示赠与双方的除外。”本案被告父母为被告出资购买房屋并登记在被告个人名下，虽产权登记办理完毕发生在原、被告结婚后，但该房屋仍应认定为被告父母对被告个人的赠与，涉案房屋为被告婚前个人财产。

《最高人民法院关于适用〈中华人民共和国婚姻法〉若干问题的解释（三）》（以下简称《婚姻法司法解释（三）》）第10条规定：“夫妻一方婚前签订不动产买卖合同，以个人财产支付首付款并在银行贷款，婚后用夫妻共同财产还贷，不动产登记于首付款支付方名下的，离婚时该不动产由双方协议处理。依前款规定不能达成协议的，人民法院可以判决该不动产归产权登记一方，尚未归还的贷款为产权登记一方的个人债务。双方婚后共同还贷支付的款项及其相对应财产增值部分，离婚时应根据《婚姻法》第39条第1款规定的原则，由产权登记一方对另一方进行补偿。”结合该规定及体现的立法精神，涉案房屋为被告婚前个人财产的主张也能得到印证。本案中，涉案房屋在原、被告婚前未获得完全所有权，那么，原告是否能够主张婚后偿还房贷部分的款项及其相应的财产增值部分呢？假设婚后还贷部分系首付方或原、被告以工资、奖金、生产经营收益还贷，那么此房屋应视为共同还贷，婚后偿还房贷部分的款项及相应的财产增值部分属于夫妻共同财产，应当予以分割，即该房屋虽判为被告婚前个人财产，但其份额比例由定金、首付款及已还房贷部分总额占分割时房屋的市值总价款的比例而定，其余部分则应按照夫妻共同财产予以分割。本案中，原、被告婚后一直由被告父母为该房屋还贷，那么就带有赠与的性质，故本案原告无权主张涉案房屋的任何份额，故法院驳回了原告关于分割涉案房屋的请求。

二、张某诉李某等离婚后财产纠纷案

案情

原告（反诉被告）：张某

被告（反诉原告）：李某

衢州市柯城区人民法院经审理查明：原告（反诉被告）张某与被告（反诉原告）李某原系夫妻关系，第三人李某某系双方的婚生女儿。2007年12月26日，李某与张某达成了一份《离婚协议书》，协议中明确双方共有某园168号别墅一套、某苑15幢402室住宅一套、吉利豪情汽车一辆、海马汽车一辆等资产。双方协议就离婚事项达成多项约定，主要有：李某放弃所有的财产；现有的资产归张某和李某某共有，债务亦由其承担；资产处理由张某和李某某共同决定，需李某协助有关签字事项，李某应及时办理；吉利豪情汽车归张某所有，海马汽车归李某所有；双方另签一份离婚协议，用于办理离婚手续，如与本协议内容有冲突，以本协议为准。2007年12月27日，李某与张某为办理离婚手续，签订另一份《离婚协议书》，约定：男方在女方同意协议离婚的情况下将夫妻共有的不动产及经营性资产全部放弃；某园168号别墅一套归女方所有；某苑15幢402室住宅一套归女方所有；吉利豪情汽车一辆归女方所有。之后，双方依据该协议办理了离婚手续。

张某起诉称：根据2007年12月27日签订的《离婚协议书》，某苑15幢2单元402室住宅一套（含阁楼）应归原告所有，请求判令被告依约履行将该房产属被告所有的部分产权过户给原告的义务。

李某答辩称：2007年12月27日签订的《离婚协议书》是

为了能办离婚采取的变通方法，双方于2007年12月26日签订的《离婚协议书》才是真实的协议，应以前份协议约定的内容为准。阁楼（编号甲402室）与402室住房独立办证，阁楼由其母亲陈某出资购买，并已由其装修居住，虽然阁楼登记在被告及李某某名下，但实际产权人是陈某，离婚协议仅对402室住房做处理，不涉及阁楼部分，被告同意将阁楼过户到其女儿李某某名下。要求驳回原告的诉讼请求。

李某反诉称：根据2007年12月26日签订的《离婚协议书》约定，张某应当协助其办理海马车及吉利车更名过户手续，并履行协议约定的其他义务。故要求：①张某与李某某共同决定资产处理；②张某支付黄某债务；③公开财务结算报告，将共有财产李某某所有部分划归其名下。

张某反诉答辩称：海马牌汽车因交通事故违章记录没有消除暂时不能办理过户手续，李某也没有帮助其办理吉利牌汽车过户手续。虽然协议约定由其代付黄某债务，但李某已归还黄某债务，该笔债务已消灭，不存在代付关系。协议约定经营资产归其所有，没有义务向李某公开财务结算报告。

第三人李某某述称：第三人要求402室住房产权证上仍保留其姓名，如果离婚协议约定的某苑15幢402室住宅不含阁楼，则要求将阁楼过户到其名下。

衢州市柯城区人民法院经审理认为：原告（反诉被告）张某与被告（反诉原告）李某先后签订了两份《离婚协议书》。其中于2007年12月26日的《离婚协议书》第3条约定："本协议经双方签字生效，双方各执一份。双方另签一份离婚协议，用于办理离婚手续，如与本协议内容有冲突，以本协议为准。"双方当事人在该协议条款中明示了2007年12月27日的《离婚协议书》仅用于办理离婚手续，而不是对双方的权利、义务所作的真实约定，故两份协议书的内容如有冲突应以前份协议约定的内容为准。402室住房与甲402室阁楼系原告张某与被告李某婚姻存续期间购买，均登记在被告李某及第三人李某某名下，被告李某以甲402室阁楼系其父母出资为由主张不具有所有权的理由不能成立。2007年12月26日的《离婚协议书》约定李某放弃所有的财产，现有的资产和债务归张某和李某某共有和共担。按照上述协议约定，可以认定被告李某已对其所占有402室住房及阁楼产权份额做出处置。虽然协议书中“现有资产及债务清单”一栏仅列明某苑15幢402室住宅一套，而未直接列明单独办理产权证的甲402室阁楼属于现有资产之内，此多由当事人对住宅与阁楼是否存在附属关系的观念判断所致，不能以此来说明李某对甲402室阁楼无处置权。402室住宅贷款未清偿之前无法办理产权过户手续，张某要求协助办理过户手续属于客观上不能履行，应当在不能履行的客观事由消失后再行提出主张。甲402室阁楼行使过户手续没有权利上的障碍，但根据双方的约定应当过户到原告张某与第三人李某某名下。双方对海马牌汽车及吉利豪情牌汽车办理过户手续并无异议，应当各自协助对方办理过户。协议约定欠黄某的款暂由张某支付，李某以后弥补。现因债权人黄某没有提出权利主张，债权债务关系是否已清结无法查明，应待该债权债务关系确定后，按照双方的约定暂由张某支付，但此约定不能对抗债权人。李某反诉要求张某与李某某共同决定资产处理，该项权利应当归属于第三人李某某行使。李某反诉要求张某公开财务结算报告，没有法定或约定的依据。依照《最高人民法院关于适用〈中华人民共和国婚姻法〉若干问题的解释（二）》第8条之规定，一审法院判决：

（1）李某于本判决生效后1个月内履行将某苑15幢2单元

甲402室阁楼过户到张某及李某某名下的义务。

(2) 张某与李某于本判决生效后1个月内各自向对方履行海马牌汽车及吉利豪情牌汽车过户义务。

(3) 驳回张某的其他诉讼请求。

(4) 驳回李某的其他反诉请求。

一审判决后，原、被告及第三人均未提出上诉，判决已经发生法律效力。

法理评析

本案属于典型的婚后财产分割纠纷，审理此案主要考虑以下几个问题：

(一) 前后两份离婚协议内容不一致该如何认定

一般而言，夫妻双方前后分别签订两份内容不同的离婚协议，应视作后协议对前协议约定的变更，前协议在后协议签订后即失去法律效力。但是在本案中，双方在前协议中存在特别的约定，即明示了另签一份离婚协议用于办理离婚手续，如与该协议内容有冲突，以该协议为准。也就是说，2007年12月26日签订的《离婚协议书》已预先设定了2007年12月27日签订的《离婚协议书》的效力，后协议仅作为办理离婚手续之用，只是一种形式上的约定，不对当事人产生实际的权利义务约束。根据契约自由以及当事人意思自治原则，本案前协议中存在特别的约定完全符合双方的真实意思表示，在该协议不存在无效的情形之下，应当按照前协议确立当事人之间的权利义务关系。

(二) 具有独立房屋权属证书的阁楼是否与住宅一并处分，以及两者之间是否存在附属关系有不同的看法

有观点认为，根据《物权法》的规定，不动产登记簿是物权归属和内容的根据，不动产数量应当以产权登记的数量作为

划分的依据。在本案中402室住宅与甲402室阁楼单独办理房屋权属证书，两者之间单独实现物的占有、使用、收益、处分功能，属于两个不动产物权。也有观点认为：首先，商品房买卖合同是物之所有权取得的原因基础，买卖主体主观上不具有将住宅与阁楼区分为两个标的物进行交易的合意，客观上产生两本房屋权属证书是开发商在办证的过程中技术操作的原因所导致的（如为规避建筑面积过大而带来的多纳税等问题）。其次，从建筑物构造上说，阁楼脱离下层住宅以后，并不具有完整的使用功能。最后，传统观念认为，阁楼不能被视为独立的不动产。

我们认为，上述观点都有一定的合理性，然而阁楼与住宅是否为独立的房产应根据不同的情况予以考虑。对于没有独立房屋权属证书的阁楼，此类阁楼对其下层的住宅依附性较强，无论从使用角度还是从权属角度，都应视为住宅的一部分，属于同一房产。对于具有独立房屋权属的阁楼，则要视情况而定。因独立房屋权属的存在，实践中此类阁楼，有的是从使用功能上完全独立，在市场上可单独交易；而有的则是使用功能仍依附于下层住宅，只是基于某种需要在产权上做了特殊处理。本案中的甲402室阁楼与402室住宅即是这种关系。对于前者，一般可以作为独立的不动产处理；而对于后者，则要根据当事人的意思表示加以区分。

本案中，阁楼虽然具有独立的房屋权属证明，但其一直与402室住宅作为同一个家庭住房在使用，当事人在资产清单上也仅列名“某苑15幢402室住宅一套”，未提及“甲402室阁楼”，从阁楼的功能及协议的文义可以认定当事双方在生活上均已默认阁楼系住宅的一个组成部分，并在协议上已经将402室住宅和阁楼作为同一房产做了处分。如果当事人在离婚协议中对“甲402室阁楼”有明确的其他安排，则另当别论。此外，根据2007年12月26日《离婚协议书》约定“李某承诺放弃所有的财产和债务，现有的资产和债务归张某和李某某共有”，纵使阁楼被未列入“现有资产”之内，但其仍属于放弃的财产，李某主张阁楼系协议约定之外所遗漏处分的财产的理由不能成立。

（三）婚后购房，父母有小部分出资的该如何认定

在购买402室住宅时，李某的母亲确有支付小部分购房款的行为，双方对此均无异议，但不能就此认定父母对房屋享有共有权，其亦不能作为认定一方个人财产的依据。本案审理时，《婚姻法司法解释（三）》尚未公布。根据《婚姻法司法解释（二）》第22条的规定，该出资系父母对夫妻双方的赠与。根据我国现行法律关于物权变动的模式决定，出资并不是认定共有权的法律依据，即使能够认定父母明确表示赠与子女一方的，也只能是子女一方向另一方主张债的返还请求权问题，而与房屋共有权无涉。

《婚姻法司法解释（三）》第7条规定的“婚后由一方父母出资为子女购买的不动产”是认定“夫妻一方个人财产”的前提，且必须符合以下条件：①一方父母为子女购房是父母的意思，不以夫妻另一方接受或不接受为条件；②购房出资的全部或大部分均由父母支付，即不能以夫妻共同财产作为购房出资。需要指出的是，本案所涉402室住房是夫妻共同按揭购房，父母仅出小部分资金，并不符合父母出资为子女购房的命题。因此，其后《婚姻法司法解释（三）》的实施对本案的裁决结果并无实质性的影响。

三、邸某诉哲某涉刑离婚精神损害赔偿纠纷案

案情

原告（被上诉人）：邸某
被告（上诉人）：哲某

原告邸某（女）诉称：我与被告哲某（男）于2000年10月9日在广州市天河区登记结婚。2001年哲某有外遇后，开始对我冷淡了。后来，他就以各种借口不回家而与第三者同居，并变本加厉地对我进行谩骂、毒打和性虐待，手段残忍，并故意将性病传染给我。2001年12月8日，我被打至右耳鼓膜穿孔。2002年6月，我不堪殴打而割腕自杀，被我的朋友救了，而被告对此置之不理，并没有停止对我的折磨和虐待。由于被告的长期毒打和折磨，我得了心脏病和其他疾病，以致不能正常生活和工作。2003年6月底，我更是被打至右髁状突骨折。2003年8月，为了取得加拿大的移民身份，哲某以为我治病为名将我带到了加拿大，不仅拒绝给我治疗疾病，而且继续毒打和折磨我。2004年回国之后，没有任何经济来源的我被他给我造成的肉体和精神上的伤害所折磨，人生陷入了绝境，分别在2004年1月和2月两次自杀。2004年9月21日，广州市天河区人民法院判决被告哲某犯故意伤害罪，判处有期徒9个月。因被告的行为导致夫妻感情完全破裂，根据2001年《中华人民共和国婚姻法》第46条第3项的规定，特向法院起诉，请求依法判令：①解除原、被告婚姻关系；②被告赔偿原告损害赔偿费50 000元；③被告赔偿原告人身损害伤害费10 320.7元（医疗费7420.7元，交通费2600元，法医鉴定费300元）；④被告赔偿原告即期手术治疗费10 000元及性病治疗费50 000元；⑤分

割被告养老保险金6829元和公积金4998元；⑥由被告承担夫妻债务30 000元；⑦诉讼费用由被告承担。

被告辩称：我与原告争执是由于她的问题，我没打过原告，大部分都是原告先打我。我没有第三者。我同意离婚。我不同意支付精神损害赔偿50 000元、人身损害费10 320.7元、手术治疗费10 000元，如果是属实的，我全部都同意赔偿。因为我不确定原告的性病是否是由我传染给她的，所以不同意支付性病治疗费50 000元。我同意将养老保险金依法分割给原告。对于夫妻债务，我不清楚是什么债务，希望原告加以陈述。

广州市天河区人民法院经审理查明：原、被告是高中同学，于2000年10月9日自愿登记结婚，婚后未生育子女。双方婚前感情尚可，婚后，被告曾多次对原告实施家庭暴力，造成原告身体受伤，共花费医疗费7420.7元及交通费2600元、法医鉴定费300元。2004年3月22日，广东省口腔医院出具诊断证明书，证明原告需要住院手术治疗右侧髁状骨折，大约需费用10 000元。

另查明：原、被告确认的夫妻共同财产有：被告的养老保险金6829元、住房公积金4998元。被告陈述其还有笔记本电脑、数码相机、手动相机及10 000加币在原告处。原告予以否认。原告陈述其因生活所需向彭某某借款30 000元属夫妻共同债务，出具了彭某某证人证言。被告不予确认。

广州市天河区人民法院认为：原、被告虽然是经过自由恋爱而登记结婚，但是在婚后的生活中因双方性格不合等原因产生了矛盾，并发生了争执，使夫妻感情日益淡薄。现双方夫妻感情确已破裂，原告要求离婚，被告表示同意，本院予以确认。关于原告要求被告赔偿因被告对其实施家庭暴力而产生的医疗费、交通费、法医鉴定费共计10 320.7元，被告同意赔偿，本院予以确认。广东省口腔医院出具证明，证明原告要施行治疗右侧髁状骨折手术，约需费用 10 000 元，本院予以确认，被告应予以赔偿。至于原告要求被告赔偿治疗性病的费用 50 000 元，因被告否认原告的性病是由其传染，因此，原告提出的该项请求，本院不予支持。但是，被告的暴力行为给原告的身心造成了一定的伤害，结合原告所受到的伤害后果以及被告的经济状况，被告应酌情赔偿原告精神损害抚慰金 20 000 元。关于原、被告的夫妻共同财产问题，原告有权依法分割夫妻关系存续期间被告应当取得的养老保险金和住房公积金，可以取得 5913. 50 元。被告提出还有笔记本电脑、数码相机、手动相机及 10 000 加币等共同财产在原告处，原告予以否认，被告未提交相关证据予以证实，本院不予认定。原告提出的夫妻共同债务 30 000 元，被告予以否认，原告提出的该项主张依据不足，本院不予采纳。综上所述，依照 2001 年《中华人民共和国婚姻法》第 17 条、第 32 条、第 39 条、第 46 条第 1 款第 3 项的规定，判决：

(1) 准许原告邱某与被告哲某离婚；

(2) 被告哲某于本判决发生法律效力之日起 5 日内，赔偿原告邱某医疗费、交通费、鉴定费损失 10 320. 7 元；

(3) 被告哲某于本判决发生法律效力之日起 5 日内，赔偿原告邱某手术治疗费 10 000 元；

(4) 被告哲某于本判决发生法律效力之日起 5 日内，赔偿原告邱某精神损害抚慰金 20 000 元；

(5) 被告哲某于本判决发生法律效力之日起 5 日内，支付原告邱某人民币 5913. 50 元。本案受理费 50 元，由被告负担。

宣判后，被告哲某不服，上诉请求撤销原审判决第二、三、四项，其理由是：①原审判决被告赔偿原告精神损害抚慰金违反法律规定。原告在被告的刑事案件结束后，再以被害人的身份提起精神损害赔偿诉讼，不符合《最高人民法院关于人民法院是否受理刑事案件被害人提起精神损害赔偿民事诉讼问题的批复》的规定。②原审判决被告赔偿原告医疗费 10 000 元不当。原告的手术并未发生，还没有医疗费的支出。而且医院诊断证明书只是证明大约需要的费用，并不是确切的数额，法院不应当根据尚未确定的数字判决。③原审认定被告同意赔偿原告的医疗费某交通费有误。被告只是同意承担其中属实的部分，但原告的医疗费某交通费并非全部属实。而且由于原告委托的广州法医学会不具备司法鉴定资格，法医鉴定费也不应由被告负担。

原告邸某答辩称：同意原审判决。

除一审法院查明的事实外，广州市中级人民法院另查明：2004 年 8 月 2 日，广州天河区人民检察院就被告殴打原告的行为向一审法院提起公诉，指控被告犯故意伤害罪。该案审理期间，原告提起了附带民事诉讼。2004 年 9 月 21 日，一审法院作出［2004］天法刑初字第 1019 号刑事判决，认定被告故意伤害他人身体、致人轻伤的行为已构成故意伤害罪，决定判处其有期徒刑 9 个月。同日，一审法院作出［2004］天法刑初字第 1019 号刑事附带民事裁定，认定原告在婚姻存续期间提出损害赔偿请求没有法律依据，裁定驳回原告的起诉。

另查明，一审时被上诉人就其主张提交了其为治疗面部及性病而支出治疗费某交通费的单据。其中，面部治疗的金额为 3088.7 元，性病治疗费金额为 4332 元，交通费金额为 2600 元。

广州市中级人民法院经审理认为：被上诉人起诉要求离婚，上诉人表示同意，表明双方的夫妻感情确已破裂，故原审判决准予两人离婚并无不当。由于上诉人对被上诉人实施家庭暴力，并导致双方离婚，根据 2001 年《婚姻法》第 46 条第 3 项的规定，被上诉人有权请求损害赔偿。上诉人的行为造成被上诉人面部受伤，而被上诉人已举证证明其为治疗面部支出医疗费3088.7元，故上诉人应予以赔偿。关于面部的后续治疗费，被上诉人已提交广东省口腔医院出具的医学证明，证明其属于必然发生的费用，故上诉人应一并予以赔偿。上诉人对此提出异议，但未提出相反证据加以反驳，其主张依法不能成立。至于被上诉人请求的其他医疗费，经审查，均属为治疗性病支出的费用。由于被上诉人并无证据证明其性病是由上诉人传染的，而上诉人又表示不同意赔偿该费用，原审判决上诉人向被上诉人赔偿性病治疗费欠妥，本院予以纠正。关于被上诉人支出的法医鉴定费，因该费用的发生是由上诉人的伤害行为直接引起的，上诉人理应予以赔偿。上诉人上诉认为其不应负担该费用的理由不成立，本院不予支持。关于被上诉人支出的交通费，上诉人表示如果属实则同意赔偿，而在诉讼过程中，上诉人并无提出证据否认该费用的真实性，故其亦应予以赔偿。上诉人的暴力行为不仅给被上诉人造成了物质损失，同时也使被上诉人的身心受到了伤害。对此，根据《最高人民法院关于适用〈中华人民共和国婚姻法〉若干问题的解释（一）》第28条的规定，被上诉人有权请求物质损害赔偿和精神损害赔偿。因此，原审判决上诉人向被上诉人赔偿精神损害抚慰金并无不当。上诉人依据《最高人民法院关于人民法院是否受理刑事案件被害人提起精神损害赔偿民事诉讼问题的批复》，主张其无须赔偿精神损害抚慰金给被上诉人的理由不成立，本院不予支持。综上所述，依照1991年《中华人民共和国民事诉讼法》第153条第1款第1、3项的规定，判决如下：

（1）维持广州市天河区人民法院［2004］天法民一初字第2040号民事判决第一、三、四、五项；

(2) 变更广州市天河区人民法院[2004]天法民一初字第2040号民事判决第二项为：上诉人于本判决发生法律效力之日起5日内，赔偿被上诉人医疗费、交通费、鉴定费损失共5988.7元。

一审、二审案件受理费各50元，均由上诉人负担。

法理评析

(一) 审理过程中关于本案适用法律的两种不同意见

在审理过程中，就本案解释和适用法律的问题产生了两种不同的意见：

第一种意见认为：一般理解，2001年《婚姻法》第46条规定的损害赔偿包括物质损害赔偿和精神损害赔偿。《婚姻法司法解释（一）》第28条更是明确界定了损害赔偿的范围包括精神损害赔偿。因此，根据上述规定，因重婚、同居、实施家庭暴力或者虐待遗弃家庭成员导致离婚的，无过错方即有权要求精神损害赔偿，无论加害人是否已经因重婚罪、故意伤害罪、故意杀人罪或者虐待罪、遗弃罪被刑事处罚。虽然《最高人民法院关于人民法院是否受理刑事案件被害人提起精神损害赔偿民事诉讼问题的批复》有不同的规定，但《婚姻法》的效力等级高于它，在最高人民法院以上两个司法解释之间参照特别法优于普通法的原则，也应当优先适用婚姻法司法解释。因此，本案应当支持受害人精神损害赔偿的请求。

第二种意见认为：虽然《婚姻法》和《婚姻法司法解释（一）》规定了离婚案件的无过错方可以提出精神损害赔偿，但这仅限于因民事侵权行为造成精神损害的情形。由刑事犯罪行为造成精神损害的，因已对犯罪分子判处了刑罚处罚，已经体现了对受害人的精神抚慰。而且《婚姻法司法解释（一）》规定，涉及精神损害赔偿的，适用《最高人民法院关于确定民事侵权精神损害赔偿责任若干问题的解释》。刑事犯罪行为不是民事侵权行为，无法适用该司法解释。换言之，在离婚案件中，因民事侵权行为造成精神损害的，可以依照《最高人民法院关于确定民事侵权精神损害赔偿责任若干问题的解释》进行处理；而因刑事犯罪行为受到精神损害的，由于没有处理依据，法院应当不予受理。最主要的是，最高人民法院关于这个问题已经有了明确的意见，即《最高人民法院关于人民法院是否受理刑事案件被害人提起精神损害赔偿民事诉讼问题的批复》（以下简称《批复》），我们应当直接适用该司法解释驳回当事人的起诉。经过激烈讨论，合议庭最终采纳了第一种意见。

（二）婚姻法及两个司法解释在本案中的解释及适用

1.《批复》的出台背景和目的

2002年7月11日，最高人民法院审判委员会第1230次会议通过了《批复》。该《批复》就一直以来争议较大的是否受理刑事案件被害人提出精神损害赔偿民事诉讼问题做出了明确的答复，即根据《刑法》第36条和《刑事诉讼法》第77条以及《最高人民法院关于刑事附带民事诉讼范围问题的规定》第1条第2款的规定，对于刑事案件被害人由于被告人的犯罪行为而遭受精神损失提起的附带民事诉讼，或者在该刑事案件审结以后，被害人另行提出精神损害民事诉讼的，人民法院不予受理。

《批复》是针对云南省高级人民法院的请示报告做出的。云南省高级人民法院的请示报告涉及该院审理的一起二审案件。该案简要案情是：一名小学教师利用工作之便，先后对9名小学生进行奸淫、猥亵。案发后，被告人已被判处死刑缓期二年执行。但被害人的家属认为：被告人的行为不仅触犯了《刑法》，还给9名小学生的身心造成了严重伤害，构成民事侵权，故此请求判令该刑事被告人和监护不力的学校承担精神损害赔偿责任。该案经云南临沧地区中级人民法院做出一审判决，有关当事人对原判不服，向云南省高级人民法院提起上诉。云南省高级人民法院审判委员会经过讨论认为：此案涉及如何理解和适用最高人民法院作出的《关于刑事附带民事诉讼范围问题的规定》和《关于确定民事侵权精神损害赔偿责任若干问题的解释》两个司法解释的问题，适用两个司法解释将得出不同的法律后果，因此向最高人民法院请示如何理解和适用这两个司法解释。

其实，在最高人民法院审判委员会讨论时也是存在较大的争议的，主要有两种对立的意见，即肯定说和否定说，《批复》采纳了否定说的意见。其理由如下：①立法上的明确规定。《刑法》和《刑事诉讼法》都明确规定，被害人只能就经济损失或者物质损失提起损害赔偿。犯罪行为不可避免地会给被害人造成精神损害，但是目前我国立法上对此没有规定，而最高人民法院就审判实践中遇到的问题发布的司法解释，必须在法律规定的范围内，因此《批复》必须遵循立法规定的精神。②刑事犯罪与民事侵权在责任承担方面的不同。刑事案件的处理通常是对犯罪分子的行为定罪并进行刑法处罚，通过刑罚已可体现对受害人的精神慰藉。而民事侵权案件侵权人如果不承担精神损害抚慰金，就难以对侵权人的侵权行为进行有效处罚。③现实的考虑。物质损失或者经济损失可以通过具体数额予以计算，而精神损害是一种无形的、抽象的损害，难以进行具体数额的计算。如果允许被害人因犯罪行为遭受的精神损害提起附带民事诉讼，不仅影响刑事案件的及时审结，也可能导致判决难以执行，影响裁判的严肃性和权威性。

2.《婚姻法》及《婚姻法司法解释（一）》在本案适用的理由

由此可见，《批复》出台背后的最主要原因，是刑事案件被害人提出精神损害赔偿的请求缺乏法律依据，因为最高人民法院发布的批复“必须遵循立法规定的精神”。该原则是法律解释必须遵循的，无可争议。但本案的特殊之处在于，此前《婚姻法》已经明确规定在离婚案件中，一方有重婚、与他人同居、实施家庭暴力或虐待、遗弃家庭成员等行为的，无过错方有权请求损害赔偿，包括精神损害赔偿。这就为本案的法律适用提供了最强有力的依据。该条既然赋予了当事人以请求精神损害赔偿的实体权利，也就给予了当事人以诉权。并且在上述 4 种情形中，除了与他人同居不会构成犯罪行为，家庭暴力、虐待和遗弃家庭成员造成严重后果或情节恶劣时便可能构成故意伤害罪甚者故意杀人罪和虐待、遗弃家庭成员罪，而对于重婚行为，一旦符合重婚的法律界定，并无情节轻重之分，即构成重婚罪。而实际上，2001 年《婚姻法》第 46 条并没有将犯罪行为排除在外，以但书限制当事人的诉权。因此，从《婚姻法》和《婚姻法司法解释（一）》的立法精神出发，以及《批复》的形成背景看，《批复》的适用范围应仅限于刑事案件中，被害人提起附带民事诉讼的情形，或者法律没有赋予当事人提起精神损害赔偿民事诉讼诉权的情况下。在此之外，如法律明确赋予当事人提起精神损害赔偿民事诉讼的诉权，以上位法优于下位法、特别法优于普通法的原则应当优先适用法律的规定，而不应当适用《批复》。在此类案件中机械地适用《批复》，看似是维护了法的稳定性，实际却是以牺牲法的妥当性为代价的。

另外，2001 年《婚姻法》第 46 条所规定的 4 类情形，在情节严重的情况下均有可能构成犯罪行为。这些行为除了给配偶造成人身伤害和财产损失以外，也会使其陷入巨大的精神痛苦之中。这种精神伤害是否能通过对方被判处刑罚而得到弥补？最高人民法院的《批复》规定精神赔偿不属于受案范围，理由在于刑事案件的被告人已经承担了刑事责任，这显然是将刑事附带民事诉讼中两个诉讼的合并误作两个诉讼的混同，以承担刑事责任为理由而免除民事责任，以公法的后果代替私法的责任，显然有违现代法治精神。被告人因犯罪受到刑罚处罚，固然可使受害人得到一定的精神抚慰，但刑法作为公法，它的主要目的是通过惩罚犯罪分子达到惩戒、威慑和警示的作用，而不是对受害人进行补偿。与之相对，民法作为私法，侧重的是对受害人的损失进行完全的补偿，以使其恢复到受侵害之前的状态。所以，这两者是不能互相代替的。而且随着人类社会文明的发展，对因犯罪行为遭受精神损害的被害人予以赔偿是顺应时代潮流的要求，是司法人文关怀的体现，例如，始于 20 世纪 80 年代初德国刑法中的和解和赔偿制度。至于说考虑到精神损害的抽象性和无形性，不易进行数额计算，更是不足以成为本案适用婚姻法的阻碍，因为《最高人民法院关于确定民事侵权精神损害赔偿责任若干问题的解释》已经对这个问题提供了明确的解决途径。

综上所述，在审理离婚案件中，无过错方提起损害赔偿的，应当适用 2001 年《婚姻法》第 46 条规定，而无论此前过错方是否已因其行为构成犯罪而受到刑事处罚。

四、叶某某与陈某离婚后因孩子探望权纠纷诉陈敏案

案情

原告：叶某某

被告：陈某

原告叶某某与被告陈某于2001年1月协议离婚。婚生子随被告生活。原、被告在离婚时约定，原告享有探视权，每月探视小孩不小于4次。离婚后，原告曾于2001年1月、2月、4月、6月、8月、10月、11月、12月及2002年1月共计11次探视过小孩。原、被告双方在探视小孩的方式、时间上意见不一致，经常为此发生纠纷。

原告于2002年2月7日向金堂县人民法院起诉。原告诉称，原、被告自2001年离婚后，婚生子随被告生活。双方约定原告每月有不少于4次的探视权。但被告以种种理由阻挠、推诿原告行使探视权，使原告的权利受到了严重影响。原、被告双方为此经常发生摩擦，原告遂诉至法院，要求将探视时间定为每月2次，每次1天~2天，且探视的方式也应做相应调整，并要求被告赔偿精神损失5000元。

被告辩称，原告享有探视权是不可改变的，且被告一直是积极协助原告探视孩子的，原告所述的事实与理由不能成立。

四川省金堂县人民法院认为，原、被告离婚后，双方对孩子都有抚养、教育的权利和义务。未与孩子共同生活的一方有探视孩子的权利，另一方有协助的义务。原告要求享有探视权的主张，应予支持。但原告要求赔偿精神损失5000元的诉讼请求，不符合《最高人民法院关于确定民事侵权精神损害赔偿责任若干问题的解释》的规定，不予支持。

四川省金堂县人民法院在查清事实、分清是非责任的基础，根据2001年《中华人民共和国婚姻法》第38条之规定，判决如下：

（1）原告叶某某从2002年4月起于每月第2、4周的周六探视孩子；时间为9时至17时；由被告于9时将孩子送至原告居住的单元门口，17时由原告将孩子送回被告居住的宿舍楼梯口。

(2) 驳回原告的其他诉讼请求。

本案案件受理费50元，其他诉讼费150元，合计200元由原告叶某某负担。

法理评析

四川省金堂县人民法院在查清事实、分清是非责任的基础上，严格适用法律规定的探望权制度，及时审结此案，是正确的。

本案是一起涉及探视权纠纷的案件，主要涉及的有以下几个问题：

(一) 当事人就探望权问题单独提起诉讼，人民法院是否应该受理

2001年《婚姻法》第38条第1款规定："离婚后，不直接抚养子女的父或母，有探望子女的权利，另一方有协助的义务。"由此明确了夫妻离异后对子女的探望权制度。所谓探望权，是指夫妻离婚后，不直接抚养子女的父或母有探望子女的权利。直接抚养子女的一方有义务协助非抚养一方行使探望的权利。探望权制度亦称探视权制度，起源于英美法系。这一制度为处理离婚后父母探望子女提供了法律依据，为各国立法和法理所接受。探望权在婚姻家庭法律中是一项非常重要的权利，它可以保证夫妻离异后非直接抚养子女的一方能够定期与子女相聚，有利于弥合家庭解体给父母子女之间造成的感情伤害，有利于未成年子女的健康成长。从法理上讲，探望权是基于父母子女关系而享有的一种身份权；从立法目的看，我国的亲子关系是以社会为本位的，法律确定父母子女关系，既要保护子女的利益，也应该关注父母的合法权益；从民法的权利义务的

对应关系来看，既然非直接抚养方应该承担对子女的抚养义务，那么自然也应当享有探望子女的权利。夫妻离婚后，基于婚姻关系的各种身份权、财产权归于消灭，但是离婚并不能消灭父母和子女间的身份关系。探望权正是基于父母子女关系所享有的身份权利，是一种实体权利，父或母有权单独行使。因此，对于当事人就探望权问题提出的独立诉讼，法院应当受理。就本案而言，四川省金堂县人民法院正确适用法律有关探望权制度的规定，受理此案，是正确的。但必须明确的是，探望权只能由不直接抚养子女的父母行使，不能任意扩大探望的主体。有人认为，应当允许祖父母、外祖父母探望自己的孙子女、外孙子女，并认为这符合传统习俗，符合有些抚养关系的实际。这种主张虽有一定的道理，但并不符合法律的规定。因此，不应当扩大探望权的主体。提起探望权诉讼的主体只能是不直接抚养子女的父或母，即法律规定享有探望权的父或母。

（二）探望权的行使及其限制

探望权不仅可以满足父或母对子女的关心、抚养和教育的情感需要，保持与子女的来往，及时、充分地了解子女的生活、学习情况，更好地对子女进抚养教育，而且可以增加子女和非直接抚养方的沟通和交流，减轻子女的家庭破碎感，有利于子女的健康成长。如何平衡父母探望的权利和促进子女身心健康的发展，是确立探望权制度的关键。行使探望权，涉及直接抚养一方和子女的利益，因此有必要确定探望的时间、方式。本案中，原告叶某某和被告陈某正是在探望子女的时间、方式上产生了分歧，导致了矛盾的产生，才诉至法院，要求解决纠纷。2001 年《婚姻法》第 38 条第 2 款明确规定："行使探望权利的方式、时间由当事人协议；协议不成时，由人民法院判决。"从这个规定可以看出，《婚姻法》在确定探望的时间和方式问题上，规定了父母协议和法院判决两种方式，并且确定了协议优先原则。在实际生活中，由于父母是因为感情破裂而解除婚姻关系的，双方协商时可能会过多考虑自己的利益，故意提出不合理的时间、方式，致使协议难以达成。因此，如果探望权人向法院提起诉讼，要求法院依法确定探望的时间和方式，法院应受理其请求，依法作出判决。一般来说，探望子女有两种方式：一是看望性探视。这种方式时间短，方式灵活，但是不利于探望人和子女的深入交流。二是逗留性探视。这种方式探视时间较长，可在双方约定或法院判定的探视时间内，由探望人领走并按时送回探望子女，有利于探望人和子女的深入了解和交流。本案的判决内容正是采取了后一种方式。此外，探望权的行使也有一定的限制。2001 年《婚姻法》第 38 条第 3 款规定："父或母探望子女，不利于子女身心健康的，由人民法院依法中止探望的权利，中止的事由消失后，应当恢复探望的权利。"不利于子女身心健康是探望中止的法定理由。父或母探望子女危及子女身心健康的情况较多，例如，行使探望权的父或母本身存在严重的道德品质问题，如吸毒、赌博或对子女有暴力行为、骚扰行为等；或身体健康、精神健康方面存在严重问题，会给孩子带来身心危害；或有劫持、胁迫孩子的可能；或教唆、胁迫、引诱未成年子女实施严重违背社会公德的不良行为。具备上述情形之一，即可中止探望权的行使。这些情况应由直接抚养子女的父或母提出并举证，经人民法院查证属实后作出判决。

（三）探望权受到侵害，可否适用精神损害赔偿的问题

探望权是不直接抚养子女的一方的人身权利，如果抚养人故意设置障碍，使得探望权人见不到子女，遭受精神痛苦，探望权人可以要求精神损害赔偿。判令精神损害赔偿既可以补偿探望权人不能行使探望权所受到的伤害，也可约束抚养人履行

协助义务。本案中，原告叶某某提出被告阻碍了其探望子女，使其精神受到了损害，要求被告赔偿其精神损失。但叶某某并没有提出相关证据证明其精神受到了损害，这种情形不符合《最高人民法院关于民事侵权精神损害赔偿的司法解释》规定的条件。因此，四川省金堂县人民法院判决驳回原告叶某某要求被告陈某精神损害赔偿的诉讼请求是正确的。

五、罗芙蓉、罗福玉诉王昌雅等法定继承纠纷案

案情

原告：罗芙蓉、罗福玉

被告：王昌雅、罗德俊、罗德成、罗芳丽、罗惠群（琼）、宋永恒

成都市锦江区人民法院经审理查明黄家五与罗春林系夫妻关系，婚后共生育罗毅、罗银辉、罗芙蓉、罗福玉四个子女。黄家五购买了成都市金泉街 99 号房屋并于 1959 年 8 月 12 日取得房屋所有证。罗春林于 1946 年 10 月 12 日死亡，此后黄家五未再婚，其于 1970 年 9 月 16 日死亡，生前未立遗嘱。黄家五与罗春林的父母均先于黄家五、罗春林死亡。罗银辉于 1958 年死亡，其与妻子宋玉华婚后共生育罗国庆、罗惠琼两个子女，宋玉华后与他人再婚。罗国庆于 1994 年 7 月 26 日死亡，其与丈夫宋绍成婚后生育一子宋永恒。罗毅于 1995 年 10 月死亡，其与妻子王昌雅婚后共养育罗芳丽、罗德成、罗德俊三个子女。

黄家五死亡后，罗毅、王昌雅、罗德俊在成都市金泉街 99 号房屋居住。1973 年 12 月，罗毅向成都市房产管理局产权监理处申请办理成都市金泉街 99 号房屋的继承登记，提交了其所在单位出具的关于罗毅的基本情况及在其母亲遗产房屋内居住情

况的证明，罗毅申请办理房屋产权登记的申请书，由罗毅书写的署名为罗福蓉并加盖一枚“罗福容”印章、内容为同意放弃产权、房屋由罗毅继承的证明，由罗毅书写的署名为罗福玉并加盖一枚“罗福玉”印章、内容为同意放弃产权、房屋由罗毅继承的证明。1974 年 1 月 28 日，罗毅取得成都市房产管理局颁发的成都市金泉街 99 号房屋产权证（权字第 4169 号），房屋产权入户名由黄家五变更登记为罗毅。1976 年 4 月 14 日，罗国庆、罗惠群（琼）向成都市产权监理处递交申请书，认为将遗产房屋登记为罗毅一人未征求其意见，申请注销罗毅的产权证进行共有权利登记。此后，成都市房产管理局产权监理处将权字第 4169 号房屋产权证收回并加盖注销章。成都市房产管理局产权监理处曾告知罗毅、罗国庆等补具各自书面意见。成都市金泉街 99 号房屋的相关继承人一直未向成都市房产管理局产权监理处补具关于继承成都市金泉街 99 号房屋的书面意见重新办理登记。2009 年 8 月，成都市金泉街 99 号房屋参与改造收购，由王昌雅、罗德俊、罗德成与改选方签订《改造房屋收购协议》，收购价款 1 576 894 元。现该房已腾退交出，罗德俊已申领整体搬迁一次性奖励 30 000 元。庭审中，罗芙蓉、罗福玉表示请求分割的共有财产可以是房屋补偿款，罗芳丽、罗惠群、宋永恒表示分割的共有财产应当是房屋而不是补偿款。

成都市锦江区人民法院经审理认为：

(1) 关于成都市金泉街 99 号房屋的权属问题。虽然罗毅曾取得成都市金泉街 99 号房屋产权证，将房屋产权入户名由黄家五变更登记为罗毅，但在罗国庆、罗惠群（琼）提出异议后，成都市房产管理局产权监理处已将该房屋产权证收回并加盖注销章，而黄家五的继承人此后未向成都市产权监理处补具关于继承该房屋的书面协议重新办理登记手续，故该房屋的权属已恢复到罗毅办理变更登记前的状态，即仍然属于黄家五所有。

（2）关于罗芙蓉、罗福玉是否享有房屋继承权的问题。因两份放弃产权的证明均由罗毅书写，虽然加盖有“罗福容”和“罗福玉”印章，但罗福蓉、罗福玉并未在上面签字，不能确定是其本人的意思表示。虽然成都市房产管理局产权监理处在办理罗毅申请变更房屋产权登记过程中，通过了相关审核程序并向罗毅颁发了房屋产权证，但并无证据证明在办理房屋产权变更登记过程中有罗福蓉、罗福玉本人到场，特别是在此次继承登记程序还存在遗漏其他继承人意见、罗芙蓉的署名与印章（“罗福容”）不一致等其他问题的情况下，不能据此反推出以罗芙蓉、罗福玉名义出具的证明应当经过其本人的确认。再结合罗毅在其房屋产权证被收回至其去世长达十多年的时间内，未再向产权监理处重新提交关于继承分割房屋的书面意见以及罗芙蓉、罗福玉放弃继承的书面证明这一情况，不能认定罗芙蓉、罗福玉有放弃继承的意思表示。况且，由于颁发给罗毅的房屋产权证已被收回并注销，房屋恢复为产权仍属黄家五所有，现房屋尚未分割处理，目前罗芙蓉、罗福玉也未表示要放弃继承，故即使罗芙蓉、罗福玉曾经在罗毅申请办理房屋变更登记时有过同意放弃继承的意思表示，也并不影响罗芙蓉、罗福玉在房屋分割前所享有的继承权。

（3）关于本案是否已经超过诉讼时效的问题。王昌雅等辩称，黄家五于1970年去世时继承就开始，罗芙蓉、罗福玉至今起诉，早已超过诉讼时效。本院认为，被继承人黄家五死亡时，发生继承的事由，随着继承的开始，黄家五遗产的所有权即应从黄家五名下转到各继承人名下，在黄家五的继承人均未表示放弃继承且遗产也未进行分割的情况下，遗产应当归全体继承人共有，在遗产分割前的共有关系存续期间，任何共有人随时都可以提出分割共有物的请求，现原告罗芙蓉、罗福玉作为黄家五的继承人即遗产的共有人起诉要求分割共有财产，符合法律规定，本案不适用诉讼时效的规定。相反，如果认为本案已过诉讼时效，将会导致成都市金泉街 99 号房屋始终属于死亡多年的黄家五所有的情况出现，从而产生所有权缺位问题，实际上也剥夺了各继承人的法定权利。

(4) 关于遗产范围及各继承人继承份额的问题。成都市金泉街 99 号房屋属于黄家五死亡时遗留的财产，其继承人均享有继承权，虽然该房屋已由王昌雅、罗德俊、罗德成代表参与改造户黄家五（亡）签订了改造房屋收购协议，但因其他部分继承人明确表示请求分割的共有财产是房屋而不是收购价款，故本案分割处理的遗产范围为成都市金泉街 99 号房屋。因黄家五的配偶和父母均先于其死亡，故其第一顺序继承人应为黄家五的 4 个子女即罗毅、罗银辉、罗芙蓉、罗福玉，对成都市金泉街 99 号房屋的继承份额各为 25%。因罗毅在黄家五死亡后、遗产分割前死亡，其继承份额应依法由其配偶王昌雅及其子女罗芳丽、罗德成、罗德俊转继承。黄家五死亡时继承即开始，黄家五未立遗嘱，罗毅因继承取得的房屋所有权份额，系罗毅与王昌雅婚姻关系存续期间所得的夫妻共同财产，罗毅死亡后，其继承份额的一半应归王昌雅所有，剩余一半再由王昌雅、罗芳丽、罗德成、罗德俊均等分割，即罗毅继承成都市金泉街 99 号房屋的 25%份额中，由王昌雅享有 15.625%，由罗芳丽、罗德成、罗德俊各享有 3.125%。因罗银辉先于黄家五死亡，而罗银辉共生育罗国庆、罗惠群（琼）两个子女，其中罗国庆于 1994 年死亡，生前生育一子宋永恒，故罗银辉继承成都市金泉街 99 号房屋的 25%份额，应依法由罗惠群（琼）、宋永恒代位继承，各享有 12.5%的份额。

据此，依照《中华人民共和国继承法》第2条、第3条第2项、第5条、第10条、第11条、第13条第1款、第25条第1款，2001年《中华人民共和国婚姻法》第17条第1款第4项，《中华人民共和国物权法》第29、99条，《最高人民法院关于贯彻执行〈中华人民共和国继承法〉若干问题的意见》第52条的规定，判决成都市金泉街99号房屋（建筑面积92.60平方米）由原告罗芙蓉、罗福玉各享有25%的财产份额，由被告王昌雅享有15.625%的财产份额，由被告罗德俊、罗德成、罗芳丽各享有3.125%的财产份额，由被告罗惠群（琼）、宋永恒各享有12.5%的财产份额。

案件宣判后，各方当事人均未提起上诉，判决已发生法律效力。

法理评析

本案主要涉及两个存在争议的问题：一是仅加盖私章而无本人签名的放弃继承声明书能否认定放弃继承；二是继承分割遗产案件是否适用诉讼时效。

（一）仅加盖私章的放弃继承证明不具有法律效力，不符合继承人放弃继承的法律要件

1. 私章不具有代表本人意思的法律效力，仅加盖私章的放弃继承证明不符合放弃继承的法律要件

在日常生活中，特别是在办理公民个人事务的情况下，有时会有使用私章的情况和习惯，但我国对私章刻制并无相应的规范程序，也没有建立私章备案及核对制度。基于这一现实状况，实际生活中就会存在本人私章被他人刻制、一人刻制多枚私章、本人私章被他人持有使用等多种可能性。因此，私章不可能具有识别和核对个人身份的功能和法律特征，也不具有代

表本人意思的法律效力。根据法律规定，继承人放弃继承应当以书面形式表示，用口头方式表示的应当有其他充分证据证明，而仅加盖个人私章、没有本人签名的放弃继承证明，因不能证明系其本人的意思表示，故其在形式上不符合放弃继承的法律要件，也不能据此认定继承人放弃继承。本案中，两份表示放弃继承的证明均由罗毅书写，署名为罗芙蓉、罗福玉，而罗芙蓉、罗福玉并未在上面签字，不能以两份证明中加盖了“罗福容”“罗福玉”的印章就确定是罗芙蓉、罗福玉本人有放弃继承的意思表示。

2. 结合具体案情和运用日常经验，对继承人是否放弃继承进行综合认定

在对仅加盖私章而无本人签名的放弃继承证明不予确认的同时，还可以结合案件具体情况，运用经验法则，对继承人是否有放弃继承的意思表示进行综合判断和认定。本案中，涉及第一次办理产权变更登记程序存在瑕疵以及新的放弃继承证明长期未能出具这两个具体情况。第一，虽然成都市房产管理局产权监理处在办理罗毅申请变更房屋产权登记过程中，认可了以罗芙蓉、罗福玉名义出具的同意放弃产权的证明，通过了相关审核程序并向罗毅颁发了房屋产权证，但由于并无证据证明在办理房屋产权变更登记过程中有罗芙蓉、罗福玉本人到场，以及在此次继承登记程序还存在遗漏其他继承人意见、罗芙蓉的署名与印章（“罗福容”）不一致等其他问题的情况下，不能根据此次变更登记通过了审核程序就反推出以罗芙蓉、罗福玉名义出具的证明经过了其本人的确认。第二，根据成都市房产管理局产权监理处的工作记录，产权人为罗毅的权字第 4169 号房屋产权证在 1976 年被收回后，产权监理处曾告知罗毅等人重新出具房屋相关继承人关于继承分割房屋的书面意见，但直

至罗毅于1995年去世，在长达十多年的时间内，罗毅并未再向产权监理处提交关于继承分割房屋的书面意见，也未能重新提交罗芙蓉、罗福玉关于同意放弃继承的书面证明，从而使房屋一直在死者黄家五名下而未办理继承分割手续。故本案综合认定罗芙蓉、罗福玉没有放弃继承的意思表示。

（二）继承开始后遗产处理前继承人主张分割遗产的权利实质为形成权，不适用诉讼时效的规定

1. 继承开始后遗产分割前继承人主张分割遗产为共有物分割权

继承权是指公民依照法律的直接规定或者被继承人所立遗嘱享有的继承被继承人遗产的权利，但遗产所有权转移给继承人并不一定能够实现遗产的直接占有支配，继承人可以通过诉讼实现权利，故继承纠纷实际包含确认继承权和取得遗产请求权两个层次的意义，而确认继承权通常仅仅是前提，诉讼的主要目的是分割遗产。应该说，继承纠纷虽然名为继承，其实不只是继承之诉，一般还包括与继承有关的财产分割之诉。

继承从被继承人死亡时开始，被继承人死亡时，即发生继承的事由，随着继承的开始，被继承人遗产的所有权即应从被继承人转移到各继承人，在继承人均未表示放弃继承且遗产也未进行分割的情况下，遗产应当归全体继承人共有。对此，法律法规也有相应规定。

最高人民法院于1987年10月17日作出《关于继承开始时继承人未表示放弃继承遗产又未分割的可按析产案件处理的批复》，确定继承开始后遗产分割前，各继承人没有表示放弃继承的，视为均已接受继承，诉争房产应属各继承人共同共有，他们之间为此发生诉讼，可按照析产案件处理。

最高人民法院于1988年1月26日通过的《意见》第177

条规定，继承开始后，继承人未明确表示放弃继承的，视为接受继承，遗产未分割的，即为共同共有。该条司法解释虽然于2008年12月24日起被废止，被废止理由为与《物权法》有关规定冲突，但其针对的并不是该条款的全部内容，而是其中的“共同共有”部分。根据《物权法》第103条规定：“共有人对共有的不动产或者动产没有约定为按份共有或者共同共有，或者约定不明确的，除共有人具有家庭关系等外，视为按份共有。”此类情况应为“按份共有”。尽管司法实践中不能再适用该条款，但根据《继承法》及《物权法》第29条规定，“因继承或者受遗赠取得物权的，自继承或者受遗赠开始时发生效力”，仍可作出除“共同共有”部分外与其内容相一致的认定。

综上，继承开始后遗产分割前，遗产处于各继承人共有状态，继承人主张继承分割遗产的权利为共有物分割权。

2. 共有物分割请求权实质为形成权，不适用诉讼时效的规定

诉讼时效是一种针对权利不行使达到一定期间而设定使权利失去诉讼保护的制度，但并非所有民事权利均适用诉讼时效。民法上的权利以其作用方式为标准，分为支配权、请求权、抗辩权、形成权。诉讼时效的客体即权利范围仅限定为请求权，除此之外的支配权、抗辩权、形成权均不适用诉讼时效的规定。

关于共有物分割请求权，因为当事人提起任何之诉的诉讼请求均可被称为某种请求权，而实际上提起该诉讼请求的实体法权利基础除请求权外，还包括形成权等其他实体权利，故共有物分割请求权虽然在广义上被称为请求权，但其实质不一定是作为诉讼时效客体的请求权。“权利中有名为请求权而实为形成权者，如无效确认请求权、买受人减少价金请求权、定作人对于承揽人减少报酬请求权、共有物分割请求权、出典人的回

赎权、离婚请求权。”从各项权利的含义分析，请求权是指权利人要求他人为一定行为或不为一定行为的权利，形成权是指权利人依自己单方意思表示，使自己与他人间的法律关系发生变化的权利，而共有物分割请求权是指共有人对其享有共有权的确认并以此为基础请求分割共有物，也不涉及权利受到侵害的情形。因此，共有物分割请求权更符合形成权的特征，其实质属于形成权，而非请求权，不适用诉讼时效的规定。

也有观点认为，共有物分割请求权属于物权请求权，不应适用诉讼时效的规定。但物权请求权是指物权在遭受侵害或者可能遭受侵害时，物权人有权恢复物权的圆满状态或者防止侵害的权利，而分割共有物请求权不以共有物受到侵害为前提，并不符合物权请求权的特征。

3. 遗产处理前继承分割遗产不适用诉讼时效与涉及诉讼时效的法律规定不冲突

关于继承纠纷的诉讼时效问题，相关法律确有不同规定。《继承法》第8条规定：“继承权纠纷提起诉讼的期限为2年，自继承人知道或者应当知道其权利被侵犯之日起计算。但是，自继承开始之日起超过20年的，不得再提起诉讼。”《民法通则》第135、137条规定：“向人民法院请求保护民事权利的诉讼时效期间为2年，法律另有规定的除外。”“诉讼时效期间从知道或者应当知道权利被侵害之日起计算。但是，从权利被侵害之日起超过20年的，人民法院不予保护。有特殊情况的，人民法院可以延长诉讼时效期间。”

《继承法》与《民法通则》两种规定的冲突体现在：一是权利人因超过诉讼时效丧失的权利不一致。前者规定“不得再提起诉讼”，丧失的是起诉权；后者规定“不予保护”，丧失的只是胜诉权，权利人仍有起诉权。二是诉讼时效的期限起算时间不一致。前者规定继承的 20 年诉讼时效是自继承开始之日；后者规定 20 年诉讼时效自知道或者应当知道权利被侵害之日。

《继承法》中关于自继承开始之日起超过 20 年的就不得再提起诉讼的规定，实际剥夺了当事人的起诉权，与诉讼时效制度的实质不符。诉讼时效的实质是民事实体中的一项制度，法院因超过诉讼时效而对民事权利不予保护，并非由于其不符合程序法上对权利保护的程序要件，而是由于其不符合实体法上对请求权保护的实体要件。如果因超过诉讼时效丧失的是起诉权，关于义务人放弃诉讼时效抗辩时权利得到实体保护以及诉讼时效中止、中断、延长等制度均无从体现。况且《民法通则》相对于《继承法》，系基本法优于单行法，后法优于前法，故《继承法》中关于诉讼时效与《民法通则》有矛盾的规定不宜再适用。

继承开始后遗产分割前，在继承人均未表示放弃继承且遗产也未进行分割的情况下，遗产归全体继承人共有。《物权法》第 99 条规定："没有约定或者约定不明确的，按份共有人可以随时请求分割，共同共有人在共有的基础丧失或者有重大理由需要分割时可以请求分割。"在遗产分割前的共有关系存续期间，任何共有人随时都可以提出分割共有物的请求。当然，如果继承纠纷属于遗产已被分割、继承人权利受到他人侵害而起诉的情况，则不涉及共有物分割请求权，应当适用诉讼时效的规定。

现实生活中，继承开始后遗产长期未进行分割的现象较为普遍，特别是在父母一方死亡另一方尚在的情况下，如果认为此类遗产分割请求因在被继承人死亡 2 年或 20 年后才提出已超过诉讼时效而不予支持，将会导致遗产始终属于死亡的被继承人所有的情况出现，从而产生所有权缺位问题，实际上也剥夺了各继承人的法定权利。故本案认定被告提出的原告在被继承人去世39年后要求分割遗产超过诉讼时效的辩称意见不成立，依法对被继承人遗产进行了分割。尽管各方当事人曾在诉讼过程中存在异常尖锐激烈的矛盾和争执，但因一审裁判结果符合法理和情理，各方当事人均服判息诉，无一人提起上诉，案件取得较好的法律效果和社会效果。

六、李梅、郭重阳诉郭士和、童秀英继承纠纷案

案情

原告：李梅、郭重阳

被告：郭士和、童秀英

1998年3月3日，原告李梅与被告郭士和、童秀英之子郭小顺登记结婚。2002年8月27日，郭小顺与秦淮区房产经营公司签订《南京市直管公有住房买卖契约》，购买位于本市秦淮区文安里21号602室建筑面积45.08平方米的房屋。同日，郭小顺交付购房款14 582.16元，其中10 000元系向两被告所借，并由原告李梅分别于2005年3月及10月归还。2002年9月，郭小顺以自己的名义办理了房屋所有权证、土地使用证。2006年3月，南京大陆房地产估价师事务所有限责任公司受南京市秦淮区人民法院委托，对上述房产现价进行评估，评估价值为193 000万元。

2004年1月30日，李梅、郭小顺与南京军区南京总医院生殖遗传中心签订人工授精协议。通过人工授精，原告李梅于2004年10月22日产一子，取名郭重阳。2004年4月，郭小顺因病住院。5月20日，郭小顺在医院立下遗嘱。其主要内容为："①通过人工授精（不是本人精子），孩子我坚决不要；②1984

年私房拆迁分的一套房子，坐落在秦淮区文安里21号602室，当时是由母亲出资壹万伍按房改政策以我的名义购买的房子，赠予父母郭士和和童秀英，别人不得有异议。”同年5月23日，郭小顺病故。另外，2001年3月，郭小顺因开店之需向被告童秀英借款8500元；夫妻共同存款18 705.4元；原告李梅每月享受低保，另有不固定的打工收入；被告郭士和、童秀英现居住在文安里21号601室，产权人为被告郭士和，两被告均享有退休工资。

原告李梅诉称，李梅之夫、郭重阳之父郭小顺因病死亡，遗留有夫妻共同财产即位于南京市文安里21号602室的房屋，去除一半作为李梅个人的财产，另一半可以作为遗产分配，应由李梅、郭重阳、郭士和、童秀英等四位继承人共同继承。郭小顺死亡后，原告多次与被告协商分割遗产，但未达成一致，请求法院依法做出判决，并考虑李梅无固定收入、郭重阳年幼，在分割遗产时予以照顾。

被告郭士和、童秀英辩称，首先，讼争的房屋系祖产拆迁安置取得的公房，后虽以其子郭小顺名义购买，但当时两被告出资10 000元占总购房款的2/3，故对该房享有2/3的产权；其次，郭小顺死亡前留有遗嘱，明确将该房赠予给两被告，故对房产应适用遗嘱继承；再次，郭小顺死亡前与李梅尚有夫妻共同存款及债务，直对债务清偿，对存款分割后按法定继承处理；最后，对人工授精问题法律尚无明确规定，郭小顺在遗嘱中声明其不要人工授精所生孩子，该意愿应当受到尊重，故应按照遗嘱处分其遗产。

南京市秦淮区人民法院经审理认为，根据《中华人民共和国继承法》第5条规定，继承开始后，按照法定继承办理；有遗嘱的，按照遗嘱继承办理。本案郭小顺死亡后留有自书遗嘱，在遗产处理时应优先按照遗嘱处理。

《中华人民共和国民法通则》第 57 条规定："民事法律行为从成立时起具有法律约束力。行为人非依法律规定或者取得对方同意，不得擅自变更或者解除。"最高人民法院于 1991 年 7 月 8 日作出的《关于夫妻离婚后人工受精所生子女的法律地位如何确定的复函》规定："夫妻关系存续期间，双方一致同意进行人工授精，所生子女应视为夫妻双方的婚生子女，父母子女之间权利义务关系适用《婚姻法》的有关规定。"上述法律规定和司法解释表明，虽然通过人工授精所生的子女与夫妻双方或者一方没有血缘关系，但只要是经过夫妻双方同意进行人工授精所生子女，应视为夫妻双方的婚生子女。本案郭小顺无生育能力，其同意通过人工授精方法使妻受胎，表明其对此具有积极的意思表示，同时应视为其对亲子否认权的放弃。其在妻子原告李梅受孕后反悔，应当征得原告李梅的同意并及时采取中止妊娠措施。在原告李梅不知情或者不同意中止妊娠情况下出生的子女，不因郭小顺的事后反悔否认而消灭其与原告郭重阳之间的父子关系。因此，郭小顺在遗嘱中否认其与原告郭重阳亲子关系的内容无效。

《中华人民共和国继承法》第 19 条规定："遗嘱应当对缺乏劳动能力又没有生活来源的继承人保留必要的遗产份额。"本案原告郭重阳在郭小顺死亡后出生，尚处幼年，母亲原告李梅没有固定收入，生活来源缺乏保障，依法应当为其保留必要的遗产份额，以保证原告郭重阳生活所需和健康成长。因此，在遗产处理时，应当为原告郭重阳留下必要的遗产，所剩余部分，才可参照遗嘱确定的分配原则处理。故郭小顺遗嘱剥夺郭重阳继承权的部分无效。《最高人民法院关于贯彻执行〈中华人民共和国继承法〉若干问题的意见》第 38 条规定："遗嘱人以遗嘱处分了属于国家、集体或他人所有的财产，遗嘱的这部分，应认定无效。”登记在被继承人郭小顺名下的讼争房产，系其在与原告李梅夫妻关系存续期间取得，应属夫妻共同财产。郭小顺将房产全部处分归其父母，故遗嘱中处分属于原告李梅的一半房产的部分应属无效。

综上，南京市秦淮区人民法院认定郭小顺死亡后遗留的夫妻共同财产有位于南京市秦淮区文安里21号602室房产和存款18 705.4元，扣除偿还被告童秀英的8500元，其中一半应当作为郭小顺的遗产。郭小顺死亡后，继承开始，其中的一半房产在为原告郭重阳保留下必要份额后按照郭小顺的遗嘱分配。鉴于本案的具体情况，一半房产的1/3应作为原告郭重阳的必要遗产份额，余下的一半房产的2/3由被告郭士和和童秀英共同继承。考虑继承人的实际生活需要及所占份额，该房应归原告李梅所有，李梅按该房产评估价值193 000元，折价补偿原告郭重阳32 166.7元，补偿被告郭士和32 166.7元，补偿被告童秀英32 166.7元。遗产存款余额5102.7元按法定继承办理，由法定第一顺序继承人原告李梅、郭重阳、被告郭士和、童秀英四人均分，每人应得1276.7元。上述存款因在原告李梅处，由李梅给付其他三位继承人应得的继承款，并向被告童秀英偿还欠款8500元。据此，南京市秦淮区人民法院依照《中华人民共和国民事诉讼法》第128条；2001年《中华人民共和国婚姻法》第17条；《中华人民共和国继承法》第5条，第10条，第13条，第17条第2、3款，第19条，第26条第1款，第29条，第33条；《最高人民法院关于贯彻执行〈中华人民共和国继承法〉若干问题的意见》第37、38条之规定，于2006年4月20日判决：

（1）位于南京市秦淮区文安里21号602室房屋归原告李梅所有。

(2) 原告李梅于本判决生效之日起30日内给付原告郭重阳33 442.4元，因郭重阳系无行为能力人，该款由其法定代理人原告李梅保管。

(3) 原告李梅于本判决生效之日起30日内给付被告郭士和33 442.4元。

(4) 原告李梅于本判决生效之日起30日内给付被告童秀英41 942.4元。

一审宣判后，双方当事人均未提出上诉，一审判决已发生法律效力。

法理评析

本案在审理过程中，曾引起中央电视台《今日说法》《经济与法》《整点新闻》等众多媒体的关注，这起因人工授精所生子女引发的继承财产纠纷所折射出的法理和伦理问题值得探讨。

(一) 人工授精成功后，夫妻一方是否有权中止妊娠

郭小顺去世前留下遗嘱表示坚决不要人工授精的孩子，在郭小顺去世之后，李梅将儿子郭重阳生下。所以在讨论郭重阳有没有继承权之前，首先应明确人工授精成功后，一方是否有权中止妊娠。由于法律对人工辅助生育的相关问题并没有明确规定，特别是一方要求中止妊娠而另一方不同意时，该子女的法律地位该如何确定是审判实践中的新问题。结合本案情况，在法律没有规定的情况下，可按照李梅和郭小顺在南京军区总医院的人工授精申请书和协议书中的约定处理。由于决定实施人工授精是两人经过慎重考虑之后的一致意见，应视为双方的合意，郭小顺在去世之前单方决定不要孩子，并未征得李梅的同意，郭小顺的单方行为显然不能对抗双方的合意，因为要解除双方的合意行为必须经过双方的协商一致。在郭小顺去世之

后，李梅有权自主决定是否中止妊娠。

（二）无血缘关系的人工授精子女在法律上有无继承权

人工授精是用人工方法使精子和卵子结合，以达到妊娠目的的一种生殖技术。作为一种人工生育方法正被广泛运用在临床中，但是人工授精所生子女的法律地位，在学术界还有不同看法，特别是无血缘关系的人工授精子女的法律地位，从近年的判例来看也各有不同。本案中，郭小顺在遗嘱中单方否认妻子李梅通过人工授精所怀的孩子与自己的亲子关系，在法律上是无效的。因为经过丈夫同意，以他人精子使妻子受孕怀胎所生的子女，尽管在血缘上与丈夫没有关系，但在法律上应推定为是双方的婚生子女。《最高人民法院关于夫妻离婚后人工授精所生子女的法律地位如何确定的复函》明确规定："夫妻关系存续期间，双方一致同意人工授精的，所生子女应为夫妻双方的婚生子女，父母子女之间的权利义务适用《婚姻法》的有关规定。"根据该司法解释的精神，郭小顺生前与妻子李梅一起签下的人工授精申请书和协议书，表明了郭小顺当初是同意人工授精的，在其去世前的遗嘱中单方不要孩子的决定又未征得妻子李梅的同意，所以李梅所生的儿子郭重阳在法律上应享有婚生子女的地位，是郭小顺的法定继承人之一。

（三）郭小顺的自书遗嘱是否完全合法有效

根据《继承法》第16条的规定："公民可以依照本法规定立遗嘱处分个人财产，并可以指定遗嘱执行人。公民可以立遗嘱将个人财产指定由法定继承人的一人或者数人继承。公民可以立遗嘱将个人财产赠给国家、集体或者法定继承人以外的人。"这表明我国实行"遗嘱在先原则"，虽然郭重阳在法律上享有继承权，但是被继承人生前留有遗嘱的，首先按遗嘱内容处分遗产，这也意味着郭重阳虽然和母亲、爷爷、奶奶同为郭小顺的法定第一顺序继承人，但是如果郭小顺在遗嘱中明确将房产指定由自己的父母继承，将导致其他继承人都无权继承房产。那么，郭小顺的遗嘱到底是否有效呢？在本案中，郭小顺的遗嘱在主体、形式、意思表示上均符合法律规定，但是在遗嘱的内容上有不合法之处。首先，郭小顺遗嘱中处分的房产实际是婚后取得的，属于夫妻共同财产，所以郭小顺遗嘱中处理的房产涉及妻子李梅的部分是无效的，也就是说，郭小顺只能处分房产的1/2。其次，根据《继承法》第19条规定，遗嘱应当对缺乏劳动能力又没有生活来源的继承人保留必要的遗产份额。《最高人民法院关于贯彻执行〈继承法〉若干问题的意见》第37条规定："遗嘱人未保留缺乏劳动能力又没有生活来源的继承人的遗产份额，遗产处理时，应当为该继承人留下必要的遗产，所剩余的部分，才可参照遗嘱确定的分配原则处理。"前述规定均系我国《宪法》中有关保障人权原则的具体体现。郭重阳才一岁多，显然符合法律规定的"缺乏劳动能力又没有生活来源"情形，故应该为其留下必要的遗产份额，余下的部分才能按遗嘱的内容进行分配。本案中，法官综合案情考虑，给郭重阳留下了1/3遗产的必要份额。

REFERENCE

[1] 王利明:《民法》(第6版),中国人民大学出版社2015年版。
[2] 杨立新:《民法案例分析教程》,中国人民大学出版社2011年版。
[3] 高晓春:《民事案例分析》,中国政法大学出版社2011年版。
[4] 张新宝:《侵权责任法》(第3版),中国人民大学出版社2011年版。
[5] 吴汉东:《知识产权法学》(第6版),北京大学出版社2014年版。
[6] 梁慧星、陈华彬:《物权法》(第5版),法律出版社2010年版。
[7] 崔建远:《合同法》(第5版),法律出版社2010年版。
[8] 巫昌祯:《婚姻与继承法学》(第5版),中国政法大学出版社2011年版。
[9] 杨立新:《债法总论》,高等教育出版社2009年版。
[10] 姚辉:《人格权法论》,中国人民大学出版社2011年版。
[11] 姚辉:《民法学原理与案例教程》,中国人民大学出版社2007年版。
[12] 史尚宽:《债法总论》,中国政法大学出版社2000年版。

[13] 郑玉波:《民法总则》，中国政法大学出版社2003年版。
[14] 杨立新:《侵权责任法》(第2版)，法律出版社2012年版。
[15] 徐国栋:《民法基本原则解释》，中国政法大学出版社1996年版。
[16] 梁慧星:《民法解释学》，中国政法大学出版社1995年版。
[17] 王泽鉴:《民法学说与判例研究》，中国政法大学出版社1997年版。
[18] 张俊浩:《民法学原理》，中国政法大学出版社2000年版。
[19] 王利明:《物权法研究》(第3版)(上、下卷)，中国人民大学出版社2013年版。
[20] 梁慧星:《民法总论》，法律出版社2004年版。
[21] 刘春田:《知识产权法》，北京大学出版社、高等教育出版社2003年版。
[22] 魏振瀛:《民法》，北京大学出版社、高等教育出版社1999年版。
[23] 史尚宽:《物权法论》，中国政法大学出版社1992年版。
[24] 郑玉波:《民法债编各论》(上、下)，三民书局1992年版。

AFTERWORD

法律的生命在于实践，从这个意义上说，使学生了解行动中的法律更为重要。霍尔姆斯曾言："法律的生命不在于逻辑，而在于经验。"这种经验产生于各种典型案例的司法实践。案例就是活生生的法律，也是行动中的法律。案例分析法是对法学理论和法律条文的理解、掌握和综合运用。本教材从理论和实践性相联系的角度，通过典型案例的深入分析，阐释立法精神和法律法规以及司法解释的精义，从而帮助读者学会分析和处理实际问题的方法，培养法律职业能力。

本教材是2013年四川省本科院校"法学专业综合改革试点"省级立项建设项目、2014年四川省卓越法律人才教育培养计划校外示范性实践教学基地项目的成果。

本教材由张邦铺（西华大学法学副教授）总体策划、编写大纲、最后统稿。具体写作分工如下：张邦铺、曾新明（西华大学法学副教授）撰写第一编、第二编、第三编、第四编、第六编、第七编；罗静（成都理工大学法学教师）撰写第五编。

本教材写作过程中参阅了若干著述和网站资料，本教材的案例来源于北大法宝，在此表示致谢！

本教材能得以顺利完成，要感谢西华大学、西华大学教务处和西华大学人文学院，没有单位领导和老师的支持，教材难以顺利进行。同时，特别感谢院长谢应光教授和副院长冯永泰教授从专项经费中给予支持。

由于编者水平所限，书中的不完善甚至谬误之处在所难免，敬请广大读者批评指正！

张邦铺

2016 年 6 月于成都